劉建國 注譯
黃俊郎 校閱

新譯越絕書

三民書局 印行

刊印古籍今注新譯叢書緣起

劉振強

人類歷史發展，每至偏執一端，往而不返的關頭，總有一股新興的反本運動繼起，要求回顧過往的源頭，從中汲取新生的創造力量。孔子所謂的述而不作，溫故知新，以及西方文藝復興所強調的再生精神，都體現了創造源頭這股日新不竭的力量。古典之所以重要，古籍之所以不可不讀，正在這層尋本與啟示的意義上。處於現代世界而倡言讀古書，並不是迷信傳統，更不是故步自封；而是當我們愈懂得聆聽來自根源的聲音，我們就愈懂得如何向歷史追問，也就愈能夠清醒正對當世的苦厄。要擴大心量，冥契古今心靈，會通宇宙精神，不能不由學會讀古書這一層根本的工夫做起。

基於這樣的想法，本局自草創以來，即懷著注譯傳統重要典籍的理想，由第一部的四書做起，希望藉由文字障礙的掃除，幫助有心的讀者，打開禁錮於古老話語中的豐沛寶藏。我們工作的原則是「兼取諸家，直注明解」。一方面熔鑄眾說，擇善而從；一方面也力求明白可喻，達到學術普及化的要求。叢書自陸續出刊以來，頗受各界的喜愛，使我們得到很大的鼓勵，也有信心繼續推廣這項工作。隨著海峽兩岸的交流，我們注譯的成員，也由臺灣各大學的教授，擴及大陸各有專長的學者。陣容的充實，使我們有更多的資源，整理更多樣化的古籍。兼採經、史、子、集四部的要典，重拾對通才器識的重視，將是我們進一步工作的目標。

古籍的注譯，固然是一件繁難的工作，但其實也只是整個工作的開端而已，最後的完成與意義的賦予，全賴讀者的閱讀與自得自證。我們期望這項工作能有助於為世界文化的未來匯流，注入一股源頭活水；也希望各界博雅君子不吝指正，讓我們的步伐能夠更堅穩地走下去。

新譯越絕書 目次

刊印古籍今注新譯叢書緣起
導讀
卷一
越絕外傳本事第一……一
越絕荊平王內傳第二……一七
卷二

越絕外傳記吳地傳第三……二九
卷 三
越絕吳內傳第四……七五
卷 四
越絕計倪內經第五……九九
卷 五
越絕請糴內傳第六……一一九
卷 六
越絕外傳紀策考第七……一四三
卷 七

越絕外傳記范伯第八……一六一
越絕內傳陳成恆第九……一六八
卷 八
越絕外傳記地傳第十……一九一
卷 九
越絕外傳計倪第十一……二三一
卷一〇
越絕外傳記吳王占夢第十二……二四五
卷一一
越絕外傳記寶劍第十三……二六一

卷一二
越絕內經九術第十四……二七三
越絕外傳記軍氣第十五……二八一
卷一三
越絕外傳枕中第十六……二九五
卷一四
越絕外傳春申君第十七……三三一
越絕德序外傳記第十八……三三九
卷一五
越絕篇敘外傳記第十九……三四三

導讀

《越絕書》基本上是一本雜著，它涉及的範圍相當廣泛。但從大體上看，它是圍繞著春秋時代吳越爭霸這個中心事件來進行寫作的，而且它是屬於一部野史。野史的作者們在寫作態度上不像正統的歷史學家那麼嚴謹，他們依據的材料大多是來自民間的傳說，而傳說是很難加以核實的，事件發生的時間常常不那麼可靠，人物間的各種人倫關係有時也弄得顛顛倒倒，有些根本不可能發生的事情也可能像真事一樣寫進書中。如〈記地傳〉中記孔子到瑯琊臺拜會越王句踐，事實上瑯琊臺的建成是在句踐滅吳的若干年後，而孔夫子早在句踐滅吳之前六、七年就已經逝世了。又如〈記寶劍〉寫泰阿劍的神威：「楚王聞之，引泰阿之劍，登城而麾之。三軍破敗，士卒迷惑，流血千里，猛獸歐瞻，江水折揚，……」這種描述不是很荒唐的嗎？當然我們不能以經院的學者的眼光來要求所有的歷史典籍。《越絕書》雖有些失實之處，人們通過書中關於吳越興亡的故事，還是可以得到某些教訓和啟示的。單從吳王夫差的亡國原因就可以引發多方面的思考。

吳王夫差亡國的首要原因當然是用人不當和決策錯誤，而決策錯誤又是因用人不當而造成的。國家的治亂盛衰首先決定於君相的品德和才智。任何一個貪污腐敗的中央政府都不可能把國家治好，任何一個廉潔賢明的中央政府也不會把國家弄糟。在君主專制時代，君王的賢愚往往決定朝廷上執政大臣的品質。《越絕書》說吳王夫差是「下愚不移」雖嫌過分，但說他是昏君卻是確切不移的。他的昏聵表現在對人分不清賢愚好壞，想問題只看到眼前利害，只容許別人隨聲附和，聽不進反對的意見。處於高位而不愛奉承的人是極少的，問題是自己要有主見，能分辨是非真假，不被人愚弄迷惑，還要有能容納反對意見的度量。明君的長處無非是有主見，有度量。而夫差的毛病正出在這兩點上，因沒有主見，所以老是被越國君臣愚弄，老是被太宰伯嚭所左右；因為沒有度量，所以把忠直的大臣的不同意見看成是對自己尊嚴的冒犯，甚至濫殺無辜。古往今來，昏君所在的朝廷，必然會招來許多奸臣和佞臣；昏君在位，佞臣和奸臣必然得勢弄權。當時的吳國因為伯嚭弄權，在國家的大政方針上出現了一系列的嚴重失誤，譬如不能把握大好時機，乘勢兼併越國；反而勞民傷財，大造姑蘇臺；窮兵黷武，多次出兵攻討齊國，……事實上，這些錯誤決策的嚴重後果，伍子胥每次都事先指出過，可是夫差在太宰伯嚭的蠱惑下，每次都拒絕接受伍子胥的意見，最後昏君奸臣還合夥逼令伍子胥自殺。以上的問題，無疑是造成夫差亡國的主要原因。

虛耗國力、喪失民心是夫差亡國的另一重要原因。國力與民心是決定國家興亡盛衰的重要因素，但這些因素又是與君相的決策正確與否緊密相關的，正確的決策能增強國力、團結人心，否則就將損耗國力、渙散民心。當越國君臣在組織人民大力發展生產、加緊武裝訓練、暗中積蓄力量、伺機伐吳報仇的時候，吳王夫差和太宰伯嚭接二連三地做了好些虛耗國力、喪失民心的事情。吳王闔廬當年本來就有視民如草芥的惡德，曾經用舞鶴引誘大批市民走進女兒墳墓的墓道，再封閉墓門，讓許多活人給女兒殉葬。而夫差和伯嚭則更變本加厲，據說光是在虎丘的陵墓中給闔廬陪葬的人就達三千之多。他們為了享樂，大修姑蘇臺，〈九術〉篇記載「三年聚材，五年乃成。高見二百里，行路之人，道死尸哭。」這類工程對國力的損耗，和民心的傷害都是無法估量的。而夫差窮兵黷武，接二連三發動侵齊戰爭，千里勞師，以炫耀自己的武力，對國家財力和人民生命的損傷更為嚴重，弄得國庫空虛，三軍疲憊，民怨沸騰。長期積蓄力量、等待時機的越國君臣，終於看準了機會，當夫差大軍遠在千里之外的時候，突然發動大軍，猛烈攻擊吳國的大後方，擊殺吳太子友。夫差率大軍急忙歸國，終因三軍疲憊，無力擊退越軍，只得遣使厚幣請和。此後越日強而吳日弱，越國君臣將士團結一心，多次伐吳，愈戰愈強，吳則軍心渙散，愈戰愈弱，終於被越軍深入內地，將吳縣重重圍困，夫差突圍而走，終於被俘，只得自剄而死。吳國之亡，始於奸佞當朝，決策錯誤，終於國力空虛、民心潰散。

四面樹敵、失道寡助是夫差亡國的外部原因。「得道多助，失道寡助」可說是千古不磨的真理，孤立無援是立國的大忌。吳國的先世是非常重視外交的，夫差的叔祖父季札就是一個非常出色的外交家，吳國當年被中原各國視為蠻夷，但季札出訪卻受到各國的禮遇，他周遊各國，大大提高了吳國的聲望。闔廬雖以陰謀取得國家，但在外交上他注意團結陳、蔡等弱小的鄰國，修好與齊、晉等中原大國的關係，他的方針是兼併弱小的越國，打擊世仇楚國，闔廬的外交策略無疑是切實可行的。夫差即位以後，在外交上完全違反了他父親的正確路線。為了報父親的仇怨，他打敗了越國，可是卻聽信太宰伯嚭的話，糊裡糊塗地放過了兼併越國的機會，更錯誤地把敵人當成朋友；尤其愚蠢的是：為了炫耀吳國的軍威，把他父親在世時的朋友——齊、晉等國作為打擊的對象，雖然打了勝仗，名義上當了霸主，實際上卻成為孤家寡人。而越國這個暗中的敵人則採取了和夫差完全相反的策略，裝出一副可憐相以爭取各方面的同情和支持，句踐稱自己「邦國南則距楚，西則薄晉，北則望齊，春秋奉幣玉帛子女，以貢獻焉，未嘗敢絕，求以報吳」（《吳越春秋・句踐伐吳外傳》）。一個是四面樹敵，一個是八方討好，當越軍大舉伐吳的時候，楚、齊、晉的態度是不問而知的。在持續多年的戰爭中，吳王夫差不但得不到鄰國的援救，連一個居中調解的人都找不到，終於嘗到了四面樹敵的苦果。

《越絕書》並不單純是一部吳越爭霸的野史，它還涉及到地理、軍事、農工業生產等諸多方面。從「歷史地理」這個角度來看，《越絕書》在中國歷史典籍中占有非常特殊的地位。清人洪亮吉在〈乾隆澄城縣志序〉曾說：「一方之志，始於《越絕》。」《越絕書》中的〈記吳地傳〉和〈記地傳〉兩篇把吳縣和山陰附近的山川形勢、城池、宮殿、陵墓、交通、工礦、畜牧……各方面的情況作了大量翔實的記載。這些記載絕大部分都為宋、元、明、清各代地方志所轉載，有些條目還作了補充，可見它為後世的考據工作提供的資料是多麼可貴。為了證實這些史料的珍貴性，我們不妨略舉幾項事例，並作簡單說明。一是關於江南運河的記述：〈記吳地傳〉記載：(1)「吳古故水道，出平門，上郭池，入瀆，出巢湖，上歷地，過梅亭，入楊湖，出漁浦，入大江，奏廣陵。」(2)「百尺瀆，奏江，吳以達糧。」(3)「壽春東鳧陵亢者，……秦始皇造道陵南，可通陵道到由拳塞，同起馬塘，湛以為陂，治陵水道到錢唐，越地，通浙江。」這裡三處都提到江南的運河。前面兩處都是吳王夫差或闔廬時代的運河。兩處所說的是否是同一水道不得而知，但至少說明了吳王夫差修通了從吳縣到長江的運河。運河的主要用途是運糧草，應該也不排斥運兵，夫差幾次伐齊無疑充分利用了運河與糧船，因為不用船，兵糧過不了長江，士兵也同樣過不了長江。第三則談的是秦始皇開的運河，這條運河從安徽省壽縣鳧陵亢，通過由拳塞直達錢塘江。問題是不知這條運河是向東假道淮河、洪澤湖、高郵湖再從揚州附近入長江，還是向南通過瓦埠湖、肥水、巢湖、裕溪河入長江。總之，秦始皇修通了從安徽省壽縣到浙江省錢塘江的運河是毫無疑問的。這三則關於運河的材料充實了我們很多人過去對中國古運河的歷史知識。過去歷史書上談運河總是從隋煬帝楊廣開運河遊江南開始。從這幾則材料看，早在隋煬帝的一千多年以前，吳國就修建了有相當規模的運輸糧草的運河，而在西元前兩百多年的秦始皇時代，南北運河已經可以貫穿淮河、長江和錢塘江，把三大水系連通起來。作為水利工程來說，在當年的地球上應該是首屈一指的。

可以和運河的工程比美的是吳縣的城防工程。據〈記吳地傳〉記載：吳大城周長四十七里多，外郭周長六十八里多，城內東西主幹道九里多長，二十三步寬，南北主幹道長十里多，寬三十三步。南北還有一條寬二十八步的水道。大城中還有兩座小城，吳王辦公所在的小城周長十二里，城牆牆基二丈七尺寬，牆高四丈七尺，伍子胥城周長也有九里多。在兩千四、五百年以前，這樣的規模實在夠驚人了。城防的牢固程度也是驚人的，越王句踐攻打吳大城時整整包圍了兩年多，直到吳軍糧盡援絕，夫差軍隊開始解體才打進城去。吳大城的規模和堅固程度在春秋戰國時代應該也是第一流的，戰國後期的齊都臨淄、趙都邯鄲、魏都大梁、楚都郢都，在秦軍的攻擊下都是很快就被占領了，從未有過圍城一兩年的事情。吳王夫差去世三百多年以後，司馬遷到吳縣遊歷，對吳縣城闕的壯麗贊嘆不已（據《史記・春申君列傳》末段：「太史公曰：吾適楚，觀春申君故城宮室，盛矣哉！」春申君故城即吳縣城）。太史公司馬遷可是一個見過大世面的人物，可見吳大城的規模是不多見的。〈記吳地傳〉關於吳大城及其他城闕的記述，無論從考古的角度或建築學的角度，都有非常重要的歷史價值。

〈記吳地傳〉和〈記地傳〉對吳越農工業的生產情況的記述雖不像對城池、宮殿、冢墓那麼重視，吳越的農工業的成就似乎也沒有吳大城和運河那麼引人注目。其實無論運河的開通或城池的修建都是以農工業為基礎的，儘管在春秋時代中原各國把楚和吳越看成是蠻夷之邦，事實上南方的農工業生產並不比北方落後，不同之處正在於各有特色。從工業上看，冶鍊和造船，南方不知要比北方高明多少倍，最能說明冶鍊水準差距的是季札掛劍的故事。季札出使北方各國，徐國國君非常喜歡季札佩帶的寶劍，季札也有心日後送給他，可是出使回來經過徐國時，徐國國君已經死了，季札便把寶劍掛在徐君墓前的樹上回國了。這件事說明季札人品的高尚，但同時也說明南方的冶金技術較之北方實在高出太多了。春秋戰國時的名劍都出在楚國和吳越，絕不是偶然的。關於冶鍊的有關遺址，〈記地傳〉有這麼兩則記述：(1)「姑中山者，越銅官之山也，越人謂之銅姑瀆。」(2)「練塘者，句踐時采錫山為炭，稱『炭聚』，載從炭瀆至練塘。各因事名之。」這兩則記載至少說明這幾個問題：一、國家有專門主管冶鍊的機構——銅官。二、有固定的採礦場、冶鍊場、運輸機構和路線。至於規模多大、水準如何，這個地方沒有說。但我們可以在〈記寶劍〉這篇很有神話色彩的奇文中，從側面了解一些情況。〈記寶劍〉中對湛盧、純鈞、巨闕、魚腸、勝邪、工布、龍淵、泰阿這些寶劍作了極大的誇張固然是事實，但有的描寫恐怕還是有幾分真實。如：「(薛燭)手振拂揚，其華捽如芙蓉始出；觀其釽，爛如列星之行；觀其光，渾渾如水之溢於溏；觀其斷，巖巖如瑣石；觀其才，煥煥如冰釋。」粗看似乎不可思議，可是從近年在「紀南城遺址」出土的句踐自用劍來看，其誇張也不算太離譜，句踐的劍埋在地下二千多年，至今仍寒光閃閃毫無鏽蝕，化驗結果，竟含有銅、錫、鐵、鉛、硫、砷多種元素，乃是用複合金屬工藝經多次澆鑄而成。由於工藝失傳，漢、唐乃至明、清都鑄不出這種劍來。

吳越的造船業也是相當發達的，〈記吳地傳〉、〈記地傳〉分別記載吳越各自的造船機構。闔廬的船宮在欐溪城。句踐的船宮叫舟室。吳楚的大規模戰爭，運兵、運糧的船舶都發揮非常重要的作用，船的規模、數量也都相當可觀。

〈記吳地傳〉和〈記地傳〉還有少量關於畜牧、水產養殖方面的記載。如〈記吳地傳〉：(1)「婁門外雞陂墟，故吳王所畜雞，使李保養之，去縣二十里。」(2)「麋湖城者，闔廬所置麋也，去縣五十里。」(3)「作湖，周百八十頃，聚魚多物，去縣五十五里。」〈記地傳〉：(1)「雞山、豕山者，句踐以畜雞豕，將伐吳，以食士也。」(2)「會稽山上城者，句踐與吳戰大敗，棲其中。因以下為木魚池，其利不租。」以上幾則簡單介紹了幾所國營漁場、畜牧場的情況。在小農經濟為主的國家，家畜、家禽、水產，當然以一家一戶分散經營為主。但是吳越兩國為了解決宮廷和軍隊的食用問題，也辦起了某些國營的畜牧場和養殖場，這種國家和私人同時進行以解決副食品生產和消費的辦法的確是很可取的，特別是吳國指派學有專長的人管理養雞場的作法更為難能可貴。

《越絕書》主要是寫吳越之間相互報復的故事，所以不少人稱之為復仇之書。國家之間爭鬥自然少不了陰謀鬼計，但最終還是以戰爭解決問題。書中也多次談到戰爭問題，余嘉錫先生還稱之為「兵家之書」（據余氏所著《四庫提要辨證・史部五・越絕書》：「余以為戰國時人所作之《越絕》原係兵家之書，特其姓名不可考，於〈漢志〉不知屬何家耳，要之，此書非一時一人所作。」），說是兵家之書也許不夠確切，但其中某些戰爭思想確有可取之處。

首先是書中談到的用兵原則，〈記軍氣〉有段話說：「夫聖人行兵，上與天合德，下與地合明，中與人合心，義合乃動，見可乃取。」這裡強調了戰爭的正義性。動機必須光明磊落，必須合乎天道人心，打擊的對象必須是天地所不容的，人民所唾棄的。如：國君殘暴，濫殺無辜，橫徵暴斂，壞人得勢，好人受氣，老百姓處於水深火熱之中。又如權奸當道，欺君虐民，陰謀政變，萬民嗟怨，敢怒而不敢言。在這兩種情況下帶兵去推翻暴君，或清除奸惡，主持公道，必將受到舉國上下的熱情歡迎。但進軍別國，一定會碰到土地財物的處置問題，「見可乃取」，實際上很有些理想主義色彩。孟子曾說商湯取天下的時候，「東面而征，西夷怨；南面而征，北狄怨，曰：奚我后，后來其蘇。」明顯是對湯的美化。商湯的成功其實也就是有強大武力作後盾，能把反抗勢力鎮壓下去。當然，以「見可乃取」為原則也不算錯，如果明知鎮壓不住，就莫打占有的算盤。

戰爭是複雜的問題，某一場戰爭可以憑藉優勢兵力和正確的指揮取得勝利，而長期持久的戰爭除了兵力的優勢和指揮能力之外，還得加上君臣間的相互信任和君民之間的團結一心，更要依靠強大的財力和物力。因此在準備階段中，怎樣加強自己，如何削弱敵方，成了非常重要的問題。在這些問題上，〈內經九術〉中，文種的那段話可說是中國古代克敵制勝方面的智慧結晶。他說：「一曰尊天地，事鬼神；二曰重財幣，以遺其君；三曰貴糴粟槀，以空其邦；四曰遺之好美，以為勞其志；五曰遺之巧匠，使起宮室高臺，盡其財，疲其力；六曰遺其諛臣，使之易伐；七曰彊其諫臣，使之自殺；八曰邦家富而備器；九曰堅厲甲兵，以承其弊。故曰九者勿患，戒口勿傳，以取天下不難，況於吳乎？」文種所說的九個方面的手段，除了第一條表現了古人受到迷信觀念的局限之外，其餘八方面都是異常中肯而深刻的，其中的許多作法雖然都是古人所經常使用的，但像這麼全面而有系統，似乎還是頭一次看到，難怪作者要把這篇文章稱為內篇中的經典。

在實施九術的過程中，越國君臣最重視的是糧食的生產和儲備，在〈計倪內經〉中越王句踐和計倪商討的主要問題是糧食生產問題。在〈外傳枕中〉越王句踐和范蠡討論的核心問題還是糧食生產。計倪認為：「興師者必先蓄積食、錢、布帛，不先蓄積，士卒數饑，饑則易傷。重遲不可戰，戰則耳目不聰明。耳不能聽，視不能見，什部不能使。退之不能解，進之不能行。」打仗必須吃飽肚子，這是絕對的真理。對於這方面的道理，范蠡在〈外傳枕中〉說得尤為透徹，他向句踐說：「知保人之身者，可以王天下。不知保人之身，失天下者也。……人得穀即不死，穀能生人，能殺人，故謂人身。」句踐不但多次與計倪、范蠡等人反覆討論糧食生產的重要性，而且長期不懈地加緊糧食生產，所以在對吳的長期作戰中，主要是利用糧食問題把吳軍拖垮，逼著吳王夫差在飢餓中突圍逃跑，逃跑途中餓得用生稻充飢。古人常說「足食足兵」，充分說明只有糧食充足，才能養活大量士兵，沒有糧食，鞏固國防只是一句空話。越國君臣在兩千多年前不但在理論中進行了深入的探討，在實踐中也取得了滅吳的勝利。

在概括地介紹了《越絕書》的思想內容以後，下面再簡單談談對本書作者和成書過程及其他有關問題的看法。

對於《越絕書》的作者問題，由於開篇的〈本事〉中一下說是子貢，一下又說是伍子胥，把歷代寫史書〈經籍志〉或〈藝文志〉的先生們弄得昏頭昏腦，所以首先著錄《越絕書》的

《隋書・經籍志》，在作者欄目中就寫作子貢。以後的《舊唐書・經籍志》和《新唐書・藝文志》也寫作子貢。宋代的《崇文總目》的著錄者，在作者欄中除子貢外，又加上「或曰子胥」。本來《越絕書》的作者不會是子貢或子胥，只要看過本書的人都是很容易發現問題的，為什麼歷代史書的編纂者這麼容易被〈本事〉所愚弄呢？主要是〈經籍志〉或〈藝文志〉編者都是根據國家圖書館藏書編目的，編書目並不是把整本書看完然後才動手的，既然〈本事〉中說是子貢所撰，自然也就認定作者是子貢了。第一個否定子貢是《越絕書》作者的人是宋代陳振孫，他在《直齋書錄解題》中指出：「無撰人名氏，相傳以為子貢者，非也。其書雜記吳越事，下及秦漢，直至建武二十八年，蓋戰國後人所為，而漢人又附益之耳。」陳振孫編寫《直齋書錄解題》，他當然要把書從頭到尾看幾遍，《越絕書》中記載著春申君的故事和秦始皇東巡、劉邦滅秦等事跡，子貢當然不可能知道這些事情，因此〈本事〉篇將撰述人假託為子貢，一下就被陳振孫發現了。但陳振孫也沒有認真去讀〈篇敘外傳記〉那段費解的猜謎式的妙文，可能他認為花腦筋去猜這類啞謎沒多大意思。

第一個通過這段妙文破解出本書作者為袁康和吳平的是明代大學者楊慎，他在《丹鉛雜錄》中記下了這個極有意義的發現：「或問：『《越絕》不著作者姓名，何也？』余曰：『姓名具在書中，覽者第不深考耳。子不觀其絕篇之言乎？曰：「以去為姓，得衣乃成；厥名有米，覆之以庚。禹來東征，死葬其疆。不直自斥，託類自明。」「文屬辭定，自於邦賢。」「以口為姓，丞之以天；楚相屈原，與之同名。」此乃隱語見其姓名也。去得衣，乃「袁」

字也；米覆以庚，乃「康」字也；禹葬之鄉，則「會稽」也，是乃會稽袁康也。其曰：「不直自斥，託類自明。」厥旨昭然，欲後人知也。「文屬辭定，自於邦賢。」蓋所共者，非康一人也。口丞天，「吳」字也；屈原同名，「平」字也，與康共著此書者，乃吳平也。不然，此言何為而設乎？』」

應該說楊慎的發現對於《越絕書》的研究的確是一件大事，明清大部分研究者都認同了這項重大發現。但進一步深入考查後，問題又來了，查遍任何有關東漢的史籍，也沒有發現關於袁康的片紙隻字，而吳平則基本上可以肯定是被東漢思想家王充所高度稱許的吳君高，王充在他的名著《論衡》中曾不只一次地提到吳君高。茲引述其《論衡‧案書篇》有關文字：「東番鄒伯奇、臨淮袁太伯、袁文術、會稽吳君高、周長生之輩，位雖不至公卿，誠能知之囊橐，文雅之英雄也。觀伯奇之《元思》、太伯之《易章句》、文術之《箴銘》、君高之《越紐錄》、長生之《洞歷》，劉子政、揚子雲不能過也。」王充在書中高度贊揚了吳君高和《越紐錄》，根本沒提到袁康和《越絕書》。《越絕書》是否就是《越紐錄》呢？我們只有通過「越紐錄」書名的含義和《越絕書》的內容相互對照才能解答這道難題。

「越」指吳越，這是毫無疑問的。「紐」指什麼呢？據《說文解字》，紐是「結而可解」，也就是說，「紐」是可解開的結。它既是問題癥結所在，而又不難理解。我們依照這個原則去衡量《越絕書》就會發現，書的內容與「越紐」二字是完全符合的：吳越報仇爭霸事件是關係吳越發展的重大事件，春申君到吳縣大大加快了吳縣附近的開發，〈記吳地傳〉、〈記地傳〉是吳越人物、城防、宮闕、交通、生產……各方面材料的總匯。以「越紐」命名則與全書的各方面無不切合，更名「越絕」以後，只是突出了吳越之間復仇爭霸，其他的材料就像是附加進去的搭頭，整個書的結構就顯得支離破碎，顯然《越紐錄》較之《越絕書》更切合全書的內容。

為什麼《越紐錄》會改名為《越絕書》呢？這完全是袁康一手策劃的。我們通過〈篇敘外傳記〉可以看出一些蛛絲馬跡。吳平死去多年以後，袁康設法弄到了《越紐錄》的手稿，他知道在知識界大家都知道吳平寫了一本《越紐錄》，但事隔多年，已經沒有多少人見過原書了。於是他就在書的最前面和最後面做了一番手腳，前面加一篇〈外傳本事〉，大談命名《越絕書》的理由，後面加一篇〈篇敘外傳記〉，通過隱語的形式把自己擺在吳平的前面，用偷天換日的手段使自己成了《越絕書》的第一作者。於是吳平著的《越紐錄》消失了，袁康和吳平合著的《越絕書》誕生了。

袁康的伎倆，不但瞞過了博學而又有些輕信的明代狀元楊慎，而且也瞞過了博學的清代官僚學者紀曉嵐。紀氏完全相信了前輩楊慎關於《越絕書》作者的結論，在《四庫全書總目提要》卷六六中寫道：「書末〈敘外傳記〉以廋詞隱其姓名，其云『以去為姓，得衣乃成』；是『袁』字也；『厥名有米，覆之以庚』，是『康』字也；『禹來東征，死葬其疆』，是『會稽』人也。又云『文屬辭定，自於邦賢』，『以口為姓，丞之以天』，是『吳』字也；『楚相屈原，與之同名』，是『平』字也。然則此書為會稽袁康所作，同郡吳平所定也。」

袁康的伎倆欺騙了許多大學問家，卻未能瞞過一些細心的學者，明末學者郭鈺在其所輯的《古越書》凡例中說：「《越絕》成非一手，昔賢辨之詳矣。〈內經〉、〈內傳〉辭義奧衍，究達天人，明為先秦文字，〈外傳〉或駁或醇，而〈記地〉兩篇，雜以秦漢，殆為後人附益無疑也。何物袁康，托隱語以自露，意欲盜名後世，遂爾詭迹前人，乃其文氣不類，誰可為欺者？」清人盧文弨態度比較冷靜，他在〈題越絕後〉中說：「王仲任《論衡・案書篇》稱會稽吳君高之《越紐錄》向、雄不能過。《越紐》即《越絕》，則是書專屬平所撰矣。」《越絕書》作者問題的公案終於可作結論了。

在作者問題確定以後，下面想談談對於書的形成的看法。首先是〈內傳〉、〈內經〉和〈外傳〉的問題。為什麼吳平要把部分作品稱之為「經」？部分作品稱之為「傳」呢？古人把一般的記事文章都叫「傳」，無論記人、記事、記物，通通叫「傳」。而「經」則指帶有經典性的重要著作。所以現存的十九篇中只有兩篇作者認為內容非常重要的稱之為「經」，其他十七篇一律叫「傳」。十七篇「傳」為什麼還要分〈內傳〉和〈外傳〉呢？這是一種罕見的分類方法。這個分類表現了吳平是一個非常守本分的學人，他尊重前人的成就，在撰寫《越紐錄》時，有意識地將前人著述中選用的部分稱之為〈內經〉或〈內傳〉，而將自己根據前人著作和地方傳聞加工寫定的部分稱之為〈外傳〉。在內外的區分上，幾乎所有《越絕書》研究者都認定〈內經〉和〈內傳〉是前人寫定的，明嘉靖時田汝成在《越絕》序中說：「〈內經〉、〈內傳〉，詞義奥衍，究達天人，明為先秦文字。」其他研究者也大都從文章語言風格上認定〈內經〉和〈內傳〉高於〈外傳〉。其實光憑語言風格是不足為據的，真正可作根據的是〈內傳〉中的許多史料明顯影響了《史記》，如〈內傳陳成恆〉中子貢的活動和《史記・仲尼弟子列傳》關於子貢的情節完全相同，其差異只在《史記》的語言水準明顯高於《越絕書》。顯然在關於子貢活動的問題上，司馬遷和吳平用的都是同一材料，吳平不加改動搬進《越絕書》，而司馬遷卻在藝術加工之後寫進了《史記》。又如：人們認為根據《越絕書》的材料加工而成的《吳越春秋》，其中的〈吳太伯傳〉有關吳國先世承傳關係的記載，與《史記・吳太伯世家》的記載也基本一致，現在《越絕書・吳太伯內傳》雖失傳了，但它與《吳越春秋》中的〈吳太伯傳〉肯定非常接近的。這也就間接說明了《史記・吳太伯世家》材料來源與《越絕書・吳太伯內傳》是相一致的。此外，《史記・伍子胥列傳》概括使用了相同於〈荊平王內傳〉的部分內容，《史記・貨殖列傳》使用了相同於〈計倪內經〉的部分內容，都是非常明顯的事實。當然司馬遷不會看到《越絕書》，但他在漢廷的圖書館中肯定可以看到《越絕書》所引用的原始典籍。如果說《越絕書》〈內經〉、〈內傳〉是轉手引用原有典籍的話，其〈外傳〉的材料恐怕大部分來自民間的傳聞。傳聞的東西固然也有某些根據，但經過誇張而變形失實的成分也肯定不少。而且由於傳聞無法調查核實，往往產生一些不應該出現的錯誤也得不到糾正，這種情況應當說是美中不足。當然古人對事件的真實性不像今人那麼認真，在文章中給別人開玩笑、編故事，在他們來說都只是常情。譬如大文豪莊周不但給孔夫子編了許多故事，而且還通過所編的故事把自己的老婆也糗了一通。至於把傳聞當成事實寫進歷史，也是屢見不鮮的事，譬如說后稷的母親姜嫄因踏了大人的腳印而懷孕生了后稷，劉邦的母親和龍交配生下劉邦，這類編造的神話都寫進了正史。來自傳聞的故事在真實性上雖趕不上正史，但從生動性來看卻又常常超過正史。這主要是因為來自傳聞的故事在流傳過程中，人們不斷用自己的想像豐富了它。《越絕書》和《吳越春秋》在真實性上雖然比不上《史記》，語言的水準更不能相提並論，但故事情節卻常比《史記》生動。就拿伍子胥的故事來說，三部書的材料來源是相同的，但由於《史記·伍子胥列傳》砍掉了大量富有傳奇性的細節，讀起來就沒有《越絕書》和《吳越春秋》那麼富於情趣。在《越絕書》和《吳越春秋》的一些故事中常常表露出一種野性的魅力。

前面說過，《越絕書》的〈內經〉、〈內傳〉是有史籍為根據的，但這些史籍又是些什麼著作呢？這是非常值得探討的。清人洪頤煊在其《讀書叢錄》中曾作過以下的推測：「雜家《五子胥》八篇，兵家《五子胥》十篇、圖一卷。頤煊案，〈武帝紀〉臣瓚曰：『《五子胥》書有戈船。』又曰：『《五子胥》有下瀨船。』此當在兵技巧家十篇中。《史記正義》引《七錄》云：《越絕》十六卷，或云伍子胥撰。〈藝文志〉無《越絕》，疑即雜家之《五子胥》八篇，後人并為一。故《文選·七命》李善注引《越絕書·五子胥水戰法》一條，《太平御覽》三百一十五引《越絕書·水戰法》一條，引《五子胥書》皆以《越絕》冠之。今本《越絕》無〈水戰法〉，又篇次錯亂，以末篇證之，《越絕》本八篇：〈太伯〉一，〈荊平〉二，〈吳〉三，〈計倪〉四，〈請糴〉五，〈九術〉六，〈兵法〉七，〈陳恆〉八，與雜家《五子胥》篇數正同。」洪頤煊的探索精神是非常可貴的，但認定《五子胥》八篇就是《越絕書》的八篇〈內傳〉，卻是證據不足。就八篇〈內傳〉進行分析，和吳國歷史關係緊密的占兩篇，這兩篇中的〈吳太伯內傳〉已經散失，估計與《吳越春秋・吳太伯傳》出入不大。〈吳內傳〉似乎不完整，完整的〈吳內傳〉應該包括吳王壽夢的事情和吳公子光和吳王僚之間的鬥爭。越國君臣活動的占三篇，即〈計倪〉、〈請糴〉、〈九術〉，寫子貢活動的一篇——〈陳成恆〉。真正和伍子胥關係密切的只有〈荊平王內傳〉和〈兵法內傳〉。要說後面兩篇出自雜家《五子胥》那是完全可能的；關於〈吳太伯內傳〉和〈吳內傳〉應該出自吳國本身修撰的歷史，從《吳越春秋》上卷關於吳國的傳記和《史記・吳太伯世家》來看，吳國可能自身修有簡史，不然二十多代君主傳承關係那麼清楚、中間的大事那麼明白就不好理解了。越國君臣活動的三篇也應該來自越國的文獻，據《漢書・藝文志》，東漢國家圖書館還保存了《范蠡》、《大夫種》各兩篇屬於兵權謀家的文籍，吳越一帶理應還保存有其他文獻。只有關於子貢活動的〈陳成恆〉一篇來歷比較不好確定。總之，《越絕・內傳》理應出自多種吳越地方文獻，而不會單純來自雜家《五子胥》一書。至於〈外傳〉部分，當然也不排除取材於地方文獻，但根據民間傳說故事整理的可能性會更多一些。

最後簡略談一點關於《越絕書》的編排和錯簡問題。大部分古籍都經過一個傳抄階段，傳抄過程中偶而發生錯簡是不足為奇的，可是像《越絕書》這樣大量增添、遺漏、錯位的卻是比較少見。一般的地方在注釋中作過說明也就算了，下面談幾處可能影響篇目的錯誤。最明顯的一處是〈吳內傳〉。一是懷疑它有重大缺漏，寫〈吳內傳〉而不記吳王壽夢和他的幾個兒子，幾乎是不可理解的；不記吳王僚和公子光的鬥爭，更不近人情，這些都是《吳越春秋》著重寫的。二是懷疑越王句踐和范蠡的長篇對話是從別處移過來的，「越王句踐返國六年」放在中間也莫名其妙，這兩段都不應該在〈吳內傳〉範圍內出現。三是從「晉公子重耳之時」一直到末尾，從齊桓公談到堯、舜、夏啟、湯、文王、武王、周公，它應該屬於另外一個談歷史的專篇，因為這些歷史問題和吳沒有牽連，理應單獨成篇，而且就其分量來說，也和其他短篇相差不遠。

除〈吳內傳〉外，〈記軍氣第十五〉後面各國的星野和地域，顯然和「軍氣」風馬牛不相及，完全應該單獨成篇的。各國的星野區域從字數看似乎篇幅小一些，但內容卻不少，即使嫌它分量不夠，不便單獨成篇，附在〈記地傳〉末尾也好說一些。很可能是抄的人感到不好處理，隨意附在〈記軍氣〉之後的。《越絕書》原來是二十五篇，後來遺漏了若干篇也是事實，但在傳抄過程中把兩篇合成一篇的情況也不應完全排除。

《越絕書》是一部包羅極廣的歷史典籍，要對它作系統的介紹的確不是一件簡單的工作，我這裡只是把自己在譯注過程中感受最深的一些問題簡略地談一談。由於是倉促間寫成的，有很多地方都只是輕輕點了一下，不深不透是在所難免的。至於遺漏的地方肯定還會更多一些，但願能產生拋磚引玉的作用。

末了簡單談談《越絕書》的流傳及本人採用的版本。據目前所知，《越絕書》在北宋以前只有少量抄本流傳，一般人很難看到它，所以除了王充在《論衡》中提到吳平的《越紐錄》以外，一般文人甚至韓、柳、歐、蘇這樣的文豪也都沒有人提起它。但這部書在歷代的國家圖書館都有藏本，故《隋書・經籍志》、《舊唐書・經籍志》、《新唐書・藝文志》都有它的名目，都將其放在雜史類。

在宋以前，除了四書五經及曆書曾經印刷出版外，一般著作哪怕是李、杜的詩集，韓、柳的文集都是靠手抄流傳。最早將《越絕書》刊刻出版的是南宋嘉定餘杭縣令丁黼，他在刊刻《越絕書》的跋文中說：「予於紹興壬子遊吳中，得許氏本，訛舛特甚；嘉定壬申令餘杭，又得陳正卿本，乙亥官中都，借本祕閣，以三本互相參考，擇其通者從之，乃粗可讀，然猶未也。念前所見者皆謄寫失真，不板行則其傳不廣，傳不廣則私所藏莫克是正，遂刻之齋門，以俟來者。」丁氏刊刻的工作，對《越絕書》來說是一件大事，在他所處的時代，能找到三個不同抄本互相參校，然後擇善而從，確是難能可貴的。應該說今天《越絕書》能有今天這個樣貌丁氏功不可沒。在丁氏的刊刻本出來以後，他的朋友汪綱根據他的本子又在浙江紹興刊印了若干冊。到元大德年間，紹興某地方官又刊印了一次。現在兩種宋刊本和元刊本都沒有保存下來。散存於各省市地方圖書館和各高校圖書館的《越絕書》古刊本，都是明清兩代的刊刻本。在明正德和嘉靖以後，江浙一帶曾出現刊刻古籍的高潮，明代較著名的《越絕書》刻本就有正德吉水劉以貞刊本、嘉靖姚江夏恕刊本、陳塏刊本、張佳胤雙柏堂刊本、孔文谷刊本、趙恆仿宋汪綱刊本、萬曆《古今逸史》刊本、天啟《漢魏叢書》刊本等，至於清代刻本就更多了。明清的刻本其實都是源於南宋丁黼本。卷數雖有十四、十五、十六的差別，但篇數都是十九，文字出入也很少。其所以會有少量文字出入，主要是各刊本的主持人對原文有疑問而作了改動。明人向來就有改動古人文字的愛好。擅自改動原作固然對作品原貌會造成某種破壞，但平心而論，大部分改動都高於原作。從清代到現在又出了許多《越絕書》的刊刻本，這裡就不多作介紹了，只談兩種目前風行內地的新本。一種是原浙江圖書館館長張宗祥先生的校注本，張宗祥先生參照多種版本加以校注，在附錄部分收集了明清各名家為此書所作的序跋，還附有清人錢培名所寫的《越絕書札記》和所輯的〈逸文〉及清人俞樾先生的《越絕書札記》。這兩種札記可說是清代《越絕書》研究的最重要的成果。第二種是杭州大學歷史地理學碩士樂祖謀的點校本《越絕書》，此書每篇末尾附有詳細的校勘記，一書在手，就不必到處查找各種重要版本了。書的前面有著名歷史地理學家陳橋驛先生的長篇〈序言〉，對《越絕書》流傳歷史及思想內容作了精闢的闡述，很有啟發意義。我這次擔負《越絕書》的注譯工作，是以《四部叢刊》影印明張佳胤雙柏堂本為底本，較多地吸收了張宗祥校注本和樂祖謀點校本在校勘和注釋方面的成果。張宗祥先生和樂祖謀先生由於比較審慎，許多有疑點的地方都沒有指出來，本人不揣鄙陋，在許多存疑的地方都大膽地把不怎麼成熟的意見端出來。我也知道有的意見並不真是定論，但相信問題提出以後必然會引起研究者的注意，經過討論自然會一步一步接近真理。近年來翻譯古籍成為一種時尚，許多古籍都有好幾種譯本，可是人們對《越絕書》似乎興趣不大，本人的譯本還是第一家，草創的工作從來都是比較麻煩的，但願本人經歷一些麻煩，能給後來的研究者提供某些方便。

劉建國

一九九七年春於湘潭大學石筆寒儒齋

卷一

越絕外傳本事第一

【題解】本篇帶有序言的性質，它是袁康為了掠奪吳平的創作成果《越紐錄》而寫的。本文從頭至尾根本不提《越紐錄》，似乎本書與之毫不相干，其用心與手法都是非常卑劣的。然而它所談的卻是有關《越絕書》的一些根本性的問題。包括為什麼叫做「越絕書」；為什麼書名「越絕」，卻又並談吳、越；為什麼吳亡越興；為什麼不署作者的姓名；為什麼書中的篇目或稱經，或稱傳，或稱外傳，或稱內傳。對於這些問題的說明，今天的讀者可能很難滿意。因為作者心懷鬼胎，所以它對有的問題回答得含含糊糊，躲躲閃閃；對有的問題答覆得語焉而不詳，似乎在賣關子。但這些說明，對我們了解本書的思想傾向卻是很重要的。從本篇中我們可以看出本書有兩個鮮明的傾向：一是崇孔尊儒，一是抑吳揚越。書中一再宣揚孔子作《春秋》，以及刪定群經、教授六藝等光輝功業，甚至還把亂齊、破吳、興晉、強越的功勞都記到孔子和子貢身上，還把孔子說成為一位先知。作者對孔子這種無限的推崇，明顯地表現出漢武帝罷黜百家、獨尊儒術以後，中國思想界的特色。在對待吳王夫差和越王句踐的功過是非上，作者對句踐的霸業不無溢美之詞，而對其殘忍的性格則避而不言，和對夫差的態度形成鮮明的對比。對吳越的抑揚恐怕與袁康、吳平都是越人很有關係。

問曰：「何謂越絕❶？」

「越❷者，國之氏❸也。何以言之？按《春秋》❹序齊❺魯❻，皆以國為氏姓，是以明之。絕者，絕❼也。謂句踐❽時也。當是之時，齊將伐魯，孔子❾恥之。故子貢❿說齊以安魯。子貢一出，亂齊，破吳⓫，興晉⓬，彊越。其後賢者辯士，見夫子作《春秋》而略吳越⓭，又見子貢與聖人相去不遠，脣之與齒，表之與裡。蓋要⓮其意，覽史記⓯而述其事也。」

【章　旨】此章首先解釋越絕之義：越指越國，絕為超絕。越絕指越王句踐時超絕一世的霸業。此處大談越絕，其實是叫人忘記《越紐錄》。其次突出了孔子與子貢的影響，並且指出

《越絕書》是在孔子的《春秋》影響下成書的。

【注　釋】❶越絕　即《越絕書》。原名《越紐錄》，東漢吳平所著。原書二十五篇，今存十九篇。與《吳越春秋》同為記述吳越興亡之作，但思想傾向不同。❷越　古國名。姒姓，相傳始祖為少康之子無餘，封於會稽。春秋末越王句踐滅吳稱霸，戰國後期為楚所滅。❸國之氏　國家的姓氏。❹春秋　編年史。孔子據魯史修訂而成。記載從魯隱公到魯哀公二百四十餘年中的重要史實。敘事簡要，以一字寓褒貶。❺齊　國名。周武王封太公姜尚於齊。至桓公為五霸之一。曾九合諸侯，一匡天下。春秋末，田氏代齊，為戰國七雄之一。秦始皇二十六年為秦所滅。❻魯　國名。周武王封弟周公旦於魯，都曲阜。戰國時為楚所滅。❼絕　超群絕倫。❽句踐　春秋末越王。曾為吳王夫差所敗，困於會稽，用計賄賂吳太宰伯嚭，向夫差求和，為其牧馬。歸國後臥薪嘗膽，十年生聚，十年教訓，終於滅亡吳國，大會諸侯，稱霸中國。❾孔子　偉大政治家、教育家。字仲尼，魯國曲阜人。先世為宋貴族，少貧而好禮，由相禮升為中都宰、司寇。與執政季桓子不合，出遊齊、衛、宋、陳、蔡、楚等國，終無施展抱負的機會。歸魯講學，從遊者達三千人，身通六藝者七十二人。曾修《春秋》，整理《詩》、《書》、《禮》、《樂》、《易》等古籍。其學說以仁為核心，以禮為手段，後人集其重要言論為《論語》一書。其學說對中國數千年的政治、思想、教育、文化影響極大，後世奉為至聖先師。❿子貢　姓端木，名賜，字子貢，衛人，孔子弟子。長於詞令，善經營產業，家累千金。曾為魯相，齊田常伐魯，乃遊說齊、晉、吳、越諸國，使互相牽制，終於存魯，亂齊，破吳，強晉而霸越。⓫吳　古國名。商末泰伯與虞仲相攜來吳。周初，武王封其後嗣於此，至春秋末為越所滅。⓬晉　古國名。周成王封弟叔虞於唐。後改名為晉。春秋時據有山西大部、河北西部，春秋末被其大夫韓、趙、魏三氏所瓜分。⓭略吳越　忽略吳越。孔子視吳越為蠻夷，《春秋》中不載其活動。⓮要　探求；領會。⓯史記　記錄歷史的文籍。

【語　譯】有人問道：「作者將書取名為越絕，是什麼意思呢？」

回答道：「越是諸侯國的姓氏。為什麼這樣說呢？按照《春秋》記述齊、魯等國的事件，都以國名作為諸侯的姓氏，因此知道越指越國國君。絕的意思為超群絕倫。指的是越王句踐時的功業。在那時，齊國將要侵伐魯國，孔子對此感到羞愧，所以派子貢去說服齊國，以安定魯國。經過子貢一番活動以後，攪亂了齊國，破滅了吳國，復興了晉國，強大了越國。後來有的賢人和辯士看見孔子作《春秋》卻省略了吳、越，又看見子貢和孔子來往很密切，就像嘴脣和牙齒，外表和內部一樣，於是認真領會子貢活動的意圖，查閱有關的歷史資料，記述了句踐時代越國的霸業。」

問曰：「何不稱越經、書記❶，而言絕❷乎？」

曰：「不也。絕者，絕也。句踐之時，天子微弱，諸侯皆叛❸，於是句踐抑❹彊，扶弱，絕❺惡，反❻之於善，取舍以道❼，沛❽歸於宋❾，浮陵❿以付楚⓫，臨沂⓬、開陽⓭，復之於魯。中國侵伐，因斯衰止。以其誠在於內，威發於外⓮，越專其功，故曰『越絕』。故作此者，貴其內能自約⓯，外能絕人⓰也。賢者所述，不可斷『絕』⓱，故不為記明矣。」

【章　旨】本章贊美越王句踐尊周室、除殘暴、抑強扶弱的功業，頌揚其誠在於內、威發於外、取捨以義的人品。強調僅稱「越記」不足以表彰其超絕一世的功業與人品，故名其書為「越絕」。

【注　釋】❶書記　寫作「越記」。❷言絕　名為「越絕」。❸叛　不受約束；不聽指揮。❹抑　壓制。❺絕根絕消除。❻反　回歸。❼道　道義；原則。❽沛　今安徽宿縣西北。❾宋　古國名。周成王封商紂庶兄微子為宋公，轄今河南東部及山東、江蘇、安徽之間，戰國後期為齊所滅。❿浮陵　在安徽境內，位於淮河上游。⓫楚　古國名。周成王封熊繹於荊山一帶，都丹陽，後遷都於郢，春秋戰國間國勢強盛，疆域擴大。戰國末年為秦所滅。⓬臨沂　今山東臨沂。⓭開陽　今山東蘭山。⓮威發於外　威嚴表現在對外的行為上。⓯自約　自我約束，克制貪欲。⓰絕人　超絕於人群。⓱不可斷絕　不肯放棄越王句踐超絕於人的特點。

【語　譯】有人又問：「為什麼不稱它為『越經』，或寫成『越記』，而要叫做『越絕』呢？」

回答道：「稱作越經、越記都不恰當啊。絕的意思是超群絕倫。越王句踐的時候，周天子勢微力弱，各國諸侯都不受他的約束，不聽他的指揮。在這時，越王句踐壓制強權，扶助弱小，清除暴惡，率領大家重新回到正義的立場上。他對土地的取捨分配一律按原則辦理。把沛地歸還宋國，把浮陵交給楚國，把臨沂和開陽交還魯國。因為有越王句踐主持正義，中國內部諸侯之間互相征伐的紛爭，也漸漸停息下來了。因為句踐的熱誠公正出自內心，嚴不可犯的威勢又顯示於對外的行動上，越國因此獨享著維護中國新秩序的功勳，所以這部書就取名『越絕』。《越絕書》的作者特別看重句踐對內能嚴格約束自己，在對外的行為上能超絕於常人。賢明的作者在敘事中時時都不肯放棄句踐超絕於常人的特點，所以這本書不應稱『越記』是再明白不過的了。」

問曰：「桓公❶九合諸侯❷，一匡天下❸，任用賢者，誅服彊楚。何不言齊絕乎？」

曰：「桓公中國兵彊霸世之後，威淩諸侯，服彊楚，此正宜耳。夫越王句踐，東垂❹海濱❺，夷狄文身❻，躬而自苦❼，任用賢臣，轉死為生，以敗為成。越伐彊吳，尊事周室❽，行霸琅琊❾，躬自省約❿，率道⓫諸侯。貴其始微終能以霸，故與⓬越專其功而有之也。」

【章旨】本章以齊桓公為陪襯，進一步突出句踐創業之艱難與精神之偉大。

【注釋】❶桓公　齊桓公，名小白，春秋五霸之一。任管仲為相，尊周室，攘夷狄，九合諸侯，一匡天下。管仲死後，怠於政事，國勢漸衰。❷九合諸侯　多次集合諸侯，共商天下大事。九，形容很多。❸一匡天下　將天下諸侯不尊周室，互相攻伐之風糾正過來。一，助詞，無義。❹垂　同「陲」。邊陲；極遠的邊地。❺海濱　海邊。❻文身　在身上刺著鳥獸圖案。少數民族風俗。文，通「紋」。❼躬而自苦　指臥薪嘗膽。躬，親身。❽尊事周室　率領諸侯朝見周天子。❾琅琊　在山東青島附近。按理句踐根據地應在江浙，而不應在山東。❿省約　反省而約束自己。⓫率道　作為表率，以為倡導。⓬與　稱許；贊許。

【語譯】有人問道：「齊桓公多次集合諸侯去朝見周天子，匡正天下諸侯相互侵伐的風氣，任用管仲和鮑叔牙等賢臣，懲罰並降服了強暴的楚國，為什麼人們不稱『齊絕』呢？」

回答道：「齊桓公立國於中原，是兵強馬壯、累世稱霸的齊國的繼承人。以威力淩駕諸侯，使強橫的楚國服從指揮，這正是他所應該做的。至於越王句踐，他的國家東方是汪洋大海，國民是紋身的夷狄，但他能刻苦磨鍊，臥薪嘗膽，任用范蠡、文種等賢臣，使越國從滅亡的邊緣恢復過來，由失敗轉向成功。越國滅亡了強暴的吳國，恭敬地事奉周天子，在琅琊推行霸業，經常進行自省，隨時約束自己，用自己的榜樣帶動各國諸侯。作者很看重他能以微弱起家而最後稱霸天下，所以高度贊美他獨享尊周室、安天下的功勳。」

問曰：「然越專其功而有之，何不第一❶，而卒本吳太伯為❷？」

曰：「小越而大吳。」

「小越大吳，奈何？」

曰：「吳有子胥❸之教，霸世甚久。北陵齊、楚❹，諸侯莫敢叛者。乘❺薛❻、許❼、邾婁❽、莒❾，旁轂趨走❿。越王句踐，屬⓫芻莖養馬⓬。諸侯從之，若果中之李⓭。反邦七年，焦思苦身⓮，克己自責⓯，任用賢人。越伐彊吳，行霸諸侯。故不使越第一者，欲以貶大吳，顯弱越之功也ㄧㄝˇ。」

【章　旨】本章解釋《越絕書》先談吳國的原因。作者這樣安排是為了讓吳越形成強烈的對比，通過貶斥強大的吳國，更加地顯示出越國的光輝成就。

【注　釋】❶何不第一　為什麼不將越國的故事擺在書的開端。❷卒本吳太伯為　為何終於以吳太伯為根本。吳太伯，春秋時吳國的始祖，周文王的伯父。太伯為周太王長子，太王欲將王位經少子季歷傳於季歷之子文王，太伯知其意，乃與弟仲雍逃往吳地，以耕作築城技術傳授吳民，被推為君長，國號句吳。❸子胥　即伍員。字子胥。祖伍舉，父伍奢，世為楚忠臣，平王殺伍奢，子胥奔吳，依公子光，助其奪得王位，並整軍經武，攻破楚郢都，挖平王墓，鞭屍報仇。吳王夫差時，因反對夫差與越議和及北上爭霸，被讒。夫差逼令自殺。❹北陵齊楚　楚居吳西，方位不合，應為侵陵齊楚。❺乘　欺淩。❻薛　周朝國名。在今山東滕縣。任姓，周初所封，戰國為齊所滅。❼許　周朝國名。在今河南許昌。姜姓，戰國時為楚所滅。❽邾婁　周朝國名。在今山東鄒縣境。曹姓，戰國時為楚所滅。❾莒　周朝國名。在今山東莒縣。周武王封少昊之後於莒。春秋末為楚所滅。❿旁轂趨走　圍著車輪前後奔走。旁，通「傍」。依傍。轂，車輪中心穿軸的部分。⓫屬　跟隨。⓬芻莝養馬　莝斷草料餵養馬匹。莝，鍘草；把草切碎。⓭若果中之李　形容跟隨者之多。此處與上下文銜接不好，「諸侯從之，若果中之李」應移至「越伐彊吳，行霸諸侯」之後。⓮焦思苦身　亟思對策，勞苦身體。⓯克己自責　壓制欲念，嚴格要求自己。

【語　譯】有人問道：「越王句踐既然獨自擁有尊周室、安天下的歷史功勳，為何不把越王的事跡擺到書的開端，卻從吳太伯的故事談起呢？」

回答道：「因為越原先是弱小的，而吳向來是強大的。」

又問：「越國弱小，而吳國強大，又和安排先後有什麼關係呢？」

回答道：「吳國接受伍子胥的教導以後，稱霸中國的時間相當長久。曾經侵伐齊、楚等大國，各國諸侯誰也不敢違抗它。薛、許、邾婁、莒等小國受盡了它的欺凌，還要在它的車前馬後奔走不暇。越王句踐更是受盡了淩辱，成天跟隨吳王夫差，替他鍘草飼馬。句踐回國以後，七年之間，每天臥薪嘗膽，勞心苦思，尋求興國復仇之計，他壓制個人的欲念，嚴格要求自己，任用范蠡、文種等賢能的大臣。當他起兵討伐強暴的吳國時，諸侯紛紛響應，多得像果中的李。句踐滅亡了吳國不久就稱霸於諸侯。作者不讓越國出現在書的開端，就是為了通過貶斥強大而自取滅亡的吳國，更加顯示越國由弱變強而成為霸主的成就。」

問曰：「吳亡而越興，在天❶與？在人❷乎？」

「皆人也❸。夫差❹失道❺，越亦賢矣。濕易雨，饑易助。」

曰：「何以知獨在人乎❻？」

「子貢與夫子坐，告夫子曰：『太宰❼死。』夫子曰：『不死也。』如是者再。子貢再拜而問：『何以知之？』夫子曰：『天生宰嚭❽者，欲以亡吳，吳今未亡，宰何病❾乎？』後人來言不死。聖人不妄言，是以明知越霸矣！」

「何以言之？」

曰：「種❿見蠡⓫之時，相與謀，道東南有霸兆⓬，不如往仕。相要東游，入越而止。賢者不妄言，以是知之焉。」

【章　旨】本章從天命與人事的角度探索吳越興亡問題。從全文看，作者是認為人事發生是主要的作用，但又認為吳亡越興也是天命的安排。但由於文章錯漏了兩個關鍵字眼，以致文章弄得模糊不清。目前的文章是「問曰：『吳亡而越興，在天與？在人乎？』『皆人也。……』曰：『何以知獨在人乎？』……」其中「皆人也」，應為「皆是也」；「何以知獨在人乎」，應該是「何以知不獨在人乎」。只有這樣改正過來，才能和下文「天生宰嚭者，欲以亡吳」、「東南有霸兆」這兩段宣揚天命的話接上口。

【注　釋】❶天　天命。❷人　人事。❸皆人也　應作「皆是也」。❹夫差　姬姓，春秋末吳王。闔廬之子，繼位後，誓報父仇。在夫椒大敗越兵，不聽伍員勸告，許越為屬國，北上攻齊，與晉爭為盟主。被越乘虛襲擊，狼狽回師。後十年，越又大舉進攻，圍姑蘇，夫差自剄而死，吳亡。❺失道　迷失正道。❻何以知獨在人乎此句漏了一個「不」字，應作「何以知不獨在人乎」。❼大宰　官名。殷始置，相當於後世的宰相。此指伯嚭。楚臣伯州犁的孫子，伯州犁被誅，伯嚭奔吳，夫差任之為大宰。嚭貪財貨，逢迎夫差，讒害伍子胥。吳亡，為句踐所殺。❽宰嚭　太宰伯嚭的省稱。❾病　出問題。❿種　文種，越大夫。夫差敗越，越王句踐與范蠡入吳為人質，文種主持國政，句踐歸國，文種上伐吳七術，滅吳後，范蠡勸文種早日離去，文種不聽，竟為句踐所殺。⓫蠡　范蠡，越大夫。助句踐滅吳復仇後，離越適齊，化名鴟夷子皮。治產業，致富累千萬，曾受命為齊相，後復棄官，三散千金之產。最後居定陶，號陶朱公。⓬霸兆　霸主的徵兆。

【語　譯】有人問：「強大的吳國滅亡了，弱小的越國興盛了。這決定於天命呢？還是決定於人事？」

回答道：「兩方面的原因都有。從人事來看：吳王夫差不走正道，而越國君臣又太賢明了。空氣潮濕就容易下雨，一般人餓肚皮就特別感激他人的救濟。」

又問道：「你怎麼知道不僅僅是人事呢？」

回答道：「子貢陪孔子坐著閒談，告訴孔子說：『傳說吳太宰伯嚭死啦。』孔子說：『他不會死的。』這樣重複了兩次。子貢恭敬地向孔子叩了兩個頭，問道：『您怎麼知道伯嚭不會死呢？』孔子說：『老天爺生下伯嚭，就是讓他來滅亡吳國，吳國還沒有滅亡，伯嚭怎麼就會死呢？』事後吳國來人說伯嚭真的沒死。聖人是不隨便亂說話的，這說明孔子早就知道越國日後要稱霸的！」

又問道：「你這話有什麼別的根據嗎？」

回答道：「文種和范蠡見面時互相商量，說東南方有霸王之氣，不如到那裡去尋找出仕的機會，兩人結伴東遊，到越國後就停下來了。賢人是不隨便亂說的，因此知道吳亡越興是出自天意。」

問曰：「《越絕》誰所作？」

「吳、越賢者所作也。當此之時，見夫子刪書❶，作《春秋》，定王制❷，賢者嗟嘆，決意覽史記成就其事。」

問曰：「作事欲以自著❸，今但言賢者，不言姓字何？」

曰：「是人有大雅❹之才，直道一國之事，不見姓名，小之辭也❺。或以為子貢所作，當挾❻四方，不當獨在吳越。其在吳越，亦有因矣。此時子貢為魯使，或至齊，或至吳，其後道事，以吳越為喻❼，國人承述，故直在❽吳越也。當是之時，有聖人教授六藝❾，刪定五經❿，七十二子⓫，養徒三千。講習學問魯之闕門⓬，《越絕》小藝之文⓭，固不能布於四方焉。有誦述⓮先聖賢者，所作未足自稱⓯，載列姓名，直斥以身⓰者也。一說蓋是子胥所作也。夫人情泰⓱而不作，窮則怨恨，怨恨則作。猶詩人失職⓲怨恨憂嗟作詩也。子胥懷忠，不忍君沉惑於讒，社稷⓳之傾，絕命危邦，不顧長生，切切爭諫，終不見聽，憂至患致，怨恨作文，不侵不差⑳，抽引本末㉑，明己無過。終不遺力，誠能極智㉒，不足以身當之㉓。嫌於求譽，是以不著姓名，直斥以為身者也。後人述而說之，乃稍成中外篇焉。」

【章　旨】本章是關於《越絕書》作者的說明。由於心懷鬼胎缺乏自信，不禁產生了借光於名人的想法。先後打出了子貢和伍子胥兩塊招牌。雖然招來了許多人的注目，但同時也造成了某種混亂。

【注　釋】❶刪書　指孔子對《詩經》、《尚書》等古籍的整理工作。❷定王制　指《周禮》對周代官制的記述。王制當然不是孔子所定，《周禮》也被懷疑為偽書。❸自著　使自己出名。❹大雅　宏大而高雅。❺小之辭也　自謙不值得重視這個作品。❻挾　通「浹」。通達。❼為喻　作為典型事例。❽直在　特別集中在。❾六藝　指禮、樂、射、御、書、數六種重要技藝。❿五經　《詩》、《書》、《易》、《禮》、《春秋》。⓫七十二子　孔子學生中有七十二位精通六藝的人，又稱七十二賢。⓬闕門　宮門兩觀樓之間的地方。⓭小藝之文　水平較低的作品。⓮誦述　稱誦述說。⓯未足自稱　不足以宣揚自己。⓰直斥以身　直接指明就是自己。⓱泰　事業順利稱心。⓲失職　失業；失所。⓳社稷　土神與穀神。是國家政權的標誌。國家被滅，社稷神也被廢。⓴不侵不差　不過分也不偏頗。㉑抽引本末　即抽本引末。取出現象，分析出後果。㉒誠能極智　應作「誠極能智」。即真誠地竭能盡智。㉓以身當之　以生命承擔災禍。

【語　譯】有人問：「《越絕書》是誰寫的呢？」

回答說：「它是吳、越的某個賢士寫的。在那個時候，人們看見孔夫子刪改整理《詩》、《書》等典籍，寫作《春秋》，制訂王侯的禮樂制度，賢人嗟嘆孔子的事業，便決心查考史籍，把越王句踐稱霸的事跡記載下來。」

又問道：「做事的人都想自己出名，現在只說寫書人是吳、越的某個賢者，不說出他的姓名，這是什麼道理呀？」

回答道：「那寫書的人有著淵博的學識和高雅的才華，卻只談越國的事跡，不肯留下姓名，是因他自謙不值得重視這部書。有人以為它是子貢所作的，按理子貢應當廣泛地記述四面八方的史事，不應該局限在吳、越這塊小地方。但這部書只談吳、越，也是有原因的。那時子貢擔任魯國的使臣，時而到齊國訪問，時而到吳國會談，事後談論問題時，把吳、越興亡的事件，作為典型加以闡述，國人承述子貢的話時，也就特意選用了吳、越興亡的故事。在那個時候，孔夫子正在向學生傳授禮、樂、射、御、書、數等技藝，刪定《詩》、《書》、《易》、《禮》、《春秋》等經典，帶著七十二位賢人、三千多名弟子在魯國的闕門講治國安邦的學問，像《越絕書》這類低水平的文籍，當然是不夠格流布四方的。它的作者是個熱心稱誦古聖先賢的人，但作品的水平還不足以自我稱揚，不值得刊刻上自己的姓名，公開指明是某人的專著。另一種說法認為它是伍子胥所著的。按人之常情，在功業順利時人們是不想寫東西的，在窮愁潦倒時則常產生怨恨牢騷，而怨恨牢騷會激發寫作的欲望。正如詩人喪失了地位職權，就憂傷嗟嘆寫起詩來。伍子胥滿懷忠誠，不忍看到夫差被讒人的阿諛奉承弄得神魂顛倒，以致國家傾危，在混亂的國家中糊裡糊塗地斷送了生命，便不顧自身安危，誠懇急切地進行直言忠諫，但終究不被接受，反招來了苦惱和災難，在苦惱和愁恨刺激下寫出了文章，卻不過分也不偏頗，把事情的原委本末闡述得清楚明白，表明自己始終堅持真理，盡了自己的力量，竭誠盡智仍不能使君王覺醒，最後用生命來承當將臨的災難。因不願別人說自己追求名譽，便不落姓名，避免宣揚自己。後人復述他的思想並加以論說，於是便加工成內篇和外篇。」

問曰：「或經❶，或傳❷，或內❸，或外❹，何謂？」

曰：「經者論其事，傳者道其意，外者非一人所作，頗相覆載❺，或非其事❻，引類以託意❼，說之者見夫子刪《詩》❽、《書》❾，就經、《易》❿，亦知小藝之復重⓫，又各辯士所述，不可斷絕。小道不通，偏有所期⓬，明說者不專，故刪定復重，以為中外篇。」

【章　旨】本章解釋何以有的篇目稱之為經，有的篇目稱之為傳，有的稱內傳，有的稱外傳。

【注　釋】❶經　常道；不變之道。通常指可作典範的著作，此指論述事物的作品。❷傳　通常指闡明經義的文字，此指記人物事件的專文。❸內　指〈內經〉、〈內傳〉。❹外　〈外傳〉。❺覆載　天覆地載。指包容很廣。❻非其事　非吳、越之間的事。❼引類以託意　引述同類事件以寄託某種思想。❽詩　指《詩》三百篇。漢以後稱《詩經》，為我國最早的詩歌總集，分〈國風〉、〈小雅〉、〈大雅〉、〈頌〉四體，共三百零五篇。❾書　即《尚書》。是古代典章文獻的彙編。漢人稱《書經》，有《古文尚書》與《今文尚書》之別。❿就經易　遷就經、《易》中的重複不加刪削。《易》，《周易》，古代具有哲學思想的占卜書。儒家重要經典，包括經、傳兩部分。六十四卦，三百八十四爻與〈卦辭〉、〈爻辭〉為經。〈上彖〉、〈下彖〉、〈上象〉、〈下象〉、〈上繫〉、〈下繫〉、〈文言〉、〈說卦〉、〈序卦〉、〈雜卦〉稱「十翼」為傳。以陰陽二氣的交感作用為產生萬物的本源。通過象徵天、地、風、雷、水、火、山、澤的八卦形式推測自然和人事的變化。⓫復重　重複。⓬期　度；限度。

【語　譯】有人問道：「書中有的部分稱經，有的部分稱傳，有的部分稱〈內傳〉，有的部分稱〈外傳〉，是什麼原因呢？」

回答道：「經是論述某些問題的，傳是敘述事件的，外傳部分不是某個人所作，它包括的內容很廣泛，有時談的還不是吳、越本身的事情，這是執筆者廣泛徵引同類的事以寄託某種思想看法。談問題的人看見孔子雖然刪定了《詩》、《書》，但對其他經書和《易經》中的重複現象卻很遷就，也感到像這類低水平的作品難免重複。而且這些辯士們所記述的事件，都離不開越王句踐超絕一世的功業。一些枝節問題表述不很通達，並且有一定程度的偏頗。這說明執筆者對問題研究不很精專，所以定稿也就刪掉了一些重複之處，把書分成〈內經〉、〈內傳〉與〈外傳〉。」

越絕荊平王內傳第二

【題　解】因〈本事第一〉屬於序言性質，而原先排在最前面的〈吳太伯內傳〉又在傳抄中脫漏遺失。所以本篇在全書雖排列在第二，事實上卻是全書的開頭。一部寫越王句踐功業的著作，卻以描寫楚平王與伍子胥一家的糾葛開端，在安排上的確非常別致。

當然，袁康和吳平做這樣的安排自有其道理，伍子胥入吳確實對吳、越之間的一系列事件關係極大。要是沒有楚平王對伍氏一門的殘酷迫害，伍子胥絕對不會逃亡到吳國，吳王闔廬如果沒有伍子胥的幫助一定不會產生稱霸中國的雄心，也就不會使吳、越的爭執激化，闔廬、句踐、夫差之間的許多糾葛自然都不會發生。從這個角度看，本書從楚平王與伍子胥一家的糾葛寫起當然是合理的。

但袁康、吳平畢竟只是一般文士，對文章的取捨詳略之道缺乏研究。最突出的缺點是對楚平王以非罪妄誅伍奢父子之事實缺乏必要的交代，致使平王的貪色亂倫，昏庸誤國，費無忌的奸佞害賢，伍奢的以忠直獲罪，俱隱而不彰。與此相反，對子胥遇救於漁者，求食於擊絮女子卻敘述得較為詳盡，而後者雖曲折有致，意義則遠不及平王虐殺伍奢父子重要。如以本篇的剪裁之功與《史記・楚世家》、《吳越春秋・王僚使公子光傳》相較，則優劣判然，本篇不但不能與《史記》相比，較之《吳越春秋》亦有相當差距。

昔者荊平王❶有臣伍子奢❷，奢得罪於王，且殺之。其二子出走，伍子尚❸奔吳，伍子胥奔鄭❹。王召奢而問之曰：「若召子，孰來也？」子奢對曰：「王問臣，對而畏死。不對不知子之心者。尚為人也，仁且智，來之❺必入。胥為人也，勇且智，來必不入。胥且奔吳邦，君王必早閉而晏❻開，胥將使邊境有大憂。」於是王即使使者召子尚於吳。曰：「子父有罪，子入則免之，不入則殺之。」子胥聞之，使人告子尚於吳：「吾聞荊平王召子，子必毋入，胥聞之：『入者窮，出者報仇。』入者皆死❼，是不智也。死而不報父之仇，是非勇也。」子尚對曰：「入則免父之死，不入則不仁，愛❽身之死，絕父之望，賢士不為也。意不同，謀不合，子其居❾，尚請入。」荊平王復使使者召子胥於鄭。曰：「子入則免父死，不入則殺之。」子胥介冑❿彀弓⓫出見使者，謝⓬曰：「介冑之士固不拜矣。請有道於使者，王以奢為無罪，赦⓭而蓄之，其子又何適⓮乎？」使者還報荊平王，王知子胥不入也。殺子奢而並殺子尚。

【章　旨】本章敘楚平王企圖虐殺伍奢，但害怕其子報仇，欲斬草除根，一併誅殺其子伍尚與伍員，遂遣使召伍員、伍尚入郢，尚入而員出逃，平王遂誅殺伍奢、伍尚父子。

【注　釋】❶荊平王　羋棄疾。共王子，貪於女色，聽信讒言，佞臣費無忌為太子建迎親於秦，竟將秦女進獻於平王，進而離間平王與太子建父子，平王乃囚殺建太傅伍奢及其子伍尚。奢次子伍員奔吳，數以吳師伐楚，後率師入郢，時平王已卒，伍員掘平王之墓而鞭其屍。❷伍子奢　楚太子建太傅。費無忌離間平王與太子建父子關係，伍奢諫平王：「王奈何以小臣疏骨肉？」平王不悟，怒而囚之，召其二子伍尚、伍員，員出奔吳，奢聞曰：「胥亡，楚國危哉！」平王並誅伍奢、伍尚。❸伍子尚　伍奢長子，楚封之為棠君。平王囚伍奢，召伍尚，尚隨使者入郢，與父同遭誅戮。❹鄭　春秋國名。周宣王封弟友於鄭（今陝西華縣）。鄭武公遷於新鄭，戰國時為韓所滅。❺來之　招他到郢都來。❻晏　遲。❼皆死　指和父同死。❽愛　惜；捨不下。❾居　留在國外。❿介冑　披甲戴盔。⓫彀弓　張滿弓箭。⓬謝　告罪。⓭赦　免除。⓮適　往；跑到外地。

【語　譯】從前，楚平王有個賢臣名叫伍奢，為人守正不阿，得罪了平王。平王要殺他，他的兩個兒子逃離了楚國，長子尚逃奔吳國，次子胥逃到鄭國。平王召伍奢問道：「以你的名義召你的兒子，哪一個會回來呢？」伍奢回答說：「大王問我，回答你好像是怕死，不回答你就像是不知道兒子的心思。子尚為人仁愛而聰明，召他一定會來。子胥為人勇敢而聰明，召他一定不會來。而且還會跑到吳國去，君王必須每天早早關閉城門，遲些打開城門，他將給楚國的邊境製造極大的麻煩。」平王聽了伍奢的話，馬上派使臣到吳國去召伍尚。對他說：「你的父親犯了罪，你回楚國就可以赦免他，不回去就把他殺了。」子胥聽說平王派使臣召哥哥回楚國，趕忙派人到吳國告訴子尚：「我聽說平王召你回國，你一定不要回去。我聽人說：『回去徒然送死，在國外可以設法報仇。』回去和父親一道死，是糊塗人，送死而不設法報父仇，那不是勇敢的表現。」伍尚回覆說：「楚王答應回國就可以免掉父親的死罪，不回去就是不仁，愛惜自己的生命，使父親絕望，賢德的人一定不會這麼做，我們想法不同，打算各異，你還是留在國外，讓我回楚國去吧。」楚平王又派使者到鄭國去召伍子胥，對他說：「你回楚國就免除你父親的死罪，你不回來就把他殺了。」伍子胥身穿盔甲，手執弓箭出見使者，告罪說：「我這披著盔甲的人就不行禮了。請使者帶個信給大王，大王如果把伍奢看作無罪的人，寬宥他而給予供養，他的兒子怎麼會跑到別國去呢？」使者回去把子胥的話報告楚平王，平王知道伍子胥一定不會回去，便殺了伍奢和其子伍尚。

子胥聞之，即從橫嶺上大山，北望齊、晉，謂其舍人❶曰：「去，此邦堂堂❷，被山帶河，其民重移❸。」於是乃南奔吳。

至江上，見漁者，曰：「來，渡我。」漁者知其非常人也，欲往渡之，恐人知之，歌而往過之❹曰：「日昭昭，侵❺以施❻，與子期❼甫❽蘆之碕❾。」子胥即從漁者之蘆碕。日入，漁者復歌往曰：「心中目施❿，子可渡河，何為不出？」船到即載⓫，入船而伏。半江而仰謂漁者曰：「子之姓為誰？還得報子之厚德。」漁者曰：「縱荊邦之賊者我也，報荊邦之仇者子也。兩而不仁，何相問姓名為[12]？」子胥即解其劍以與漁者，曰：「吾先人之劍，直百金，請以與子也。」漁者曰：「吾聞荊平王有令曰：『得伍子胥者，購之千金。』今吾不欲得荊平王之千金，何以百金之劍為？」漁者渡於于斧[13]之津，乃發其簞[14]飯，清其壺漿[15]而食。曰：「亟[16]食而去，毋令追者及[17]子也。」子胥曰：「諾。」子胥食已而去，顧[18]謂漁者曰：「掩爾壺漿，無令之露。」漁者曰：「諾。」子胥行。即覆船[19]，挾匕首自刎[20]而死江水之中，明無洩也。

子胥遂行，至溧陽[21]界中，見一女子擊絮[22]於瀨水[23]之中。子胥曰：「豈可得託食[24]乎？」女子曰：「諾。」即發簞飯，清其壺漿而食之。子胥食已而去，謂女子曰：「掩爾壺漿，毋令之露。」女子曰：「諾。」子胥行五步，還顧，女子自縱[25]於瀨水之中而死。

【章旨】本章敘述伍子胥奔吳途中的故事。子胥聞父兄被楚平王殺害，決心報仇。自鄭奔吳，路遇漁丈人和擊絮女子，二人先後仗義捨身相助，子胥終於到達吳國。

【注釋】❶舍人　侍從賓客或左右親近。❷堂堂　形容事物莊嚴盛大的樣子。❸重移　安土重遷，不願多事。❹過之　從旁邊經過。❺侵　漸漸。❻施　通「迤」。移動。❼期　相約。❽甫　相當「夫」、「於」。❾蘆之碕　長滿蘆葦的岸邊。❿心中目施　心中懷疑，目光游移不定。⓫即載　馬上登船。⓬何相問姓名為　何為相問姓名。有何必要問姓名呢。⓭于斧　《吳越春秋》作「千尋」，可能是字形之誤。⓮簞　盛飯的竹器。⓯壺漿　壺盛的酒漿。⓰亟　趕快。⓱及　追上。⓲顧　回頭看著。⓳覆船　把船弄翻。⓴挾匕首自刎　拿短刀自殺。㉑溧陽　今江蘇溧陽。㉒絮　粗絲棉。㉓瀨水　淺而急的流水。㉔託食　求食。㉕自縱　自投。

【語　譯】子胥聽到父兄遭殺害的消息，便從橫嶺登上大山，北望齊國和晉國，他對親近說：「離開這裡，這些國家堂堂皇皇，依山靠河，老百姓安土重遷，不能靠他們復仇的。」於是往南奔向吳國。

到了長江邊上，望見一個漁夫，他對漁夫喊道：「快過來，請幫我渡過江去。」漁夫知道他不是一個普通的人。想去渡他，但又害怕被旁人發現，便搖著船唱著歌從他旁邊經過。歌辭說：「明亮的太陽慢慢西移，與你約好在蘆葦岸邊。」伍子胥便聽從漁夫的指點，躲進蘆葦叢中。太陽終於下山了，漁夫又唱著歌駕船駛向蘆葦叢。他唱道：「你別再心中猶疑，不要目光游移，正好渡河的時候，你不出來還等什麼？」船一靠岸，子胥馬上登船，上船就伏下身子，船到江心，才抬起頭對漁夫說：「你貴姓？將來好報答你的大恩大德。」漁夫笑著說：「放走楚王的敵人的是我，要向楚王報仇泄恨的是你，我們兩個都不存仁德之心，你有什麼必要問我的姓名呢？」伍子胥便解下他的寶劍送給漁夫，說：「這是我先人的寶劍，價值百金，送給你做個紀念。」漁夫說：「我聽到有人說，楚平王下了命令說：『有人抓到伍子胥，就用千兩黃金收購。』現在我不要楚平王的千兩黃金，要你的價值百金的劍做什麼啦。」漁夫把他渡到于斧渡口，取出裝飯的飯盒，倒出壺中的酒漿，和他一起吃飯。還催促他：「快些吃了飯趕路，不要讓追你的人趕上了。」子胥說：「好。」子胥吃完飯就走，回頭對漁夫說：「請收好你的餐具，莫讓旁人看到了。」漁人說：「好的。」子胥正走間，漁夫便將船弄翻了，拿著匕首自殺而死，表明他不會泄漏消息。

伍子胥慌忙趕路，來到了溧陽地界，看見一個女子在急流中搥洗著粗糙的絲棉。子胥走向婦女，問她說：「能不能給過路人一餐飯吃呢？」女子說：「可以。」子胥便打開她的飯盒，倒出壺中的酒漿，把飯吃了。吃完飯就急著趕路，臨行對女子說：「請你把飯盒和酒壺收藏好，莫讓別人發現了。」女子說：「好的。」子胥才走幾步路，回頭一看，那女子已經縱身跳進湍急的流水淹死了。

子胥遂行，至吳。徒跣❶被髮❷，乞於吳市❸。三日，市正❹疑之，而道於闔廬❺曰：「市中有非常人徒跣被髮，乞於吳市三日矣。」闔廬曰：「吾聞荊平王殺其臣伍子奢而非其罪，其子子胥勇且智，彼必經諸侯之邦可以報其父仇者。」王即使召子胥入，吳王下階❻迎而唁❼數❽之曰：「吾知子非恆人❾也。何素窮❿如此？」子胥跪而垂泣⓫曰：「胥父無罪而平王殺之，而并其子尚。子胥遯逃出走，唯王可以歸骸骨⓬者，惟⓭大王哀之。」吳王曰：「諾。」上殿與語，三日三夜，語無復者⓮。王乃號令邦中：「無⓯貴賤長少，有不聽子胥之教者，猶不聽寡人⓰也。罪至死，不赦。」

【章　旨】 本章敘述伍子胥發跡於吳的故事：子胥披髮跣足，行乞於吳市。市正告之吳王闔廬，闔廬與語而賢之，使參大政。

【注　釋】 ❶徒跣　光腳徒步。❷被髮　披散著頭髮。❸吳市　吳縣街頭。❹市正　管理城市治安的官吏。❺闔廬　吳公子光。使專諸刺殺吳王僚而自立。重用伍子胥，屢敗楚師，一度攻陷郢都，後與越王句踐作戰，兵敗傷指而死。❻下階　從大殿上走下來。表示尊敬。❼唁　慰問。❽數　數落；責備。❾恆人　常人。❿素窮　寒素窮困。⓫垂泣　無聲而流涕。⓬歸骸骨　收受屍體。容許安身的乞憐語。⓭惟　希望；請求。⓮語無復者　交談中沒有重複的內容。說明學問非常淵博。⓯無　無論；不管。⓰寡人　君王自稱。意為寡德之人。

【語　譯】 伍子胥匆忙趕路，走到吳縣。赤腳徒步，披頭散髮，在吳縣街頭行乞。一連三天，負責城市治安的官員見他形跡可疑，便稟告吳王闔廬說：「吳縣城裡來了個不平常的人，赤著雙足，披著頭髮，在城中乞食三天了。」闔廬說：「我聽人說楚平王殺了他的賢臣伍奢，那伍奢的死是完全無辜的。伍奢的兒子伍子胥智勇超群，他一定會到可以幫他報殺父之仇的諸侯各國進行活動。」於是便命令報信的官員將子胥請進王宮。子胥剛進宮門，闔廬立即下階迎接，而且安慰、責備他說：「我知道你不是一個平常的人，但你為什麼會貧寒困苦到這個程度呢？」伍子胥跪在地上吞聲飲泣地說：「我的父親身無罪卻被楚平王殺害了，而且還連帶殺了我的哥哥伍尚，我只好潛逃出走，我想到只有大王這裡才是我可以安身立命的地方，才歷盡艱辛跑到吳國，請求大王可憐我，收留我。」吳王說：「好！我答應你。」並把他請上宮殿，親切交談。兩人談了三天三夜，一個問題接連一個問題，沒有重複的內容。闔廬高興極了，於是傳令國中：「無論有勢無勢、年老年輕，有人不聽從伍子胥的教誨，就是不服從我的命令，其罪至死不赦。」

子胥居吳三年，大得吳眾，闔廬將為之報仇。子胥曰：「不可，臣聞諸侯不為匹夫興師。」於是止。其後荊將伐蔡❶，子胥言之闔廬，即使子胥救蔡而伐荊。十五戰十五勝。荊平王已死，子胥將卒❷六千，操鞭捶笞❸平王之墓而數之曰：「昔者吾先人❹無罪而子殺之，今此報❺子也。」

後子昭王❻、臣司馬❼子其❽、令尹❾子西❿歸相與⓫計謀：子胥不死，又不入，荊邦猶未得安，為之奈何？莫若⑫求之而與之同邦乎？昭王乃使使者報子胥於吳，曰：「昔者吾先人殺子之父而非其罪也，寡人尚少，未有所識⑬也。今子大夫報寡人也特甚，然寡人亦不敢怨子。今子大夫何不來歸子故墳墓丘冢為？我邦雖小，與子同有之。民雖少，與子同使之。」子胥曰：「以此為名，名即章⑭，以此為利，利即重矣。前為父報仇，後求其利，賢者不為也。父已死，子食其祿，非父之義⑮也。」使者遂還，乃報荊昭王曰：「子胥不入荊邦，明矣。」

【章旨】此章敘述伍子胥興兵報仇的過程。子胥率吳師救蔡伐楚，連戰皆捷，占據楚郢都，挖平王之墓而鞭其屍。楚昭王以甘言媚詞高官厚祿誘之而終不為所動。

【注釋】❶蔡　周國名。周武王封弟度於蔡，度助武庚作亂，流放而死。成王復封度子胡於蔡。封地在今之上蔡、新蔡等地，戰國初為楚所滅。❷將卒　統率軍隊。❸捶笞　鞭打。❹先人　死去的父親。❺報　報復；回報。❻昭王　名珍，秦女所出，平王立為太子。平王死，遂立為楚王。❼司馬　掌管軍隊之官。❽子其　平王庶弟。吳師入郢，子其焚屍以戰，遂敗吳師。❾令尹　楚稱相為令尹。❿子西　平王庶弟。平王死，眾欲推子西為王，不受，立姪昭王，並助昭王誅奸臣費無忌。⓫相與　互相。⓬莫若　莫如；不如。⓭未有所識　還不懂事，沒有什麼知識。⓮章　昭彰；顯著。⓯非父之義　非孝子事父之義；不是孝順父親的道理。

【語　譯】伍子胥在吳國住了三年，很受吳國人民的歡迎，吳王闔廬準備為他興兵報仇，子胥說：「不行，諸侯不能為了普通人的事情隨便興兵。」便停止出兵。過後不久，楚國將要征討蔡國，子胥把這事稟告了闔廬，闔廬馬上派伍子胥領軍救蔡伐楚。吳軍十五戰十五勝，一直打到楚國的郢都，那時楚平王已經死了，伍子胥帶著六千士兵，挖開平王的墳墓，揮鞭抽打著平王的屍體，指斥他的罪行說：「從前，我去世的父親忠心謀國，你卻殘暴地把他殺害了，今天我就用挖墓鞭屍來報復你這昏君。」

後來，平王的兒子昭王、大臣司馬子其、令尹子西回到郢都，幾個人互相商量：伍子胥沒有死，又不回楚做官，楚國還無法安寧，怎麼辦才好呢？不如請求他回到楚國來，給他一個大官，一片封地。楚昭王便派使者到吳國求見伍子胥，昭王在信中說：「從前我死去的父親以不能成立的罪名殺害了令尊，那時我年齡很小，根本不懂事。現在您對我的報復也實在太過分了，但我還是不敢埋怨您，只求雙方和解。您現在何不回到埋著您祖先墳墓的土地上來呢？楚國雖小，我願和您共同管理它，人民雖少，我願和您共同驅使他們。」子胥回答使者說：「我如果藉著這個機會用以圖名，那名聲可就大了，用以圖利，那利益可就豐厚了。以替父兄報仇開始，而以謀取厚利告終，這類事情賢德之人是不會做的。父親被人殺死，兒子又去享用人家的俸祿，這不是兒子對待亡父的道理。」使者回郢都報告楚昭王說：「伍子胥不肯回楚國是非常明白的了。」

卷二

越絕外傳記吳地傳第三

【題解】本篇是關於吳縣一帶城池、宮殿、陵墓、山川、湖泊、道路、水利、工場、礦山各方面的記載。在《越絕書》以前，有關地理方面的著作，最早的要數《尚書・夏書》中的〈禹貢〉，其次就是《山海經》，但這些都屬於全國性的。就區域性的地理典籍而言，《越絕書》中的〈記吳地傳〉和〈記地傳〉應該算是最早的了，由此也可以說明吳越的學者對自己故鄉有一種深切的熱愛之情。

昔者，吳之先君太伯，周之世，武王❶封太伯於吳❷，到夫差，計二十六世，且千歲❸。闔廬之時，大霸，築吳越城❹。城中有小城二。

徙治胥山❺，後二世而至夫差，立二十三年，越王句踐滅之。

【注　釋】❶武王　姓姬，名發，文王次子，西周建立者。繼承父親遺志，聯合諸侯，推翻商紂王的暴虐統治，滅商朝，建立周朝，定都鎬京（在今西安西南），廟號武王。❷封太伯於吳　太伯為武王曾伯祖父，武王立國時太伯已去世多年，接受封號的為太伯姪曾孫周章，為武王堂弟。❸且千歲　將近千年。實際上不足六百年。❹吳越城　即下文的吳大城。❺胥山　在西太湖口。

【語　譯】從前，吳國的開國君主是吳太伯，周朝建立後，周武王封太伯的後人為吳君，到吳王夫差，共傳二十六世，將近千把年。吳王闔廬時，吳國霸業極盛，修築了吳大城。城中又有兩個小城。後又在胥山修了個臨時都城，闔廬死，傳位於夫差，立國二十三年，越王句踐把吳國滅了。

闔廬宮在高平里。射臺❶二，一在華池昌里❷，一在安陽里。南越宮在長樂里，東到春申君府❸。

【注　釋】❶射臺　練習射箭的地方。❷華池昌里　在長洲縣大雲鄉。❸春申君府　即吳小城，城內東部，為漢、唐、宋、元郡治，元末張士誠據以抵抗朱元璋，被明軍夷為平地。其範圍西起錦帆路，東到公園路。春申君黃歇，是楚考烈王大臣，詳見〈越絕外傳春申君第十七〉。

【語　譯】闔廬宮建在高平里。有兩個射臺，一個在華池昌里，一個在安陽里。南越宮修在長樂里，東到春申君的府城。

秋冬治城中，春夏治姑胥之臺❶，旦❷食於紐山❸，晝遊於胥母❹，射於軀陂❺，馳於遊臺，興樂越❻走犬長洲❼。吳王大霸❽，楚昭王、孔子時也。

【注釋】❶姑胥之臺　即姑蘇臺。建於姑蘇山上，從吳王闔廬時開始修建，完成於夫差時代。臺高數十丈，兩百里外都能看到，上面建有春宵宮、天池，池中有青龍舟，又有海靈館、館娃閣，宮之楹榱，皆飾以珠玉。後被越兵焚燬。❷旦　早晨。❸紐山　無考。❹胥母　今名莫釐山、洞庭東山。在太湖中，距蘇州八十里。❺軀陂　今名射陂。在虎丘附近。❻興樂越　作樂。「越」字疑衍。❼走犬長洲　在蘇州西，今名走狗塘。❽大霸　霸業極盛。

【語譯】秋冬兩季吳王在城中處理政事，春夏兩季則在姑蘇臺辦公。常到紐山吃早飯，白天到胥母山遊玩，到軀陂射箭，到遊臺跑馬，到走犬長洲欣賞音樂歌舞。在楚昭王和孔夫子的時候，吳王闔廬和夫差的霸業達到了頂峰。

吳大城❶周四十七里二百一十步二尺。陸門❷八，其二有樓。水門❸

八。南面十里四十二步五尺，西面七里百一十二步三尺，北面八里二百二十六步三尺，東面十一里七十九步一尺。闔廬所造也。吳郭❹周六十八里六十步。

【注釋】❶吳大城　蘇州城的前身。歷時二千五百餘年，雖累經興廢，不斷擴大，但當年的閶門、胥門、盤門等城門名字仍然保留。其規模體制在六朝以前為東南第一。❷陸門　陸路的城門。❸水門　蘇州城內城外，水渠縱橫，當年貨運以水運為主，故渠上也設有城門。❹郭　外城。

【語譯】吳的大城，周長四十七里二百一十步二尺。有八座通陸路的城門，其中兩座設有城樓，還有八座水門。南邊的城牆長十里四十二步五尺，西面的城牆長七里一百一十二步三尺，北面的城牆長八里二百二十六步三尺，東面的城牆長十一里七十九步一尺。是吳王闔廬修造的。吳城的外城周長六十八里六十步。

吳小城❶周十二里。其下❷廣二丈七尺，高四丈七尺，門三，皆有樓，其二增水門二，其一有樓，一增柴路❸。

【注釋】❶吳小城　即春申君府。❷其下　它的牆基。❸柴路　路旁有木柵。

【語　譯】吳的小城周長十二里，牆基有二丈七尺寬，牆高四丈七尺，三座城門都建有城樓，其中兩座城樓邊還修有水門，一座水門有城樓，一座水門路旁裝著木柵。

東宮周一里二百七十步。路西宮在長秋❶，周一里二十六步。秦始皇帝❷十一年，守宮者照燕，失火燒之。

【注　釋】❶路西宮在長秋　語滯不可解。似應為「西宮在長秋路」。❷秦始皇帝　秦朝建立者嬴政。年十三立為秦王，二十親政，以金錢收買六國權臣，離間各國君臣關係，十多年間先後滅亡六國，創立封建中央集權國家，自稱始皇帝。分全國為三十六郡，郡縣長官由皇帝親自任免，統一法令、度量衡、貨幣、文字，修馳道，築長城，建阿房宮及驪山陵墓，焚書坑儒，銷毀民間兵器，多次出巡全國，到處教李斯刻石頌其功德，病死於沙丘平臺，死後僅三年，全國各地紛紛起義，王朝傾覆。

【語　譯】東宮周長一里二百七十步。西宮在長秋路，周長一里二十六步。秦始皇十一年，守宮的人拿著火把查看燕子窩，失火把西宮燒了。

伍子胥城❶周九里二百七十步。小城東西❷從武里❸，面❹從小城，北❺。

【注釋】❶伍子胥城　在胥門附近。❷東西　東西兩字之間有脫漏，應為「東……，西從武里」。❸武里　即麋湖西城。在平門外。❹面　「南」之誤。❺北　下有脫漏。

【語譯】伍子胥城周長九里二百七十步。小城東……，西從武里，南從小城，北……。

邑中徑❶從閶門❷到婁門❸，九里七十二步，陸道廣二十三步，平門❹到蛇門❺十里七十五步，陸道廣三十三步，水道廣二十八步。

【注釋】❶邑中徑　城中的主幹道。❷閶門　城西的正門。《吳越春秋》曰：「立閶門者，以象天門通閶闔風也。」又云：「闔閭欲西破楚，楚在西北，故立閶門以通天氣，因復名之破楚門。」此門高樓閣道，十分壯觀。❸婁門　城東正門。是通向崑山所必經之處。❹平門　城北的正門。又名巫門。❺蛇門　城南正門。是通向越國的重要門戶，門上曾雕有頭朝北的木蛇，象徵越臣服於吳國。

【語譯】城中東西主幹道從閶門向東到婁門，長九里七十二步，陸路寬二十三步；南北幹道由城北的平門通向城南的蛇門，長十里七十五步，陸路寬三十三步，水路寬二十八步。

吳古故陸道，出胥門❶，奏❷出土山❸，度灌邑❹，奏高頸❺，過猶山❻，奏太湖❼，隨北顧❽以西，度陽下溪❾，過歷山❿陽，龍尾⓫西大決⓬，通安湖⓭。

【注釋】❶胥門　西南大門。在伍子胥城旁邊。❷奏　通「走」。❸土山　不詳。❹灌邑　無考。❺高頸現名高景山。距城西三十里，風景為城西諸山之秀。❻猶山　無考。❼太湖　古名震澤。跨江、浙二省，面積三萬六千頃。湖濱蘇州、無錫、吳江、宜興、烏程、武進、長興諸市縣，皆江、浙最富庶地區。❽北顧　即北固山。❾陽下溪　無考。❿歷山　又名舜山。在無錫市南二十里處。⓫龍尾　又名華利口。在無錫南二十里。⓬大決　龍尾附近。⓭安湖　無考。

【語譯】吳國古代通向西方的陸路的線路是：出胥門，走土山，渡過灌邑，走高頸山，經過猶山，靠太湖邊上，隨著北顧山向西走，渡過陽下溪，經過無錫的歷山南邊、龍尾西邊的大決通向安湖。

吳古故水道，出平門，上郭池❶，入瀆❷，出巢湖❸，上歷地❹，過梅亭❺，入楊湖❻，出漁浦❼，入大江，奏廣陵❽。

【注釋】❶郭池　無考。❷瀆　人工河。❸巢湖　今名曹湖。在蘇州、無錫交界處。❹歷地　無考。❺梅亭今無錫梅村鎮。❻楊湖　今名陽湖。在無錫、常州交界處，舊通運河，今淤為良田數百頃。❼漁浦　無考。❽廣陵　今揚州市。處長江北岸，是長江和運河交匯點，向為長江北岸最繁華的商業城。

【語譯】吳國古代的水道路線是：出平門，上郭池，入運河，出巢湖，北上歷地，經過梅亭進入楊湖，從漁浦進長江，向廣陵。

吳古故從由拳辟塞❶，度會夷❷，奏山陰❸。辟塞者，吳備候塞❹也。

【注釋】❶由拳辟塞　由拳關塞。由拳，秦漢縣名，在今嘉興縣南。三國時改稱嘉興縣。❷會夷　會稽山。❸山陰　春秋越王句踐國都。秦置縣，今紹興市。❹備候塞　守備偵察敵情的城堡。

【語譯】吳國古代通越的路線是：從由拳辟塞向南，翻過會稽山，走向山陰縣。「辟塞」，是吳國守候偵察敵情的城堡。

居東城❶者，闔廬所遊城也，去縣二十里。柴碎亭❷到語兒❸、就李❹，吳侵以為戰地。

【注釋】❶居東城　無考。❷柴碎亭　即柴辟亭。嘉興城西南。❸語兒　嘉興縣西南。❹就李　一名檇李。在嘉興縣西，本覺寺一帶。

【語譯】居東城是吳王闔廬所常遊玩的小城，距離吳縣二十里。從柴碎亭到語兒、就李一帶原是越國的土地，吳國時常侵占這片地方作戰場。

百尺瀆❶，奏江，吳以達糧❷。千里廬虛❸者，闔廬以鑄干將❹劍。歐冶❺僮女三百人。去縣二里，南達江❻。

【注釋】❶百尺瀆　疑即運河前身。❷達糧　運輸糧食。❸千里廬虛　應在匠門附近。吳王闔廬令干將鑄劍於匠門。❹干將　春秋時代吳越著名的鑄劍大師。所鑄之干將、莫邪為劍中之稀世珍品。❺歐冶　春秋末著名煉劍大師。曾為越王句踐鑄湛盧、巨闕、純鈞、魚腸、勝邪五劍，又為楚王鑄龍淵、太阿、工布三劍。❻南達江　匠門旁之千里廬虛，沿松江，下滬瀆，可直通東海。

【語譯】百尺瀆，通向長江，吳國用以運輸糧食。千里廬虛是吳王闔廬派干將鑄劍的地方，鑄劍大師歐冶子帶著三百個男女青年和干將在這裡鑄造寶劍。離吳縣僅兩里路，向南可通向長江。

閶門外高頸山東桓石人，古者名石公，去縣二十里。閶門外郭中冢❶者，闔廬冰室❷也。

【注釋】❶外郭中冢　內城與外郭中的墳狀物。❷冰室　儲藏冰的地下室。

【語譯】閶門外的高景山有個東桓石人，古時候人們稱他為「石公」，離開吳縣二十里。閶門的城門和外郭中間有一座空墳，是吳王闔廬儲藏冰的地下室。

闔廬冢，在閶門外，名虎丘❶。下池廣六十步，水深丈五尺。銅槨❷三重，墳池六尺。玉鳧❸之流，扁諸之劍❹三千。方圓之口❺三千，時耗魚腸之劍❻在焉。千萬人築治之。取土臨湖❼口，築三日而白虎居上，故號為虎丘。

【注釋】❶虎丘　在吳縣西北七里。山不甚高，而風景清幽，中有劍池、千人石等。據傳吳王闔廬墓埋在劍池之下，秦始皇曾登此山，將掘闔廬墓，山上突然出現白虎，遂止。❷銅槨　銅鑄的棺槨。❸玉鳧　用玉雕的野鴨。❹扁諸之劍　一般普通劍。❺方圓之口　指人。因人頭圓而臉方。❻時耗魚腸之劍　時耗，古劍名。魚腸，歐冶所鑄良劍之一。劍小而鋒利，專諸用其藏於魚腹而刺殺王僚。❼臨湖　不詳。

【語譯】吳王闔廬的墳在閶門外七里，地名虎丘。吳王夫差把父親的墓修在低平的山丘上，然後在墳上修建起長寬各六十步的劍池，池水深一丈五尺。墓中三層棺槨都是銅鑄的，墓中修有六尺見方的池塘，池塘裡游著玉雕的野鴨，另外還埋著三千把普通的劍，三千個殉葬的活人，時耗和曾經用來刺殺吳王僚的魚腸劍也埋在墓裡。為了修墓，夫差動員了成千上萬的民伕，修墓的土都是從臨湖口運來的。墓修成三天以後，墓園裡來了一頭白毛大老虎，所以人們將闔廬墓叫做虎丘。

虎丘北莫格冢❶，古賢者避世，冢去縣二十里。被奏冢❷，鄧大冢是也，去縣四十里。闔廬子女❸冢在閶門外道北。下方池廣四十八步，水深二丈五尺。池廣六十步，水深丈五寸，隧❹出廟路以南，通姑胥門❺，并周六里。舞鶴吳市，殺生以送死。

【注釋】❶莫格冢　無考。❷被奏冢　無考。❸闔廬子女　女曰滕玉，王與夫人及女會食蒸魚，王前嘗半而與女，女怒曰：「王食魚辱我。」乃自殺。闔廬痛之，葬於國西閶門外，鑿池積土，文石為槨，題湊為中，以金鼎、玉杯、銀樽、珠襦之寶送女，乃舞白鶴於吳市中，令民隨而觀之，使男女與鶴俱入羨門，因發機以掩之，殺生以送死，國人非之。❹隧　隧道；墓道。❺姑胥門　即胥門。

【語譯】虎丘北面有莫格冢，莫格是古代隱居避世的人，冢距吳縣二十里。被奏冢，又名鄧大冢，距離吳縣四十里。闔廬子女冢，在閶門外大道的北邊。下面有水池寬廣四十八步，水深二丈五尺，上面有水池寬廣六十步，水深一丈零五寸。隧道從大道南向通到姑胥門，隧道加上闔廬子女冢的周長共六里。闔廬葬女時讓白鶴在吳縣大街跳舞，讓百姓跟著看，進入隧道後把墓道門關起來，殺害活人給死去的女兒送葬。

餘杭城❶者，襄王❷時神女❸所葬也，神多靈。

【注釋】❶餘杭城　今浙江餘杭餘杭鎮。❷襄王　應指楚襄王芈橫（西元前二九九～前二六三年在位）。楚懷王芈槐子，不思報父屈死於秦之仇，終至國土淪喪，宗廟淩夷，病辱而死。❸神女　女巫。

【語　譯】餘杭城中的一個大墳，是楚襄王時一個女巫的墓地，那女巫還時常顯靈。

巫門❶外麋湖西城❷，越宋王❸城也。時與搖城❹王周宋君❺戰於語招❻，殺周宋君。毋頭騎歸，至武里❼死亡，葬武里南城。午日死也。

【注　釋】❶巫門　即平門。吳縣北門。❷麋湖西城　即武里城。❸越宋王　又稱麋王。《太平御覽》引《吳越春秋》逸文：「麋王無頭騎馬回武里乃死，……至今武里城中午日不舉火。」❹搖城　越搖王所居之城。今名大姚。❺周宋君　即越宋王。❻語招　在無錫東部。❼武里　即麋湖西城。

【語　譯】巫門外的麋湖西城，就是越宋王城。越宋王和越搖王在語招打仗，越搖王殺了越宋王，越宋王掉了腦袋，但還是騎著馬回到麋湖西城才倒地死去，死後群眾把他葬在武里南城。他是午日死去的。

巫門外冢者，闔廬冰室也。

巫門外大冢，吳王客齊孫武❶冢也，去縣十里。善為兵法。

【注釋】❶孫武　齊人，春秋末軍事家。流寓於吳，受命為將，和伍子胥帥兵伐楚。五戰五勝，攻下郢都。北威齊晉，南服越人，其《兵法》十三篇，總結了中國古代軍事經驗，被中外視為「兵學聖典」。

【語譯】巫門外的一個空墳是吳王闔廬的冰室。

巫門外的一所大墳，是吳王客卿齊人孫武的墳墓，距吳縣十里。孫武擅長於兵法。

地門❶外塘波洋❷中世子塘者，故曰王世子造以為田，塘去縣二十五里。洋中塘去縣二十六里。

【注釋】❶地門　吳縣城無「地門」之說，疑為蛇門之誤。❷塘波洋　無考。

【語譯】地門外的塘波洋中有世子塘，從前有個王爺的世子把它改造成田，世子塘離吳縣二十五里。洋中塘離吳縣二十六里。

蛇門外大丘❶，吳王不審名❷冢也，去縣十五里。築塘北山❸者，吳王不審名冢也，去縣二十里。

【注釋】❶大丘　大墳。❷不審名　不清楚名字。❸築塘北山　無考。

【語譯】蛇門外有一座很大的墳墓，那是一個弄不清名字的吳王的墳，離吳縣十五里。築塘北山也是一個弄不清名字的吳王的墳，離吳縣二十里。

近門❶外欐溪櫝❷中連鄉大丘❸者，吳故神巫❹所葬也，去縣十五里。

【注釋】❶近門　「匠門」之誤。匠門在吳縣城東。❷欐溪櫝　吳王闔廬造船廠附近。❸連鄉大丘　連鄉大墳。❹神巫　巫師中法力最強者。

【語譯】匠門外欐溪櫝中有個連鄉大丘，是過去吳國一個神巫的墳墓，離吳縣十五里。

婁門外馬亭溪上復城❶者，故越王餘復君❷所治也，去縣八十里。是時烈王❸歸於越❹，所載襄王之後，不可繼述。其事書之馬亭溪。

【注釋】❶馬亭溪上復城　馬亭溪、復城皆無考，按地圖應在崑山縣城一帶。❷餘復君　無考。文中提及烈王是戰國後期人物，距楚滅越近百年，當時越諸族子爭立於江南海濱，服朝於楚，餘復君當是其中之一。❸烈王　楚考烈王。頃襄王子，名熊完。西元前二六二至前二三七年在位。❹歸於越　考烈王畏秦，遷都壽春（今安徽壽縣），壽春乃原越稱霸時領地。

【語譯】婁門外的馬亭溪上有個復城，是過去越王餘復君的都城，距吳縣八十里。這時楚考烈王已遷都到壽春。所記載有關楚襄王以後的情形，不能加以復述，這些事情都記載在馬亭溪上。

婁門外鴻城❶者，故越王城❷也，去縣百五十里。

【注釋】❶鴻城　無考，按地理位置應在現嘉定縣城附近。❷故越王城　楚威王時楚擊殺越王無疆，盡取故吳地，越諸族子爭立於海濱，皆稱君、王。此城或其中某君治所。

【語譯】婁門外有一所鴻城，是原先某一位越王的城池，距吳縣一百五十里。

婁門外雞陂墟❶，故吳王所畜雞，使李保養之，去縣二十里。

【注釋】❶雞陂墟　今婁門外有金雞湖，雞陂墟可能在此附近。

【語譯】婁門外有個雞陂墟，是從前吳王養雞的地方，吳王派李保專管養雞之事。距吳縣二十里。

胥門外有九曲路❶，闔廬造以游姑胥之臺，以望太湖，中闚❷百姓，去縣三十里。

【注釋】❶九曲路　登姑蘇山之路。為了便於車馬行走，故意將道路多修幾個轉折，以減緩坡度。❷闚　同「窺」。察看。

【語譯】胥門外有一條九曲路，吳王闔廬修建它是為了遊玩姑蘇臺，在臺上可以遠望太湖，還可以窺望城中百姓的動靜，九曲路離吳縣城三十里。

齊門❶，闔廬伐齊，大克，取齊王女為質子❷，為造齊門。置於水海虛❸，其臺在車道左，水海右，去縣七十里。齊女思其國死，葬虞西山❹。

【注釋】❶齊門　在城北偏東。❷質子　人質。❸水海虛　無考。❹虞西山　據《吳越春秋》記載：吳太子娶齊女，女思齊而病，將死曰：「令死者有知，必葬我於虞山之顛，以望齊國。」闔廬傷之，如其言葬之。虞西山即虞山，在常熟縣西六里。

【語譯】齊門的故事：吳王闔廬征齊，打了大勝仗，將齊王的女兒作人質，給她修了一座齊門。把齊女安置在水海虛，築起亭臺，臺在大馬路的左邊，水海的右邊，離吳縣城七十里。齊女思鄉病死，闔廬將她葬在虞山上。

吳北野禺櫟❶東所舍大疁❷者，吳王田也，去縣八十里。

【注釋】❶禺櫟　無考。❷大疁　大面積溝渠灌溉的水田。

【語譯】吳縣北方的禺櫟東大片溝渠縱橫的水田是吳王的田，離吳縣八十里。

吳西野鹿陂❶者，吳王田也。今分為耦瀆、胥卑虛❷，去縣二十里。

【注釋】❶鹿陂　吳王養鹿處。在西洞庭山。❷耦瀆胥卑虛　無考。

【語譯】吳縣西面的荒野鹿陂，是吳王的田莊。今分為耦瀆、胥卑虛，距吳縣二十里。

吳北野胥主疁❶者，吳王女胥主田也，去縣八十里。

【注釋】❶胥主疁　胥主的田莊。按地圖應在常熟縣境。

【語譯】吳縣北方一片名為胥主疁的田莊，是吳王的女兒胥主的田莊，距吳縣八十里。

麋湖城❶者，闔廬所置麋也，去縣五十里。櫪溪城❷者，闔廬所置船宮❸也。闔廬所造。

【注釋】❶麋湖城　平門外五十里處。❷欐溪城　無考。❸船宮　造船廠。

【語譯】麋湖城是吳王闔廬養麋鹿的地方，距吳縣五十里。欐溪城是吳王闔廬所置的造船廠，是闔廬親自主持修建的。

婁門外力士❶者，闔廬所造，以備外越❷。

【注釋】❶力士　不明所指何物。❷外越　遠方來的異族掠奪者。

【語譯】婁門外有「力士」，是吳王闔廬製造的，用來防禦遠方來的野蠻匪徒。

巫欐城❶者，闔廬所置諸侯遠客離城❷也，去縣十五里。

【注釋】❶巫欐城　無考。❷離城　郊區賓館。

【語譯】巫欐城，是闔廬為遠方來的諸侯賓客專門設置的郊區賓館，距吳縣城十五里。

由鍾窮隆山❶者，古赤松子❷所取赤石脂❸也，去縣二十里。

【注釋】❶由鍾窮隆山　在吳縣西南六十里，山高而頂平，山頂方廣百畝，上有朱買臣讀書臺、窮隆寺、拄杖泉等遺跡。❷赤松子　古仙人。傳為神農氏雨師，能入火不燒，張良曾欲從之出家。❸赤石脂　仙藥。味甘酸辛，大溫無毒，為五石散的主要原料。

【語譯】由鍾附近的窮隆山，是古代仙人赤松子採赤石脂的地方，距吳縣城二十里。

莋碓山❶，故為鶴阜山，禹遊天下，引❷湖中柯山❸置之鶴阜，更名莋碓。

【注釋】❶莋碓山　亦名獅子山、何山。吳縣西南十五里，為王僚葬地。❷引　拉過來。❸柯山　不詳。

【語譯】莋碓山曾經叫鶴阜山，大禹遊歷天下，把太湖當中的柯山拉過來放在鶴阜山上，改名莋碓。

放山❶者，在莋碓山南。以取長之莋碓山下，故有鄉名莋邑❷，吳王惡其名，內郭中❸，名通陵鄉。

【注釋】❶放山　無考。❷莋邑　莋城。❸內郭中　放在外城之內。

【語譯】放山在莋碓山的南面，因它在莋碓山下面，所以把鄉的名字叫莋邑，吳王不喜歡這個名稱，將它放在外城之內，改名為通陵鄉。

莋碓山南有大石，古者名為「墜星」，去縣二十里。

【語譯】莋碓山的南面有一塊很大的石頭，以前的人說它是「墜星」，距吳縣二十里。

撫侯山❶者，故闔廬治以諸侯冢次❷，去縣二十里。

【注釋】❶撫侯山　無考。❷冢次　墳墓。

【語譯】在撫侯山上，吳王闔廬為不知名的諸侯修建了一座墳墓，距吳縣城二十里。

吳東徐亭❶東西南北通溪者，越荊王❷所置，與麋湖相通也。

【注釋】❶東徐亭　亦作「未徐亭」。❷越荊王　無考。

【語譯】吳東徐亭橫跨東西南北兩條溪流的交叉點上，亭下溪水四面相通，是越荊王所修建的，用來溝通麋湖水流。

馬安溪上干城者，越干王之城也，去縣七十里。

【語譯】馬安溪上有一座小城叫干城，是越干王的京城，距吳縣七十里。

巫門外冤山大冢，故越王王史❶冢也，去縣二十里。

【注釋】❶越王王史　無考。疑王史和上二則所提到的荊王、干王都是越國被滅以後，在海濱爭相割據建立起來的句踐後裔。

【語譯】巫門外有個冤山大冢，它是過去一個叫王史的越王的墳墓，距吳縣縣城二十里。

搖城❶者，吳王子居焉，後越搖王❷居之。稻田三百頃，在邑東南，肥饒，水絕，去縣五十里。

【注釋】❶搖城　今名大姚。❷越搖王　越王無疆之後。自稱閩君，秦末，參加起義反秦，劉邦封之為越王，以奉越後。

【語譯】搖城原是吳某王子的封地，後來越搖王占有該地，有稻田三百頃，在吳縣東南方，土地肥沃富饒，水質也很好，距吳縣五十里。

胥女大冢，吳王不審名冢也，去縣四十五里。蒲姑大冢，吳王不審名冢也，去縣三十里。

【語譯】胥女有座大墳，是一個不知名的吳王的墳墓，距吳縣城四十五里。蒲姑有一座大墳，也是一個不知名的吳王的墳墓，距吳縣城三十里。

古城❶者，吳王闔廬所置美人離城也，去縣七十里。

【注釋】❶古城　「石城」之誤。石城在常熟縣北五里。《吳地志》云：「越獻西施於吳王，王擇虞山北麓以石甃城為游樂之所。」今其地有石城里。

【語譯】石城就是吳王闔廬安置美人的離城，距吳縣城七十里。

通江南陵，搖越❶所鑿，以伐上舍君❷，去縣五十里。

【注釋】❶搖越　越被楚滅後的一個分支。❷上舍君　越的另一分支。

【語譯】通長江的南陵，是搖越所開鑿的，用來作為討伐上舍君的運輸路線，距吳縣五十里。

婁東❶十里坑者，古名長人坑，從海上來，去縣十里。

【注釋】❶婁東　婁門東邊。

【語譯】婁門東面的十里長坑，古時叫長人坑，是從海上來的通道，距吳縣城十里。

海鹽縣❶，始為武原鄉。

【注釋】❶海鹽縣　漢置縣。屬浙江省，地濱東海。

【語譯】海鹽縣開始叫武原鄉。

婁北武城❶，闔廬所以候❷外越也，去縣三十里，今為鄉也。

【注　釋】❶武城　崑山西北有武城鄉。❷候　防禦。

【語　譯】婁北有一座武城，是吳王闔廬修建用於防禦海外入侵者的，距吳縣三十里，現在叫武城鄉。

宿甲❶者，吳宿兵❷候外越也，去縣百里，其東大冢，搖王冢也。

【注　釋】❶宿甲　無考。❷宿兵　駐兵。

【語　譯】宿甲是吳國駐軍防禦海外入侵者的軍營，離吳縣有一百里，它的東邊有一座大墳，是搖王的墓。

烏程❶、餘杭、黝❷、歙❸、無湖❹、石城縣❺以南，皆故大越徙民❻也。秦始皇帝刻石徙之。

【注　釋】❶烏程　秦置縣。今浙江吳興。❷黝　秦置。今安徽黟縣。❸歙　秦置。今屬安徽省。❹無湖　「蕪湖」之誤。秦置，今蕪湖市。❺石城縣　漢置縣，隋改為秋浦。故城在今安徽貴池縣西南。❻大越徙民　秦始皇推行移民政策，讓人們從故土離開，以便於統治，將越民搬到外地。

【語譯】烏程、餘杭、黟縣、歙縣、蕪湖、石城縣以南都是大越的移民區。秦始皇把詔令刻在石碑上命令他們搬家。

烏傷縣❶常山❷，古人所採藥也。高且神。

【注釋】❶烏傷縣　秦置縣，唐改稱義烏。今浙江義烏。❷常山　在義烏和浦江交界處。今名百藥尖。

【語譯】烏傷縣的常山是古人採藥的地方。那山非常高峻而又神奇。

齊鄉❶周十里二百一十步，其城六里三十步，牆高丈二尺，百七十步❷，竹格門三，其二有屋。

【注釋】❶齊鄉　無考。吳多次伐齊，可能是安置俘虜之處。❷百七十步　前面恐有缺漏的文字。

【語譯】齊鄉周長十里二百一十步，其城周長六里三十步，城牆高一丈二尺，一百七十步，有三座竹格門，有兩座門還有房子。

虞山❶者，巫咸❷所出也。虞故神出奇怪，去縣百五里。

【注釋】❶虞山　在常熟市西北郊。高百餘丈，傳為巫咸出生地，吳人目為神山。❷巫咸　古之神巫，曾為殷中宗之相。另有傳為黃帝時人或堯舜時人的說法。

【語譯】虞山是神巫巫咸的出生地。虞山從古就有神仙出沒，奇怪異常，距吳縣城一百零五里。

母陵道❶，陽朔三年❷太守周君造陵道語昭❸，郭周十里百一十步，牆高丈二尺，陵門四，皆有屋。水門二。

【注釋】❶母陵道　為母親修造的陵道。❷陽朔三年　即西元前二二年。陽朔，西漢成帝年號。❸語昭　在無錫市東北。

【語譯】母陵道是西漢陽朔三年會稽太守周某給母親在語昭修造的陵道，陵墓外郭周長十里一百一十步，牆高一丈二尺，陵墓有四座大門，門都建有房子。另外還有兩座水門。

無錫城❶，周二里十九步，高二丈七尺，門一樓四。其郭周十一里百二十八步，牆一丈七尺，門皆有屋。

【注釋】❶無錫城　當年無錫城址已不可考，唐宋以來都在今無錫市內。

【語譯】無錫城周長二里十九步，高二丈七尺，一座城門，四座城樓。外城周長十一里一百二十八步，牆高一丈七尺，每個門都有屋。

無錫歷山❶春申君時盛祠以牛，立無錫塘，去吳百二十里。

【注釋】❶歷山　即舜山龍尾之斷，其名華利口。又惠山亦稱歷山。

【語譯】無錫歷山，春申君的時候用殺牛的隆重典禮來祭祀它，開闢了一條叫無錫塘的水道，距吳縣一百二十里。

無錫湖❶者，春申君治以為陂❷，鑿語昭瀆以東到大田。田名胥卑，鑿胥卑下以南注太湖，以寫❸西野，去縣三十五里。

【注釋】❶無錫湖　亦名射貴湖、芙蓉湖。元明以來，經長期圍墾，原來一萬五千頃的水面已所剩無多。❷陂　用堤將其圍上。❸寫　通「瀉」。

【語譯】無錫湖是個大湖，春申君曾經派人修堤將它圍起來，開一條語昭瀆把湖水引來灌溉東面的大片水田，這一大片水田叫胥卑。又從這一大片水田中開渠往南通向太湖，用來宣洩西邊荒野上的水，無錫湖離吳縣城三十五里。

無錫西龍尾陵道❶者，春申君初封吳所造也，屬於無錫縣，以奏吳北野胥主疁。

【注釋】❶龍尾陵道　在無錫九龍山火鴉塢的西北。

【語譯】無錫西邊的龍尾陵道是春申君封於吳縣不久時修造的，在無錫縣境內，通向吳縣北邊的胥主疁。

曲阿❶，故為雲陽縣。

【注釋】❶曲阿　漢置縣。戰國時楚雲陽邑，秦始皇以其地有王氣，截其直道使曲而阿，改名曲阿。唐改名丹陽，今為丹陽市治。

【語譯】曲阿縣，以前叫雲陽縣。

毗陵❶，故為延陵，吳季子❷所居。

【注釋】❶毗陵　縣名，漢置。今江蘇武進治。《讀史方輿紀要》云：「武進縣附郭本吳之延陵邑，季札所居。」❷吳季子　春秋時吳國公族。吳王諸樊之弟，名季札，史稱延陵季子。賢明博學，多次推讓王位，曾出使北遊列國，觀樂於魯，論各國盛衰形勢，頗中時要。

【語譯】毗陵縣是吳國的延陵，是吳季札當年的封地。

毗陵縣南城，故古淹君❶地也，東南大冢，淹君子女冢也，去縣十八里。吳所葬。

【注釋】❶淹君　淹國之君。淹國在今武進一帶。武進城南十八里有奄城。

【語譯】毗陵縣南城是古代淹君的土地，毗陵東南一座大墳就是淹君兒女的墳墓。離毗陵縣城十八里，是吳國替他們埋葬的。

毗陵上湖❶中冢者，延陵季子冢❷也，去縣七十里。上湖通上洲，季子冢古名延陵墟。

【注釋】❶上湖　原無錫湖的北部。❷延陵季子冢　在江陰縣西申港。墓碑據傳為孔子所書篆文曰：「嗚乎有吳延陵季子之墓」，其字大徑尺，體勢奇偉，人稱十字碑。

【語譯】毗陵上湖中有一座大墳，是延陵季子的墳墓，距吳縣城七十里。上湖和上洲相通，季子的墳墓人們尊稱為延陵墟。

蒸山❶南面夏駕大冢者，越王不審名冢也，去縣三十五里。

【注釋】❶蒸山　今名貞山。因其氣若炊，故名。

【語譯】蒸山南面有一座夏駕大冢，是一個不知名的越王的墓，距吳縣城三十五里。

秦餘杭山❶者，越王棲❷吳夫差山也，去縣五十里。山有湖水，近太湖。

【注釋】❶秦餘杭山　今名陽山，一名萬安山。在吳縣西北三十里，為夫差被擒處。❷棲　疑為「擒」之誤。

【語譯】秦餘杭山是越王句踐擒獲吳王夫差的地方，距吳縣城五十里，山上有湖水，靠近太湖。

夫差冢，在猶高❶西，卑猶❷位。越王侯干戈人一累土以葬之❸，近太湖，去縣十七里。

【注釋】❶猶高 「猶亭」之誤。❷卑猶 今名徐侯山。在秦餘杭山西北。❸越王句 越王句踐命令士兵們每人給夫差墳加一把土。《吳越春秋》曰：「越王以禮葬之秦餘杭山卑猶。」

【語譯】吳王夫差墓在猶亭西面卑猶山上，越王句踐命令士兵們每人在夫差墓上加一把土把他埋好。墓靠近太湖，距吳縣十七里。

三臺❶者，太宰嚭、逢同❷妻子死所在也，去縣十七里。

【注釋】❶三臺 在卑猶之側，離夫差墓不遠。❷逢同 伯嚭心腹。與伯嚭朋比為奸，構害伍子胥。

【語譯】三臺，是太宰伯嚭和他的心腹逢同及兩家老小被殺死的地方，距吳縣城十七里。

太湖，周❶三萬六千頃。其千頃❷，烏程也，去縣五十里。

【注釋】❶周 指範圍的面積。❷其千頃 其中的一千頃。

【語譯】太湖的總面積三萬六千頃，其中有一千頃屬於烏程縣，距吳縣城五十里。

無錫湖，周萬五千頃。其一千三頃，毗陵上湖也，去縣五十里，一名射貴湖。

【語譯】無錫湖總面積一萬五千頃，其中的一千零三頃屬於毗陵上湖，離吳縣五十里，又名射貴湖。

尸湖❶，周二千二百頃，去縣百七十里。小湖，周千三百二十頃，去縣百里。耆湖，周六萬五千頃，去縣百二十里。乘湖，周五百頃，去縣五里。猶湖，周三百二十頃，去縣十七里。語昭湖，周二百八十頃，去縣五十里。作湖，周百八十頃，聚魚多物，去縣五十五里。昆湖，周七十六頃一畝，去縣一百七十五里，一名隱湖。湖王湖，當問之。丹湖，當問之。

【注釋】❶尸湖　據張宗祥先生所著的《越絕書校注》的看法：尸湖、小湖、耆湖、乘湖、猶湖、語昭湖、作湖、昆湖、湖王湖、丹湖，疑皆一湖而各地分名。張先生的看法是有道理，不過從無錫湖的現狀看，這些湖可能早就成了良田。

【語　譯】尸湖面積二千二百頃，距吳縣一百七十里。小湖面積一千三百二十頃，距吳縣一百里。耆湖面積六萬五千頃，距吳縣一百二十里。乘湖面積五百頃，距吳縣五里。猶湖面積三百二十頃，距吳縣十七里。語昭湖面積二百八十頃，距吳縣五十里。作湖面積一百八十頃，魚和其他物產很豐富，距吳縣五十五里。昆湖面積七十六頃零一畝，距吳縣一百七十五里，又叫隱湖。湖王湖，情況不清楚。丹湖，情況不清楚。

吳古故祠❶江漢❷於棠浦❸東，江南為方牆❹，以利朝夕水❺，古太伯君吳，到闔廬時絕。

【注　釋】❶祠　祭祀。❷江漢　亦作「江海」，似更合理。因吳處海濱，而離漢水數千里。❸棠浦　無考。❹方牆　應指江堤。❺朝夕水　應為「潮汐水」。

【語　譯】吳國古時在棠浦東面祭祀江海之神，並在長江南岸修堤以擋住江海的潮水，古太伯時祭典經常舉行，到闔廬時就取消了。

胥女❶南小蜀山，春申君客衛公子❷冢也，去縣三十五里。白石山故為胥女山，春申君初封吳，過，更名為白石，去縣四十里。

【注釋】❶胥女 今名白豸山。在吳縣北三十餘里。❷衛公子 無考。

【語譯】胥女山南有一座小蜀山是春申君的客人衛公子的墳，距吳縣三十五里。白石山原名胥女山，春申君開始封到吳縣時，從山旁經過，改名為白石山，距吳縣四十里。

今太守舍者，春申君所造。後壁屋以為桃夏宮。

【語譯】現在的太守住的官舍，是春申君修造的。後牆一帶房子叫桃夏宮。

今宮者，春申君子假君❶宮也。前殿❷屋蓋地東西十七丈五尺，南北十五丈七尺。堂高四丈，十霤❸高丈八尺。殿❹屋蓋地東西十五丈，南北十丈二尺七寸。戶霤高丈二尺。庫東鄉屋南北四十丈八尺，上下戶❺各二；南鄉屋東西六十四丈四尺，上戶四，下戶三；西鄉屋南北四十二丈九尺，上戶三，下戶二：凡百四十九丈一尺。檐高五丈二尺，霤高二丈九尺。周一里二百四十一步。春申君所造。

【注　釋】❶假君　春申君子。春申君為考烈王相，吳縣封地大小事實由其子管理，故名假君。❷前殿　正殿。❸霤　承霤。接屋上雨水下流的槽管。❹殿　當作「後殿」，少一「後」字。❺上下戶　可能指大小門。

【語　譯】現在宮殿，是春申君兒子假君的宮殿。前殿的房屋從東到西十七丈五尺，從南到北十五丈七尺。大廳高四丈，十霤高一丈八尺。後殿的房屋從東至西十五丈，從南到北十丈二尺七寸。戶霤高一丈二尺。庫房東向的房子自南向北長四十丈八尺，大小門各兩個；南向的房子自東到西六十四丈四尺，大門四個，小門三個；西向的房屋自南至北四十二丈九尺，大門三個，小門兩個。總長度一百四十九丈一尺。大殿飛檐高五丈二尺，霤高二丈九尺。周長一里二百四十一步。是春申君修建的。

吳兩倉，春申君所造，西倉名曰均輸，東倉周一里八步，後燒。更始五年，太守李君治東倉為屬縣屋❶，不成。

【注　釋】❶屬縣屋　漢會稽管轄二十六縣，郡治在吳縣，其他二十五縣散布江浙各地。屬縣屋顯然是為解決下屬縣出差住宿問題。

【語　譯】吳縣有兩所大糧倉，都是春申君修建的，西倉取名「均輸」，東倉周長一里八步，後來失火燒了。更始五年，太守李君把東倉改造為給下屬各縣出公差來吳縣的臨時用房，沒有成功。

吳市者，春申君所造，闕兩城以為市，在湖里。吳諸里大閈❶，春申君所造。吳獄庭❷，周三里，春申君時造。

【注釋】❶大閈　大門。里門曰閈。❷獄庭　監獄。

【語譯】吳縣的大市場，是春申君修造的，他把兩個小城修上大門開闢為市場，地點在湖里。吳縣各個里巷的大門都是春申君修建的。吳縣的監獄，周長三里，春申君時修造的。

土山❶者，春申君時治以為貴人❷冢次，去縣十六里。楚門，春申君所造，楚人從之，故為楚門。路丘大冢，春申君客冢，不立❸，以道終之，去縣十里。

【注釋】❶土山　一作「雲山」。❷貴人　女官。❸不立　應為不立碑碣。

【語譯】土山是春申君時給貴人修的墳墓，距吳縣十六里。楚門是春申君修建的，因為很多楚人都跟著春申君來到吳縣，所以修了一座楚門。路丘大冢是春申君賓客的墳墓，不立碑碣，墳建在路的盡頭，距吳縣十里。

春申君，楚考烈王相也。烈王死，幽王❶立，封春申君於吳❷。三年，幽王徵春申為楚令尹❸，春申君自使其子為假君治吳。十一年，幽王徵假君，與春申君并殺之。二君治吳凡十四年。後十六年，秦始皇并楚❹，百越❺叛去，東名大越為山陰❻也。春申君姓黃，名歇。

【注釋】❶幽王　熊悍。考烈王熊完子。幽王幼弱，朝政紊亂，在位十年而卒，不久楚即為秦所併。❷封春申君於吳　封春申君者為考烈王，幽王還未正式登位，李園就把春申君全家都殺了。❸令尹　即相國。❹秦始皇并楚　併楚時間離幽王去世僅五年多時間。❺百越　泛指南方許多少數民族。❻山陰　今紹興市。

【語譯】春申君是楚考烈王的相國，考烈王死後，其子幽王繼位，把春申君封到吳縣。三年後，幽王徵春申君為楚國的令尹，春申君教他的兒子為代理人治理吳縣。十一年，幽王召假君，把他和春申君一起殺了。春申君父子治理吳縣前後共十四年。十六年後，秦始皇兼併了楚國，百越反叛秦王朝的統治，東方一帶把大越稱為山陰。春申君姓黃，名叫歇。

巫門外罘罳❶者，春申君去吳，假君所思處也，去縣二十三里。

【注釋】❶罘罳　宮闕外的疏屏。臣將入請事，於此復重思之。罘，復。罳，思。

【語譯】巫門外有一道屏障叫罘罳，是每當春申君離開吳縣，假君想念他的地方，距吳縣二十三里。

壽春❶東鳧陵亢❷者，古諸侯王所葬也。楚威王❸與越王無疆❹並。威王後烈王，子幽王，後懷王❺也，懷王子頃襄王❻也，秦始皇滅之。秦始皇造道陵南，可通陵道到由拳塞，同起馬塘，湛以為陂，治陵水道到錢唐❼，越地，通浙江❽。秦始皇發會稽❾適戍卒❿，治通陵高⓫以南陵道，縣相屬⓬。

【注釋】❶壽春　秦置縣，晉改壽陽。今安徽壽縣。❷鳧陵亢　無考。❸楚威王　熊商。在位十一年，滅越，圍齊於徐州，楚勢復振，是楚後期最有作為的君主。❹越王無疆　句踐六世孫。愚狂自大，北伐齊，西伐楚，與中國爭強，觸怒於楚，楚威王乃興兵大舉反擊，無疆兵敗被殺，越亦敗亡。❺懷王　熊槐。楚威王熊商之子，不聽屈原聯齊抗秦的主張，累遭張儀、秦昭王欺騙，累敗於秦，後被騙入秦，受到拘留，氣病而死。❻頃襄王　熊橫。懷王之子，荒於遊樂，信任群小，不自振作，累敗於秦，喪亡了巴蜀、黔中、江漢大片國土，卻厚顏事秦。❼錢唐　秦置縣，唐代改為錢塘縣。南宋定都於此，改稱杭州，現為杭州市，浙江省會。❽浙江　今名錢塘江。❾會稽　秦置郡。轄吳縣、山陰、錢塘等二十六縣。❿適戍卒　充軍謫戍的士卒。⓫陵高　無考。⓬縣相屬　縣與縣之間相互聯繫起來。

【語　譯】壽春縣東面有個梟陵亢，是古代諸侯埋葬的地方。楚威王把越王無疆兼併起來了。威王之後是考烈王，考烈王的兒子是幽王，然後是楚懷王，在懷王的兒子頃襄王時候，秦始皇把楚國滅了。秦始皇在梟陵南邊修築了一條驛道，可以和梟陵陵道相通，向南到由拳要塞，由拳不遠有起馬塘，人們用修陂塘的辦法加深塘水，修了一條由梟陵到錢唐的水道，水道從壽春通到越地，直通浙江。秦始皇還調遣會稽郡謫戍的士兵修陵高以南的陵道，使它和沿途各縣相連到一起。

秦始皇帝三十七年，壞諸侯❶郡縣城❷。

【注　釋】❶諸侯　指秦以外的齊、楚、燕、韓、趙、魏六國。❷郡縣城　郡城和縣城。

【語　譯】秦始皇三十七年，通令全國毀壞原先屬於齊、楚等諸侯國的郡城和縣城。

太守府❶大殿者，秦始皇刻石所起也。到更始元年，太守許時燒。六年十二月乙卯❷鑿官池，東西十五丈七尺，南北三十丈。

【注　釋】❶太守府　指會稽太守府，在吳縣城。此條應是誤傳，據有關記載，吳縣的太守府長期都是利用假君宮。❷乙卯　乙卯日。古人通常都用干支記日。

【語　譯】吳縣會稽郡太守府大殿，是秦始皇在吳縣刻石時所修造的。到更始元年，太守許時失火燒了。到了更始六年十二月乙卯日，官府在大殿旁修了一個防火的大水池，從東到西有十五丈七尺寬，從南到北有三十丈長。

漢高帝❶封有功，劉賈❷為荊王，并有吳。賈築吳市西城，名曰定錯城❸。屬小城❹，北到平門，丁將軍築治之。十一年，淮南王❺反，殺劉賈。後十年，高皇帝更封兄子濞❻為吳王，治廣陵❼，并有吳。立二十一年，東渡之吳，十日還去。立三十二年，反。西到陳留縣❽，還奔丹陽❾，從東甌❿，越王弟夷烏將軍⓫殺濞。東甌王⓬為彭澤王，今夷烏將軍為平都王。濞父字為仲⓭。

【注　釋】❶漢高帝　劉邦（西元前二五六～前一九五年）。漢代開國皇帝，字季，沛人，秦時為泗水亭長。起兵響應陳勝、吳廣。率軍攻入秦都咸陽，廢秦苛法，深得民心。復經四年楚漢戰爭，擊敗項羽，建立漢朝。又滅韓信、彭越、英布等異姓諸王，輕傜薄賦，與民休息。死後廟號「高祖」。❷劉賈　劉邦本家兄弟，累有戰功。為了牽制異姓王，劉邦封劉賈為荊王，王淮東五十二城。❸定錯城　位於吳縣城西北角。❹屬小城　連接小城。❺淮南王　英布。先為楚將，累敗秦兵，項羽封為九江王。後歸漢，與韓信等并力擊殺項羽，封淮南王，見劉邦以無罪誅殺韓信，遂反，失敗被殺。❻濞　劉邦兄劉仲之子。英布反時，隨劉邦擊英布，有功，甚器之，封吳王。漢景帝用晁錯計削諸王封地，劉濞遂聯合眾諸侯舉兵反抗朝廷，兵敗被殺。❼廣陵　今揚州市。❽陳留縣　秦置縣，在河南開封之南。❾丹陽　漢置郡，郡治在安徽宣城。❿東甌　即東越。漢初封越王句踐的後裔搖為東越王，封地在今浙江東部、南部、福建東部。⓫夷烏將軍　無考。⓬東甌王　即搖。先和劉濞同謀，劉濞兵敗，又受漢朝收買，殺死劉濞。⓭仲　劉邦親兄。

【語譯】漢高帝給功臣封王，族兄劉賈被封為荊王，吳縣為其封地。劉賈建造了吳市的西城，名叫定錯城，和小城相連，北到平門，是丁將軍負責主持的。高帝十一年，淮南王英布反叛朝廷，殺了劉賈。十年以後，漢高帝封他哥哥的兒子劉濞為吳王，以廣陵為王都，還管轄著吳縣。立國二十一年時，曾一度東渡到吳縣視察，過了十天又回到揚州。立國三十二年時，起兵反抗朝廷，他率軍打到了陳留縣，失敗後回頭跑到丹陽，東甌王跟著一道謀反，後又暗中投靠朝廷，東甌王弟弟夷烏將軍殺了劉濞。朝廷封東甌王為彭澤王，封其弟夷烏將軍為平都王。劉濞父親是劉邦的哥哥劉仲。

匠門外信士里東廣平地者，吳王濞時宗廟❶也。太公❷、高祖在西，孝文❸在東。去縣五里。永光❹四年，孝元帝❺時，貢大夫請罷之。

【注　釋】❶宗廟　祭祀祖先的祠廟。❷太公　劉邦的父親，吳王濞的祖父。❸孝文　漢文帝劉恆。劉邦中子，立為代王，周勃等誅諸呂後，群臣迎立劉恆為帝。在位期間，減賦稅徭役，興修水利，發展生產，加強中央政權，鞏固國防，人民生活得到很大改善，為歷史上有名的賢君。❹永光　漢元帝年號。❺孝元帝　劉奭。柔懦好仁，法紀鬆弛，中央政權威信下降，豪強兼併之風盛行，社會危機加深，王朝日趨衰落。

【語　譯】匠門外面信士里東邊的一大片平地上，吳王劉濞曾在這裡修造了一個宗廟。太上皇劉太公和漢高祖在西面的一排，漢文帝在東面。宗廟距吳縣城五里。孝元皇帝永光四年，在貢大夫請求下宗廟被廢止了。

桑里東，今舍西者，故吳所畜牛羊豕雞也，名為牛宮，今以為園。

【語　譯】在桑里的東面，現在叫舍西的地方，是過去吳國畜養牛羊豬雞的地方，地名叫牛宮，今天成了菜園子。

漢文帝前九年，會稽并故鄣郡❶，太守治故鄣，都尉❷治山陰。前十六年，太守治吳郡，都尉治錢塘。

【注　釋】❶故鄣郡　「故鄣縣」之誤。秦漢沒有故鄣郡，只有故鄣縣。故鄣屬丹陽郡，即現在的浙江長興。

❷都尉　漢代所設置的郡的副長官。掌管治安、武裝方面的事務。

【語　譯】漢文帝九年以前，會稽和故鄣縣併在一起，太守的辦事機關設在故鄣，都尉的辦事機關設在山陰。十六年前，太守的辦事機關設在吳縣，都尉的辦事機關設在錢塘。

漢孝景帝❶五年五月，會稽屬漢❷，屬漢者，始并事也。漢孝武帝❸元封❹元年，陽都侯歸義❺，置由鍾❻。由鍾初立，去縣五十里。

【注　釋】❶漢孝景帝　劉啟（西元前一八八～前一四一年）。漢文帝子，登位後繼承文帝與民休養生息的政策，重農抑商，興修水利，發展生產，平定吳楚七國之亂以後，將諸侯王國官吏任免權收歸中央。在位十七年，經濟繁榮，政治穩定，與文帝之世合稱「文景之治」。❷會稽屬漢　會稽郡收歸中央直接統治。❸漢孝武帝　劉徹（西元前一五六～前八七年）。景帝之子，十六歲即位，對內實行政治經濟改革，對外用兵，開拓疆土。而在文化上，罷黜百家，獨尊儒術，興辦學校，將漢朝政治經濟文化推向極盛。❹元封　漢武帝年號（西元前一一〇～前一〇五年）。❺陽都侯歸義　無可查考。歸義，指歸順中央。❻由鍾　在吳縣西南五十里。

【語　譯】漢景帝五年五月，會稽郡歸屬於漢，所謂歸屬於漢是指由中央直接派官吏管轄。漢武帝元封元年，陽都侯歸順朝廷，將他安置在由鍾。由鍾是新建的小城，離吳縣五十里。

漢孝武元封二年，故鄣以為丹陽郡。

【語譯】漢武帝元封二年，將故鄣改屬丹陽郡。

天漢❶五年四月，錢唐浙江岑石❷不見，到七年，岑石復見。

【注釋】❶天漢　漢武帝年號（西元前一〇〇～前九七年）。❷岑石　巨石。

【語譯】漢武帝天漢五年四月，錢唐縣浙江中的一塊巨石突然不見，到了天漢七年，大石頭又出現了。

越王句踐徙瑯邪❶，凡二百四十年。楚考烈王并越❷於瑯邪。後四十餘年，秦并楚，復四十年❸，漢并秦，到今二百四十二年。句踐徙瑯邪到建武❹二十八年，凡五百六十七年❺。

【注釋】❶瑯邪　亦作琅邪、瑯琊、琅琊。秦置郡，漢置縣，在今山東諸城東南。越王句踐曾遷都於此，秦漢時的瑯琊郡城也都設此地。❷考烈王并越　併越的人是考烈王的曾祖楚威王。❸四十年　楚威王併越約在西元前三三四年左右，秦滅楚在西元前二二一年，中間隔了一百一十三年。漢亡秦是西元前二〇六年，中間僅相距十多年。❹建武　東漢光武帝年號（西元二五～五五年）。❺五百六十七年　句踐滅吳是在西元前四七三年，建武二十八年是西元五三年，前後只五百二十六年。

【語　譯】越王句踐遷都到瑯邪後，經過二百四十年，楚國威王在瑯邪兼併了越國。又過了四十多年，秦國又兼併了楚國，再過了四十年，漢朝推翻了秦朝，漢朝立國到現在又有二百四十二年。從越王句踐遷都瑯邪到建武二十八年，共有五百六十七年。

卷三

越絕吳內傳第四

【題解】依篇名，本篇理應專門記述吳國的重大歷史事件，但事實並非如此。全篇關於吳國史實的記載僅占一小部分，即開頭的闔廬授命伍子胥率師救蔡伐楚及中間吳越交戰吳王闔廬中箭受傷而卒兩部分，從分量上看不到整個篇幅的三分之一。而三分之二以上的篇幅則分別記載著：齊桓、晉文的霸業，唐堯、虞舜、夏啟、商湯、周文王、武王及周公等聖君賢臣的王業與美政。一眼就可看出，篇名與內容有些不相符，而且內容的組織也有些雜亂。吳平是思想家王充極口稱贊的人物，他當然不會把文章寫成這樣。推究起來十之八九是傳抄過程中產生的錯誤；抄書的人漏掉了吳國的許多重大事件，又把其他章專談歷史的內容抄在後面，於是就造成了目前這種不倫不類的局面。本來作者的思想就是抑吳揚越的，他描寫吳國並不是為了歌頌吳國的功業，而是為了暴露吳國的殘暴，譬如救蔡伐楚之戰，作者既沒有肯定戰爭的正義性，也沒有正面寫戰爭的勝利，寫的偏偏是伍子胥的復仇和吳國君臣對楚國君臣妻女的侮辱，而且在文章中還再三強調吳人是夷狄。

吳何以稱人❶乎？夷狄之❷也。憂❸中邦奈何乎？伍子胥父誅於楚，子胥挾弓身干❹闔廬，闔廬曰：「士之其勇之甚！」將為之報仇。子胥曰：「不可！諸侯不為匹夫報仇。臣聞事君猶事父也，虧君之行❺，報父之仇，不可！」於是止。

【章　旨】吳王闔廬打算出兵為伍子胥報殺父大仇，子胥不願君王為自己而損害聲譽，加以制止。

【注　釋】❶稱人　稱為吳人。❷夷狄之　把他們看成夷狄。❸憂　侮辱。❹干　求見。❺虧君之行　損害君王的品行。

【語　譯】為什麼稱吳國為吳人呢？是把它當成夷狄啊。它為什麼要侮辱中國呢？原來伍子胥的父親被楚平王殺害了，伍子胥佩著弓箭去求見吳王闔廬以尋求庇護，闔廬對他說：「你可真是個智勇絕倫的英雄啦！」打算為他出兵報仇。可是，伍子胥卻說：「不行！國君不應該為普通人報仇，那是有失身分的。我聽說：報效君主如同侍奉父親一樣，損壞君主的名譽，去報父親的冤仇，是不應該的！」闔廬於是取消了出兵伐楚的計畫。

蔡昭公❶南朝❷楚，被羔裘，囊瓦❸求之，昭公不與。即拘❹昭公南郢❺，三年然後歸之。昭公去至河，用事❻曰：「天下誰能伐楚乎？寡人願為前列❼。」楚聞之，使囊瓦興師伐蔡。昭公聞子胥在吳，請救蔡。子胥於是報闔廬曰：「蔡公南朝，被羔裘，囊瓦求之，蔡公不與，拘蔡公三年然後歸之。蔡公至河曰：『天下誰能伐楚者乎？寡人願為前列。』楚聞之，使囊瓦興師伐蔡。蔡非有罪，楚為無道❽，君若有憂中國之事，意者❾時可矣。」闔廬於是使子胥興師救蔡而伐楚。楚王已死。子胥將卒六千人，操鞭笞平王之墳曰：「昔者吾先君無罪而子殺之，今此❿以報子也。」君舍君室⓫，大夫舍大夫室。蓋有妻楚王母⓬者。囊瓦者何？楚之相也。郢者何？楚王治處⓭也。吳師何以稱人？吳者，夷狄也，而救中邦⓮。稱人，賤之也。

【章旨】本章敘述了闔廬與伍子胥救蔡伐楚的過程，批評了伍子胥掘墓鞭屍，吳國君臣姦淫楚君臣妻妾的暴行。

【注釋】❶蔡昭公　名申，蔡叔度之後。昭公以兩玉珮兩羔裘朝楚，以其半獻之楚昭王。楚令尹囊瓦索其餘裘，昭公不與，囊瓦拘之三年。歸國途中，昭公指水立誓：必隨諸侯伐楚。❷南朝　到南方朝見楚王。❸囊瓦　名子常，楚令尹。貪贓不法，公然索賄於唐、蔡諸小國之君，不遂則予以拘留。蔡侯歸國，立誓報仇，又引兵圍蔡。吳師伐楚，子常戰敗，逃奔於鄭。❹拘　拘留；扣押。❺南郢　楚都。在湖北江陵荊州一帶。❻用事　發誓。❼前列　先鋒；打頭陣。❽無道　不講道理；胡作非為。❾意者　考慮；料想。❿此　這樣做（指挖墳鞭屍）。⓫君舍君室　吳王住進楚宮。⓬妻楚王母　和楚昭王母親同居。⓭治處　治理國事之處。即都城。⓮中邦　處於中國中心地帶的諸侯國家。

【語譯】蔡昭公到南方朝見楚王，身上穿著一件很高貴的羔羊皮袍子，楚國的令尹囊瓦見了非常眼饞，要蔡昭公送給他，蔡昭公不答應。囊瓦把他拘留在南郢，過了三年才放他回國。蔡昭公離開楚郢都，到了水邊，便指著河水發誓說：「天下有哪一位諸侯肯興兵討伐楚國呢？我願意給他打先鋒。」這個消息傳到了楚國，便派囊瓦興兵攻打蔡國。蔡昭公聽說伍子胥在吳國很受重用，便派人請他救援蔡國。於是伍子胥便對吳王闔廬說：「蔡昭公穿著羔羊皮大衣去朝見楚王，囊瓦向他索取皮大衣，昭公沒有答應，囊瓦便把昭公拘留了三年才放回國去。蔡昭公走到河邊指水為誓說：『天下有哪一位諸侯肯興兵伐楚呢？我願給他當先鋒。』楚國聽說了，又派囊瓦帶兵攻打蔡國。在楚和蔡的問題上，蔡國並沒有罪過，而楚國卻是無法無天。您如果有稱霸於中國的打算，我想現在正是一個絕好的時機。」於是吳王闔廬便派伍子胥帶兵伐楚救蔡。當時楚平王早就死了，伍子胥便帶著六千將士挖開平王的墳墓，憤怒地鞭打著平王的屍體，說：「從前我父親無罪，你卻殘暴地將他殺了，我現在就用鞭屍來報復你。」吳國君臣也都肆意對楚進行報復，吳王闔廬住進了楚國的王宮，吳國的大夫也都住進了楚國大夫的家裡，甚至於姦占了楚昭王的母親。囊瓦是什麼人呢？他是楚國的令尹。郢都是什麼地方呢？它是楚王管理國政的都城。為什麼把吳國軍隊稱為吳人呢？吳國是落後民族的國家，它居然出面援救中原的蔡國。稱它為吳人是表明對它的輕視。

越王句踐欲伐吳王闔廬，范蠡諫曰：「不可！臣聞之：天貴持盈❶，持盈者，言不失陰陽日月星辰之綱紀❷。地貴定傾❸，定傾者，言地之長生❹，丘陵平均，無不得宜。故曰地貴定傾。人貴節事❺，節事者，言王者以下，公卿大夫當調陰陽❻，和順天下。事來應之❼，物來知之。天下莫不盡其忠信❽，從其政教❾，謂之節事。節事者，至事❿之要也。天道盈而不溢⓫，盛而不驕⓬者，言天生萬物，以養天下。蠉飛⓭蠕動⓮，各得其性⓯。春生、夏長、秋收、冬藏⓰，不失其常。故曰：天道盈而不溢，盛而不驕者也。地道施而不德⓱，勞而不矜其功者也，言地生長五穀，持養⓲萬物，功盈德溥⓳，是所施而不德，勞而不矜其功者矣。言天地之施大，而不有功者也。人道不逆四時⓴者，言王者以下至於庶人，皆當和㉑陰陽四時之變，順之者有福，逆之者有殃，故曰人道不逆四時之謂也。因惛㉒視動者，言存亡吉凶之應㉓，善惡之敘㉔，必有漸㉕也。天道未作㉖，不先為客㉗者。范蠡值吳遵伍子胥教化，天下從之，未有死亡之失。故以天道未作，不先為客。言客者去其國，入人國。地兆㉘未發，不先動眾，言王者以下，至於庶人，非暮春中夏㉙之時，不可以種五穀，興土利㉚，國家不見死亡之失㉛，不可伐也。故地兆未發，不先動眾。此之謂也。」

【章　旨】本章記述范蠡勸阻越王句踐伐吳的重要言論：「天貴持盈」、「地貴定傾」、「人貴節事」。主張審時度勢，謀定而後發，反對輕舉妄動，可看作治國的金玉之論。這段文章和吳國的關係不大，可能是從別處抄來的。

【注　釋】❶持盈　保持不使盈滿。❷綱紀　正常的秩序和規律。❸定傾　防止傾覆，保持安定。❹長生　所生所長的事物。❺節事　碰到事情能處理得有節制。❻調陰陽　協調控制陰陽消長的關係。❼應之　應付處理。❽忠信　忠誠信任。❾政教　刑賞教化。❿至事　重大事件。⓫盈而不溢　雖然充滿但不外溢。⓬盛而不驕　興旺而不驕傲。⓭蝖飛　繞著小圈飛動（指甲蟲）。⓮蠕動　一伸一縮地爬行（指菜上小青蟲）。⓯得其性　表現出天性。⓰秋收冬藏　作物在秋天成熟後進行收穫，在冬天加以儲藏。⓱施而不德　施恩於萬物而不自居恩德。⓲持養　用以養育。⓳功盈德溥　功德深厚而廣大。⓴不逆四時　不違背萬物在春夏秋冬的生長規律。㉑和　順應。㉒惛　靜默。此指神智冷靜。㉓應　回應；回報。㉔敘　端緒。㉕漸　逐步發展的過程。㉖未作　尚未表現某種跡象。㉗為客　指進入別的國家。㉘地兆　土地發生變化的徵兆。㉙暮春中夏　陰曆三月為暮春，五月為中夏。㉚興土利　指翻挖耕犁之類農活。㉛死亡之失　指發生饑荒、瘟疫或大規模戰爭。

【語　譯】越王句踐想去征伐吳王闔廬，范蠡勸阻他說：「不行啊！我聽人說：天的可貴之處在於它永遠保持著盈而不溢的狀態。所謂保持著盈而不溢的狀態，是指陰陽消長不失常態，日月星辰按正常軌道運轉。大地的可貴之處在於它保持安定、防止傾覆。所謂保持安定、防止傾覆，是說地上生長的一切物產，不管是丘陵平原，沒有不合乎地理條件的。所以說大地的可貴，在於保持安定、防止傾覆。人之可貴在於遇事有節制。所謂遇事有節制，是說君王屬下的公卿大夫，都應該協調陰陽消長的關係，順應天下，事情發生能正確處理，事物出現能正確認識，天下的人沒有誰會不真心對待他，沒有誰會不願接受他的管理和教育，這就叫遇事有節制。有節制是處理任何事物最緊要的手段。上天的規律是充盈而不外溢，興旺而不驕傲自滿，這是說上天生育了萬物，養育了天下的人，它讓小甲蟲轉著圈兒飛翔，讓小青蟲一伸一縮地爬行，一切都任由牠們的天性。讓作物春天孳生，夏天成長，秋天成熟，冬天收藏，保持著固定的生殖繁衍的規律。所以說：上天的規律是充盈而不外溢，興旺而不驕傲。而大地的法則是施恩而不自居恩德，辛勞而不炫耀它的功勳。這是說大地生長著五穀，養育著萬物，它的功德真是深厚而又廣博。這就是施恩而不居恩德，費盡辛勞而不炫耀功勳。上面所說的就是天地施與萬物恩澤廣大而不自居功的情形。所謂人的行為不應違反四時，是說從君王到普通百姓都應該順應陰陽消長、四季寒暑的變化從事生產和生活，順應自然規律就能得到幸福，違反自然規律必然招致禍殃。這就是人的行為不應違反陰陽四時的道理。觀察事物的動靜變化頭腦應該冷靜，就是說事情的吉凶的回應，善惡的變化的端緒，都有一個發展的過程。上天的意旨還沒有顯現出來，就不要急著跑到外國去找別人的麻煩。范蠡眼見吳國正在遵從伍子胥的教化，天下諸侯都聽從吳國的指揮，吳國內部又沒有發生瘟疫饑荒之類的災禍。所以在上天沒有顯示吳將亡國的徵兆，不應先跑到吳國去征伐。是說進入別的國家，就是侵犯他人的國家。所謂土地變化的徵兆沒有顯示，不要調動大量人員，是說上自王者，下至普通百姓，不到暮春三月或仲夏五月，不要種植五穀，從事翻挖耕犁之類的農活。別的國家沒有發生饑荒瘟疫，不可派兵征伐。所以土地沒有變化的徵兆，不要調動大量人力，就是這個道理。」

吳人敗於就李❶，吳之戰地，敗者，言越之伐吳，未戰吳闔廬卒，敗而去也。卒者，闔廬死也。天子稱崩❷，諸侯稱薨❸，大夫稱卒，士稱不祿❹。闔廬，諸侯也。不稱薨而稱卒，何也？當此之時，上無明天子，下無賢方伯❺，諸侯力政❻，彊者為君❼，南夷與北狄交爭❽，中國不絕如線❾矣。臣弒❿君，子弒父，天下莫能禁止。於是孔子作《春秋》，方據魯以王⓫，故諸侯死皆稱卒，不稱薨，避魯之謚⓬也。

【章　旨】本章敘述吳越就李之戰和吳王闔廬之死，並附帶說明闔閭死稱「卒」不稱「薨」的原因。

【注　釋】❶就李　即檇李。古越地名，在吳越交界處，今屬浙江嘉興。❷崩　天子死稱崩。說明是重大事件。❸薨　諸侯死稱薨。❹不祿　再也享用不了俸祿。❺方伯　一方諸侯的首領。❻力政　以武力相征伐。政，通「征」。❼為君　自稱為君王。❽交爭　交互爭擾。❾不絕如線　形勢危急，像一根馬上要斷的細線。❿弒　以下犯上，臣子殺害君父。⓫據魯以王　以魯國代替王室，將魯作為中國的中心來書寫歷史。⓬謚　古代帝王、諸侯、大臣死後，大臣共同評議，給予適當名號。

【語　譯】吳國在就李吃了大敗仗。就李是吳越交戰的地方。所謂大敗仗，是指越國討伐吳國，兩國還沒正式交戰，吳王闔廬中了飛箭受傷而卒，吳軍也就不戰而敗，逃離了戰場。所謂「卒」，是指闔廬死了。按常禮，天子死了稱為崩，諸侯死了稱為薨，大夫死了稱為卒，士死了稱為不祿。吳王闔廬是一國諸侯，為什麼死後不稱為薨，而稱為卒呢？因為那個時候，朝廷沒有聖明的天子，地方上沒有賢德而能號令一方的諸侯，諸侯之間以武力互相征伐，實力強的就稱王稱霸，南方的蠻夷和北方的戎狄交互侵凌中國，中國雖沒被滅亡，但也危險得像將斷之線。臣子殺害君主，兒子殺害父親，天下到處都是，誰也不能禁止。於是孔子以魯代表王室寫作《春秋》，對諸侯的死一律稱卒而不稱薨，只對魯君逝世稱薨，以避免諸侯在逝世的說法上與魯君相混同。

晉公子重耳❶之時，天子微弱❷，諸侯力政。彊者為君，文公為所侵暴❸，失邦奔于翟❹，三月得反國政，敬賢法明❺，率諸侯朝天子，於是諸侯皆從，天子乃尊。此所謂晉公子重耳反國定天下。

齊公子小白，亦反齊國而匡天下者。齊大夫無知❻弒其君諸兒❼，其子二人出奔。公子糾❽奔魯，魯者，公子糾母之邦。小白奔莒❾，莒者，小白母之邦也。齊大臣鮑叔牙❿為報仇殺無知，故興師之魯，聘公子糾以為君，魯莊公⓫不與，莊公，魯君也，曰：「使齊以國事魯⓬，我與汝君，不以國事魯，我不與汝君。」於是鮑叔牙還師之莒，取小白立為齊君，小白反國，用管仲，九合諸侯，一匡天下，故為桓公，此之謂也。

【章旨】晉公子重耳和齊公子小白兩個故事連同後面堯、舜、禹、湯、文、武、周公的事跡理應屬於談論歷史的專篇。齊桓和晉文的事跡是作為越王句踐霸業的陪襯而寫的。

【注釋】❶重耳　即晉文公。曾流落翟、齊、楚、秦等國十九年，回國後重用狐偃、趙衰等賢臣，改革政治，增強戰備，平定周室王子帶之亂，迎周襄王復位，大敗楚軍，是春秋中著名霸主之一。❷微弱　勢微力弱，無力號令天下。❸侵暴　侵凌虐待。❹翟　隗姓之國。為北狄之一部分，後為晉所滅。❺敬賢法明　尊敬賢臣，修明法令。❻無知　齊釐公同母弟夷仲年之子。❼諸兒　即齊襄公。荒淫無度，怠於國政，私其妹魯桓公夫人而暗殺魯桓公，後被無知所殺。❽公子糾　齊襄公之子。齊亂而出奔於魯，亂定回國與桓公爭位，失敗被害。❾莒　古國名。周武王封少昊之後於莒，位在今城陽莒縣，春秋時滅於楚。❿鮑叔牙　齊大夫。少與管仲為友，管仲曾為公子糾謀士，公子糾失敗後，鮑叔牙推薦管仲輔佐齊桓公。⓫魯莊公　魯桓公之子。名同，在位二十三年。⓬以國事魯　將自己的國家服從魯國。

【語譯】晉公子重耳的時候，天子的勢力非常弱小，諸侯間以武力互相征伐，勢力強的諸侯稱王稱霸，重耳遭到國內敵對勢力的迫害，從晉國逃到翟國，後來回到晉國主持國政才幾個月，便尊敬賢人，修明法令，率領諸侯朝見天子，各國諸侯都聽從他，天子的地位才得到尊重。這就是人們所常說的，流亡的晉公子重耳，回到晉國就平定了天下。

齊公子小白也是個一回到齊國就匡正了天下的人物。齊國的大夫無知殺死齊君諸兒，諸兒的兩個兒子逃到國外，公子糾逃到魯國，因魯國是他的外婆家；公子小白逃到莒國，莒國是小白的外婆家。齊國的大臣鮑叔牙殺了逆臣無知，為齊襄公報了仇，便派軍隊到魯國，請公子糾回齊做國君，魯莊公不放人，他仗著自己是魯國國君，開大口提條件說：「如果齊國答應一切服從魯國，我就把國君還給你們，不答應一切聽從魯國，我就不把國君還給你們。」鮑叔牙覺得這樣提條件簡直不通人情，便把軍隊帶到莒國，把公子小白立為齊君，小白回到齊國，重用管仲，多次集合諸侯團結在周天子旗幟之下，一下就把天下從四周異族的侵略下解脫出來。所以人們稱桓公回到齊國就匡正了天下，說的就是這個事情。

堯❶有不慈❷之名，堯太子丹朱❸倨驕❹，懷禽獸之心。堯知不可用，退丹朱而以天下傳舜❺。此之謂堯有不慈之名。

舜有不孝之行，舜親父假母❻，母常殺舜❼，舜去耕歷山❽，三年大熟，身自外養，父母皆飢。舜父頑❾、母嚚❿、兄狂、弟傲，舜求為變心易志⓫。舜為瞽瞍子也，瞽瞍欲殺舜，未嘗可得，呼而使之，未嘗不在側。此舜有不孝之行。

舜用其仇而王天下⓬者，言舜父瞽瞍，用其後妻，常欲殺舜，舜不為⑬失孝行，天下稱之⑭，堯聞其賢，遂以天下傳之。此為王天下。仇者舜後母也。

桓公召其賊⑮而霸諸侯者。管仲⑯臣於桓公兄公子糾，糾與桓爭國⑰，管仲張弓射桓公，中其帶鉤⑱，桓公受之，赦其大罪，立為齊相，天下莫不向服慕義⑲。是謂召其賊霸諸侯也。

【章旨】本章雜敘堯負不慈之名而以天下傳舜，舜負不孝之名而接受堯所傳之天下，齊桓公重用曾要殺害他的管仲而稱霸於天下三個著名故事。說明聖君與霸主不管世俗流言，不計個人恩怨的寬廣胸懷。

【注釋】❶堯　古帝名。名放勛，史稱唐堯。因起家於陶唐部落，故稱陶唐氏。建都平陽（山西臨汾），命羲和管天文，派鯀禹治水，推薦虞舜為繼承人，史稱其仁如天，智如神，是中國古代聖君的典範。❷不慈　不慈愛。指不把天下傳給兒子。❸丹朱　堯之子。性狠傲，有智辯，喜漫遊，堯因他不堪造就，遂傳位於舜。❹倨驕　驕傲無禮。❺舜　古帝名。姚姓，名重華，稱虞舜。舜承堯位，剪除四凶，使禹治洪水，契管人民，益掌山澤，皋陶作士，後傳位於禹。❻親父假母　據傳舜父名瞽瞍，母名握登，握登早卒，瞽瞍復娶壬女。❼母常殺舜　應作「母常欲殺舜」。❽歷山　在山東省歷城縣西。❾頑　頑固不接受意見。❿嚚　惡聲惡氣，言不忠信。⓫求為變心易志　力圖使父母兄弟改變個性，去掉要害他的壞心眼。⓬王天下　為天下的君王。⓭不為不因此。⑭稱之　贊美他。⑮其賊　謀害他的人（指管仲）。⑯管仲　春秋政治家。名夷吾，潁上（在今安徽省）人，先助公子糾與公子小白爭位，失敗後，鮑叔牙推薦他輔佐齊桓公（即小白），被任為上卿，執政四十餘年。他改革制度，發展生產，鞏固國防，推行尊王攘夷政策，九合諸侯，共尊周室，合力征討侵略中原的少數民族，使齊桓公成為春秋第一個霸主。⑰爭國　爭奪齊國的統治大權。⑱帶鉤　衣帶上之金屬鉤。⑲向服慕義　嚮往而折服羨慕他的義舉。

【語　譯】唐堯曾蒙受不慈愛兒子的惡名。堯的太子丹朱，驕傲自大，懷著像禽獸一樣的心，堯知道他不是做繼承人的材料，於是不用丹朱而把天下傳給舜。這就是唐堯不慈愛兒子的名聲的由來。

虞舜也有不孝父母的名聲。虞舜家有親生父親和後母，後母常想殺舜，舜便離開家鄉到歷山去種田，一連三年，年年豐收，他乾脆在外自食其力，父母在家餓肚子。舜的父親生性頑固，後母在家惡聲惡氣，哥哥狂妄自大，弟弟傲慢無理，舜想方設法，力圖改善父母兄弟的個性，消除他們想要謀害自己的壞心眼。他是瞽瞍的兒子，瞽瞍多次想殺舜，從來不曾得手，但喊他去做事情，卻從來不曾離開左右。這就是舜有不孝之行的真相。

舜不和他的仇人計較而成為天下之王，是說舜的父親瞎眼而聽信他的後妻，常想謀殺舜，而舜並不因此就不孝順父母，天下的人都稱贊他，唐堯聽說他賢孝的名聲，便把天下傳給他。這就叫做不與仇人計較而稱王於天下。其中所說的仇人是指他的後母。

齊桓公召用曾經謀害他的人管仲而稱霸於諸侯。管仲曾經是齊桓公的哥哥公子糾的謀臣，公子糾和齊桓公爭立為齊侯，管仲張著弓射向齊桓公，剛好射中桓公的帶鉤。桓公登位後，赦免了管仲射他的罪過，並且還任命管仲為上卿，主持齊國的國政。天下的諸侯士大夫無不佩服齊桓公的度量，仰慕他的義行。這就是齊桓公召用謀害他的管仲而稱霸於諸侯的故事。

夏啟❶獻犧❷於益❸，啟者，禹之子，益與禹臣於舜，舜傳之禹。薦益而封之百里。禹崩啟立，曉知王事❹，達於君臣之義❺，益死之後，啟歲善犧牲❻以祠❼之，經曰：夏啟善犧於益，此之謂也。

【章　旨】本章通過夏啟每年隆重地用牛羊祭祀去世的老臣伯益，宣揚一種理想的君臣關係。

【注　釋】❶夏啟　夏禹之子，為禹和塗山氏所生。禹卒，遺命以益為王，而暗中為夏啟培植私人勢力，故天下諸侯不歸益而歸啟，啟立不久而益死，啟歲歲隆重祭祀伯益。但據野史記載，益繼禹登位後，啟發兵奪位，攻殺伯益，同姓有扈氏不服，啟復攻滅有扈。❷獻犧　用純黑或純白的牲畜進行祭祀表示隆重。❸益　又名伯益，本東夷首領，為嬴姓先祖。長於畜牧狩獵，舜時被任為虞，復助禹治水立功，為禹之主要助手。禹死，被立為繼位人，然諸侯歸心於啟，不久病死。野史以為伯益在奪權過程中被啟攻殺。❹王事　天子應做的事。❺達於君臣之義　通達君臣之間的正確關係。❻善犧牲　選用純色的牛羊。❼祠　祭祀。

【語　譯】夏啟用純色的牛羊對去世的老臣進行祭祀。夏啟是大禹的兒子，伯益和禹早年都是舜的大臣，舜把天子的職位傳給大禹，大禹推薦益做自己的繼承人而且給了他百里的封地。大禹死後，夏啟做了天子，非常明白做君王的職分，懂得怎樣正確處理君臣之間的關係。伯益死後，夏啟每年都用純色的牛羊去祭祀伯益。經書上說：夏啟用上等牛羊祭祀伯益，說的就是這件事情。

湯❶獻牛荊之伯❷，之伯者，荊州之君也。湯行仁義，敬鬼神，天下皆一心歸之❸，當是時，荊伯未從❹也。湯於是乃飾犧牛❺以事❻，荊伯乃媿然曰：「失事聖人禮。」乃委❼其誠心。此謂湯獻牛荊之伯也。

【章　旨】本章通過湯送犧牛給荊之伯的故事宣揚商湯的睦鄰友好政策。

【注　釋】❶湯　商朝的建立者。原名履、天一，子姓，滅夏後稱武湯或成湯。夏桀無道，湯重任伊尹，處心積慮地逐步剪除夏的羽翼，先後攻滅葛、顧、韋、昆吾等小國，然後發兵攻滅夏桀，建立商朝。為了鞏固內部，他採取了減輕賦稅、發展生產等措施。❷荊之伯　楚國的祖先。終商之世，楚是商堅固的盟國。❸歸之　歸順，表示友好。❹未從　沒有依從。❺飾犧牛　裝扮一條純毛色的牛。❻事　拉關係。❼委　交付出。

【語　譯】商湯送給荊國國君一隻純色的公牛。荊之伯是荊州的國君，商湯廣行仁義，恭敬地祭祀鬼神，天下的諸侯都誠心地歸順他，只有荊國國君還不肯依從。商湯就精心地裝飾一隻純色公牛送給他，荊國國君非常感動，慚愧地說：「本人真糊塗，沒有盡到侍候聖人的禮數。」於是誠心與商湯交好。這就是商湯用一條純色公牛而結好荊之伯的故事。

越王句踐反國六年，皆得士民之眾，而欲伐吳。於是乃使之維甲❶，維甲者，治甲系斷❷，修內矛❸赤雞稽繇❹者也。越人謂人鎩❺也。方舟❻

航買儀塵❼者，越人往如江❽也。治須慮❾者，越人謂船為須慮。亟怒紛紛❿者，怒貌也。怒至士擊高文⓫者，躍勇士⓬也。習之於夷，夷，海也。宿之於萊，萊，野也。致之於單，單者，堵⓭也。

【章　旨】本章寫越王句踐回國後，發動群眾，礪兵秣馬，準備伐吳的情況。本章明顯是從其他地方移到這裡的。

【注　釋】❶維甲　整修鎧甲。❷治甲系斷　修理連結鎧甲的腐爛的繩索。❸內矛　戈矛接口。❹稽繇　檢查是否堅實不動搖。❺鏦　刀刃很長的長矛。❻方舟　並排結在一起的兩條船。❼買儀塵　含義不明。❽如江　通到江邊。❾治須慮　修理船隻。❿亟怒紛紛　紛紛擾擾，又焦急又振奮。⓫士擊高文　戰士拍擊衡量高度的標誌。⓬躍勇士　訓練戰士跳躍的技能和膽勇。⓭堵　高牆。

【語　譯】越王句踐回國六年以後，得到了廣大士民的擁護，便策劃怎樣討伐吳國。於是命令大家修整鎧甲，修整鎧甲首先是連結腐朽斷爛的繩索，再就是修理戈矛接口檢查接得是否堅實而不動搖。越人把這工作叫「人鏦」。開著並排連結在一起的雙船買儀塵，就是越國人到江邊去修治船隻。越人把船叫須慮。一群人紛紛擾擾，又焦急又振奮，表現出振奮的樣子。戰士們奮力躍起拍擊著衡量高度的標誌，這是訓練戰士跳躍的技術和膽勇。戰士們的訓練都在夷進行，他們把海叫做「夷」。住宿在萊，他們把野外叫做「萊」。集中到單，他們把圍牆叫做「單」。

舜之時，鯀❶不從令。堯遭帝嚳❷之後亂，洪水滔天。堯使鯀治之，九年弗能治。堯七十年而得舜，舜明知人情，審❸於地形。知鯀不能治，數諫不去，堯殛❹之羽山❺。此之謂舜之時，鯀不從令也。

【章　旨】本章敘述鯀治水無功，被舜處治的故事。

【注　釋】❶鯀　禹的父親，姓姒，原居於崇，號崇伯。時洪水泛濫，四岳推薦他治水，他採用堵塞的方法，徒勞無功，被舜殺死於羽山。❷帝嚳　五帝之一。相傳為黃帝子玄囂的後代，居亳，號高辛氏。為人普施利物，聰明仁惠，在位七十年，生子摯、堯、稷、契，為商、周、漢各代君王的先祖。❸審　認識清楚精確。❹殛　殺死。❺羽山　位置疑莫能定。一說在東海，今江蘇贛榆。一說今連雲港。一說今山東蓬萊。

【語　譯】堯舜在位的時候，鯀不服從命令被殺死。堯遭遇到帝嚳以後的混亂局面。那時洪水滔天，民不聊生，堯便派鯀去治洪水，九年都沒有成功。堯七十歲時得到舜的輔佐，舜明察各人的個性和能力，熟悉各種地形地貌，知道鯀不能治平洪水，多次勸堯罷免鯀的職位，但鯀始終不肯放權，堯便把鯀殺死於羽山。這就是舜在位時鯀不聽從命令而被殺死的故事。

殷湯遭夏桀❶無道，殘賊❷天下。於是湯用伊尹❸，行至聖❹之心，見桀無道虐行❺，故伐夏放❻桀，而王道興躍❼，革亂補弊❽，移風易俗，改制作新❾。海內畢貢❿，天下承風⓫。湯以文聖⓬，此之謂也。

【章　旨】本章敘述商湯取代夏桀，並大力改革政治的種種措施。

【注　釋】❶夏桀　夏末代君主，著名暴君。名履葵。為政殘暴，生活荒淫，任意虐殺百姓，破壞生產，濫施征伐。商湯與伊尹合謀，先剪其羽翼，然後發兵討夏。桀敗於鳴條（商丘），出奔南巢（安徽省巢縣）而死。❷殘賊　殘害。❸伊尹　名摯。出身微賤，湯知其非常人，予以擢用。遂佐湯滅夏，綜理國事，被尊為阿衡。歷任湯、外丙、中壬、太甲四朝，太甲怠於政事，伊尹放之於桐（河南省虞縣），太甲改惡遷善，伊尹又將其迎歸復位，至沃丁時方死，年百餘歲。❹至聖　最為聖明。❺虐行　行為暴虐。❻放　放逐；流放。❼興躍　興旺活躍。❽革亂補弊　應為「革亂除弊」。革除暴亂與不良的弊端。❾改制作新　改革舊制度創立新法規。❿畢貢　全都來進貢。⓫承風　接受教化。⓬以文聖　以文治的力量而達到聖人的境界。

【語　譯】商湯正好碰上夏桀暴虐無道，摧殘毒害天下百姓。於是重用伊尹，以最高尚的道德原則行事，他眼見夏桀不顧道義，虐害天下人民，便興兵征伐夏國，流放夏桀，他征服夏朝以後，國家興旺活躍。他又進一步清除暴亂的政治，和不良的弊端，轉移不良風氣，改變落後的風俗，改革舊制度，推行新法規。於是海內的諸侯紛紛向商朝貢，普天之下都接受湯的教化。人們說：商湯以文治的力量而達到聖人的境界，就是指以上的事實。

文王❶以務爭❷者，紂❸為天下，殘賊奢佚❹，不顧邦政。文王百里，見紂無道，誅殺無刑❺，賞賜不當。文王以聖事紂❻，天下皆盡誠❼，知其賢聖，從之。此謂文王以務爭也。紂以惡刑爭❽，文王行至聖，以仁義爭❾，此之謂也。

【章　旨】本章記述文王以仁義爭天下。

【注　釋】❶文王　姬氏，名昌。西周王業的奠基者，曾受商封為西伯。禮賢下士，紂王忌之，囚之於羑里。以重賄獲釋。他積善愛民，不斷擴大勢力，剪除商的羽翼，攻滅黎、邘、崇等國，為兒子武王滅商打下基礎。廟號文王。舊傳曾演《周易》，窮探天人之理，可能曾對《易》作過某些研究而被後人加工渲染。❷以務爭　用實際行動爭取人心。❸紂　商末代君主。即帝辛，名受。重刑暴斂，黷武好戰，荒於酒色，濫施淫威，拒諫飾非，殘害宗室，終於陷入眾叛親離的絕境。晚年周武王聯合各部族反商勢力興兵伐紂，在牧野會戰中，商兵陣前反戈，紂王被迫登鹿臺自焚而死。❹殘賊奢佚　凶殘狠毒驕奢淫佚。❺無刑　無視刑律，不按規定。❻以聖事紂　以崇高品格侍奉紂王。❼盡誠　竭盡誠意。❽以惡刑爭　用惡刑強迫別人歸服。❾以仁義爭　用仁義的行為爭取人心。

【語　譯】周文王用實際行動爭取人心。商紂王統治著天下，他凶殘狠毒，驕奢淫佚，不顧國家大事。周文王只有百里的土地，他眼見商紂不行正道，無視刑律，亂殺大臣，賞賜親幸不講原則。便以自己崇高的品格盡心地侍奉紂王，竭誠盡意地對待天下諸侯。諸侯知道文王是崇高的聖賢，都樂意跟從他。這就是文王以實際行動爭取人心。商紂王以殘酷的刑法威脅天下服從他，周文王卻採取最高明的手法用仁義爭取人心，說的就是這件事情。

武王❶以禮信❷，文王死九年，天下八百諸侯皆一旦會於孟津❸之上，不言同辭❹，不呼自來，盡知武王忠信，欲從武王與之伐紂。當是時，比干❺、箕子❻、微子❼尚在，武王賢之，未敢伐也，還。諸侯歸二年，紂賊❽比干，囚箕子，微子去之。刳姙婦❾，殘朝涉❿，武王見賢臣已亡，乃朝天下，興師伐紂，殺之。武王未下車，封比干之墓⓫，發太倉之粟⓬，以贍⓭天下。封微子於宋⓮，此武王以禮信也。

【章旨】本章記述周武王以禮取信於諸侯的事跡。

【注釋】❶武王　姬發，西周建立者。周文王次子，即位次年，即打算興兵伐紂，大會諸侯於盟津，因見紂力量尚強，內部分裂還不顯著，便班師回國。兩年後，紂殺其叔比干，囚箕子，逼走庶兄微子。武王見時機成熟，再次率諸侯伐紂。紂軍戰場倒戈，紂兵敗自焚。武王乘勝滅商，建立周朝，定都鎬京（在今西安西南）。❷以禮信　以禮取信於諸侯。❸孟津　渡口名。又叫盟津、富平津。在河南省孟縣南。武王伐紂時與諸侯盟會於此。❹不言同辭　應為「千言同辭」之誤。❺比干　紂王之叔，官少師。紂淫虐無度，國勢危殆，比干以死諫之，紂惱羞成怒，將他殺死，還剖屍以驗其心。❻箕子　紂王之叔，官太師，博學多才，明於治亂，比干遇害後，佯狂為奴，被紂囚禁，周王伐紂後，釋其囚，諮以國政。事載《尚書・洪範》。❼微子　名啟。紂王庶兄，累諫紂王，但紂終不悔悟，遂憤而出走，周滅商後，封之於宋，為宋國始祖。❽賊　殺害。❾刳姙婦　剖開孕婦的肚子。❿殘朝涉　冬晨，紂見老人涉水，令人斷其足，察其所以異於常人者。⓫封比干之墓　在比干墳上加土，以表敬意。⓬發太倉之粟　發放國庫中的糧食。⓭贍　供養。⓮宋　河南省商丘縣南。

【語　譯】周武王以禮義取信於諸侯。周文王死後的第九年，天下八百個諸侯都在同一天會合在孟津這個渡口上。千言萬語都是同一個意思，沒有誰呼喚卻都自動集合在一塊，都認為周武王是位忠誠可靠的領袖，想跟隨他一同征伐紂王。在那時，比干、箕子、微子都還在殷商朝廷，武王知道他們很賢德，不敢討伐殷商，便下令退軍。諸侯退軍兩年以後，商紂殺害了比干，囚禁了箕子，微子氣得跑到了外地。紂王還剖開孕婦的肚子，砍斷早晨迎霜涉水的老漢的小腿。武王眼見殷商賢臣都不在位，便接受諸侯的朝見，興師征伐商紂，逼得他自焚而死。武王還沒等下車就先親自帶百官給比干上墳培土，打開國庫的糧食供應飢民，把微子封為宋公。這就是周武王以禮義取信於諸侯。

周公❶以盛德，武王封周公，使傅相❷成王❸。成王少，周公臣事之。當是之時，賞賜不加於無功，刑罰不加於無罪。天下家給人足❹，禾麥茂美。使人以時，說之以禮，上順天地，澤及夷狄❺。於是，管叔❻、蔡叔⑦不知周公而讒之成王。周公乃辭位，出巡狩⑧於邊。一年，天暴風雨，日夜不休，五穀不生，樹木盡偃⑨，成王大恐，乃發金縢⑩之櫃，察周公之冊，知周公乃有盛德，王乃夜迎周公，流涕而行。周公反國，天應⑪之福，五穀皆生，樹木皆起，天下皆實⑫，此周公之盛德也。

【章旨】本章記述周公盛德感天的故事。

【注釋】①周公　姬旦，文王第四子。西周初大政治家。因采邑在周（今陝西岐山縣），故稱周公。佐武王伐商，武王卒，受命攝理政事，輔佐成王。管叔、蔡叔及紂王子武庚勾結，散布流言中傷周公，舉兵叛周。周公親率大軍平叛，大封兄弟親族勳戚，建置新國七十餘以捍衛周室。推行井田制。歸政成王後，致力於制禮作樂，建立各項典章制度。其政治措施對後世影響很大。②傅相　輔佐。③成王　姬誦，周武王子。武王死時，其年尚幼，由周公旦攝理政事。親政後，繼續大封諸侯，加強宗法統治。委任周公規劃並完成各項典章制度，奠定了西周王朝的始基。④家給人足　家家富裕，人人豐足。⑤澤及夷狄　恩澤普及到四方的少數民族。古人稱東方異族為夷，北方異族為狄。四方之異族為夷狄。⑥管叔　姬鮮，武王弟。周初封於管（今河南鄭州），受命監視紂王之子武庚。武王死，周公攝政，管叔與蔡叔、武庚相勾結，散布周公將對成王不利，陰謀叛亂的流言。周公東征，他和武庚都被殺。⑦蔡叔　姬度，武王弟，受封於蔡（今河南上蔡）。受命與管叔共同監視武庚，因不滿周公權力過大，與管叔、武庚聯合發動叛亂，周公平叛後，將其放逐。成王親政後，復封其子姬胡於蔡。⑧巡狩　天子巡視檢查諸侯之政治狀況及人民生活情形。⑨偃　倒伏。⑩金縢　周王室收藏機密文件的櫃子。

《尚書》有〈金縢〉，記武王疾，周公禱於三王，願以身代，史納其祝策於金縢匱中。⓫天應　上天感應和回報。⓬實　充實；充滿。

【語　譯】周公以盛明的德行，因而周武王賜封周公，遺命派他輔佐成王。當時成王年少，但周公還是以臣子的禮節侍奉他。在周公的主持下，朝廷的賞賜絕不施於沒有功勳的人，國家的刑罰也不會落到無罪的人頭上。普天之下，家家都很富裕，人人豐衣足食，禾麥都長得很茂盛。天子派遣民工興修土木盡量不誤農時，對有意見的諸侯盡量用禮義進行說服，處理政事盡量順應天地鬼神的意志，恩澤廣泛流布到四方的異族。可是管叔姬鮮和蔡叔姬度卻不理解周公的苦心，反而到成王面前進讒言，周公於是辭去相位，到邊疆去巡視檢查工作。一年後，老天突然降下急風暴雨，日夜不息，五穀不結實，樹木吹倒在地。成王非常驚慌，於是打開了王室密封的文件櫃，翻閱有關文件，才知道周公是一位道德高尚的人。成王連夜同隨從去接回周公，痛哭流涕，日夜趕路。周公回國後，老天終於轉禍為福，五穀都蓬勃地結實，仆倒在地的樹木重新直立起來，天下都豐收，這都是老天對周公盛德的感應。

卷四

越絕計倪內經第五

【題解】〈計倪內經〉是寫計倪為越王句踐籌劃滅吳的一次帶有決策性的談話，對吳、越興亡具有相當深遠的影響。從某種意義上說，這場對話很有些類似後代著名的「隆中對」。這次談話的中心議題是足食足兵。孔子說：「足食，足兵，民信之矣。」在農業社會，這是一條顛撲不破的真理。因為糧食生產與國防建設永遠是關係國家命運的頭等問題。秦統一六國的主要依據就是世世代代能夠加強「農戰」。漢、唐、明等朝代的傾覆很大程度上是由於農業出現了危機。計倪對於糧食與戰爭的關係的說明，對於憂積蓄、備妖祥、省賦斂、勸農桑的富民政策的論述，對於守法度、任賢能、去空恭之禮、戒淫佚之行的治國理論的闡發，在言論上儘管非常樸素，非常平凡，但樸素平凡的真理往往比花花草草不切實際的誇誇其談管用得多。越國君臣就是以其切實可行的規劃和腳踏實地的工作贏得了對吳戰爭的勝利，建立了稱霸中國的功業。至於文中關於陰陽五行之類的迷信言論，這是古人的歷史局限，今人一眼就能明白，理應給以諒解。

昔者，越王句踐既得反國，欲陰❶圖吳，乃召計倪❷而問焉。曰：「吾欲伐吳，恐弗能取❸，山林幽冥❹，不知利害所在。西則迫❺江，東則薄❻海，水屬❼蒼天，下不知所止。交錯❽相過，波濤濬流❾，沉而復起，因復❿相還。浩浩⓫之水，朝夕⓬既有時，動作若驚駭，聲音若雷霆。波濤援⓭而起，船失不能救。未知命之所維⓮。念樓船⓯之苦，涕泣不可止。非不欲為也，時返⓰不知所在，謀不成而息⓱，恐為天下咎。以敵攻敵，未知勝負。大邦既已備，小邑既已保，五穀既已收，野無積庾⓲，廩⓳糧則不屬⓴，無所安取，恐津梁㉑之不通，勞軍紆吾糧道，吾聞先生明於時交㉒，察於道理，恐動而無功，故問其道。」

【章　旨】本章通過越王句踐向計倪徵求伐吳之計，生動地表現了他急於伐吳報仇而又害怕再度失敗的複雜心情。

【注釋】❶陰　暗中；暗地裡。❷計倪　相傳為春秋越葵丘濮上人。姓辛，字文子，是范蠡之師，曾為句踐謀劃亡吳之策。《史記》、《漢書》俱寫為「計然」。❸取　拿下來。❹幽冥　昏暗。❺迫　靠近。❻薄　連接。❼屬　連著。❽交錯　相互交合而又分開。❾濬流　潛在深處的暗流。❿因復　接連反覆。⓫浩浩　水勢很大。⓬朝夕　即潮汐。因太陽與月亮的引力作用，河海水面產生定時的漲落現象。晝漲稱潮，夜漲稱汐。⓭援　拉；引。⓮維　繫；連結。⓯樓船　分上下層的大船。⓰時返　應為「時運」之誤。好運道。⓱息　放棄。⓲積庾　露天的穀倉。⓳廩　糧倉。⓴屬　充足。㉑津梁　橋梁。㉒時交　應為「時變」之誤。時局的變化。

【語　譯】從前，越王句踐回國以後，就暗中策劃報復吳國，便召見計倪徵求破吳之計。問他說：「我想討伐吳國，但又耽心打不下來，就像走到幽深黑暗的山林裡，不知道怎樣才能避害趨利。越國西邊靠近錢塘江，東邊臨海，海水和蒼天連成一片，下不知有多深。紛亂的海流，時而交合，時而分流。水面的波濤時而沉向水中，深處的暗流時而湧出海面，接連地反覆不斷地循環。浩浩蕩蕩的海水，日潮和夜汐按時鋪天蓋地而來，奔騰的動作叫人驚心動魄，發出的聲音就像震天動地的雷霆。洶湧的波濤翻騰而起，海中的樓船轉眼消失，根本無法救援。我不知道該把生命連繫在哪裡才能得到保障。我想到越國的命運就像海中的樓船那樣不安全，就哭得涕淚如同泉湧，不可斷絕。我不是不想討伐吳國，但不知時運利不利於越國，如果因討吳失敗而導致亡國，恐怕會招來天下的責罵。以相差不多的力量去攻打敵人，不知誰勝誰負。敵人的大城都有了防備，小鎮都已設置了保衛，糧食五穀已經收割，野外沒有露天的糧倉，城中倉庫的糧食又不屬於我們所有，我們能從什麼地方弄到糧食呢？自帶糧食又怕橋梁道路不暢通，運糧道路迂迴曲折把士兵們弄得疲勞不堪。我聽說先生對於時運世道的變化了解得非常明白，對於天道物理研究得非常透徹，我害怕伐吳的行動勞而無功，所以向你請教克敵致勝之道。」

計倪對曰：「是固❶不可，興師者必先蓄積食、錢、布帛，不先蓄積，士卒數❷饑，饑則易傷。重遲❸不可戰，戰則耳目不聰明❹。耳不能聽，視不能見，什部❺不能使。退之不能解❻，進之不能行。饑饉❼不可以動，神氣去而萬里。伏弩而乳❽，郅頭❾而皇皇❿，彊弩⓫不彀⓬，發不能當⓭。旁軍見弱，走之⓮如犬逐羊。靡從部分⓯，伏地而死，前頓⓰後僵⓱。與人同時而戰，獨受天之殃⓲。未必天之罪也，亦在其將。王興師以年數，一日而亡，失邦無明⓳，筋骨為野⓴。」

【章旨】在本章中，計倪說明飢疲之卒不堪作戰，以此說明糧食生產的重要意義。

【注釋】❶固　肯定。❷數　屢次；經常。❸重遲　笨重遲緩。❹不聰明　聽覺和視覺不靈敏。❺什部　各種軍器。❻解　脫身。❼饑饉　飢餓。❽乳　柔弱無力。❾郅頭　抬頭。❿皇皇　惶惶不安。⓫彊弩　力量很強的弓弩。⓬彀　張弓。⓭當　射中目標。⓮走之　追趕。⓯靡從部分　跟不上主將的部署。⓰前頓　開始走走停停。⓱僵　倒地不能動。⓲天之殃　指死傷。⓳無明　一片黑暗。⓴筋骨為野　屍骨拋棄野外，指無人收屍。

【語　譯】計倪回答說：「像您說的那樣冒昧地伐吳當然不行。興兵打仗必須事先積蓄大量糧食、金錢、布匹，不先準備好，士兵們就會經常挨餓，餓著肚子最容易受傷。即使不受傷也會行動遲緩乏力不能作戰，打起仗來反應不靈敏，耳朵聽不清楚，眼睛視力模糊，使不動各種軍器。撤退時擺脫不了敵人，追擊時無法前進，餓著肚子士兵就動不了，精神氣力似乎離身萬里而去。防守的士兵伏在大弩邊上柔而無力，一抬頭心裡就惶惶不安，拉不滿力量強勁的弓弩，箭射出去也射不中目標。敵軍見你的部隊不堪一擊，便像獵犬驅羊一樣上來追擊。戰士跟不上將軍的部署，跑動時先是走走停停，終於仆地僵臥而死。和別人同在一個戰場作戰，卻一個人遭到老天降下的禍殃。未必是老天同你過不去，問題就在將軍的糧食供應不上。大王花了好些年準備伐吳，如果軍糧不足，恐怕一個早晨就把國家斷送了，一旦國亡，前途將是一片黑暗，屍骨拋棄在野外只怕收葬的人都不會有。」

越王曰：「善！請問其方❶，吾聞先生明於治歲❷，萬物盡長，欲聞其治術❸，可以為教常❹，子明以教我，寡人弗敢忘。」計倪對曰：「人之生無幾，必先憂積蓄，以備妖祥❺。凡人生或老、或弱❻；或彊、或怯❼。不早備生❽，不能相葬。王其審之。必先省賦斂❾，勸農桑，饑饉在問[10]，或水[11]或塘。因熟積儲，以備四方。師出無時，未知所當[12]，應變而動[13]，隨物常羊[14]，卒然[15]有師，彼日以弱，我日以彊。得世之和[16]，擅世之陽[17]，王無忽忘[18]，慎無如會稽之飢，不可再更[19]，王其審之。嘗言息貨，王不聽臣。故退而不言，處於吳楚越之間，以魚三邦之利[20]，乃知天下之易反[21]也。臣聞君自耕，夫人自織，此竭於庸力[22]，而不斷時與智[23]也，時斷則循[24]，智斷[25]則備，知此二者，形於體[26]，萬物之情[27]，短長順逆，可觀而已。臣聞炎帝[28]有天下，以傳黃帝[29]，黃帝於是上事天，下治地；故少昊[30]治西方，蚩尤[31]佐之，使主金[32]；玄冥[33]治北方，白辨[34]佐之，使主水[35]；太皞[36]治東方，袁何[37]佐之，使主木[38]；祝融[39]治南方，僕程[40]佐之，使主火[41]；后土[42]治中央，后稷[43]佐之，使主土[44]。並有五方，以為綱紀[45]，是以易地而輔[46]，萬物之常。王審用臣之議，大則可以王，小則可以霸，於何有[47]哉？」

【章　旨】句踐問治國之術，計倪提出發展生產，積儲備戰，加強對生產與政治局勢的觀察與分析判斷，適當分權，將地方事務託付可靠大臣管理等重要建議。

【注　釋】❶方　辦法。❷治歲　掌握管理作物的收成。❸治術　治理國家的手段。❹教常　時常遵守的教訓。❺妖祥　災禍。❻弱　年輕幼弱。❼怯　體弱。❽備生　備於在生之日。❾省賦斂　減輕老百姓的賦稅。❿問慰問餽贈。⓫水　指江河等流水。⓬所當　所對付的敵人的情況。⓭應變而動　對發生的變化採取相應的對策。⓮常羊　同「徜徉」。安閒地應付。⓯卒然　即猝然。⓰和　協調的關鍵。⓱擅世之陽　掌握世事的主動權。⓲忽忘　輕忽忘記。⓳再更　一再重複歷史錯誤。⓴魚三邦之利　從吳、楚、越三國的爭執中謀取利益。㉑易反　容易反覆。㉒庸力　平常的力氣。㉓斷時與智　根據時令和主觀智慧對事物進行思考判斷。㉔時斷則循據時令節氣對農事作判斷可以遵循舊有的規律。㉕智斷　用智慧對各種事件的發展作出判斷預測。㉖形於體運用於具體事件。㉗情　性情真偽；情況好壞。㉘炎帝　神話傳說中的人物。姜姓，又號神農氏、烈山氏。以火德王，故稱炎帝。相傳他發明原始的農業耕作技術，開始飼養家畜，用藥材治病。㉙黃帝　神話傳說中的人物。有熊氏部落首領。居軒轅之丘，故號軒轅氏。姬姓，後為炎黃部落聯盟的組織者。曾敗炎帝於坂泉，斬蚩尤於涿鹿。因以土德王，故稱黃帝。傳說他以風后為相，力牧為將，命大橈作甲子，容成造曆，羲和占日，常儀占月，伶倫造律呂，倉頡造文字。而且蠶桑、醫藥、舟車、宮室等重要發明也都始於此時。㉚少昊　一作少皞。東夷首領。號金天氏，以鳥為圖騰。活動於今山東半島一帶，相傳為商的始祖。㉛蚩尤　傳說中九黎部落酋長。黃帝臣，活動於今山東、河北、河南交界處，兄弟八十一人，銅頭鐵額，獸身人語，興兵作亂，黃帝與炎帝聯兵征之，大戰涿鹿之野，蚩尤作大霧，黃帝作指南車，將其擒殺。㉜主金　金表示刑殺和收穫，主金意味著主持刑殺和收穫。㉝玄冥　古代神話傳說中的雨師。掌管北方終年寒凍積冰雪雹霜霰的極寒之地。㉞白辦北方的水神，玄冥的助手。㉟主水　水保持平衡，又是冰霜雪之源，主水意味掌管平衡萬物降霜雪。㊱太皞亦作太昊。傳說中的古帝名，風姓。或以為即伏羲氏。為東夷部落首領，是夷人的祖先。相傳發明結網捕魚，活動於今黃、淮、濟之間。㊲袁何　木神，太皞助手。㊳主木　東方屬木，木主春天，春為萬物生殖季節，主木自然是掌管萬物的生長繁茂。㊴祝融　傳說為顓頊後裔。帝嚳時任火正，為火神，活動於今河南鄭州一帶，後南遷，為楚人先祖。㊵僕程　火神，祝融的助手。㊶主火　火為南方之神，又是夏天之神，具有焚燬萬物的威力，主火意味著掌握破壞之權。㊷后土　古稱土地神為后土。《禮記・月令》云：「中央土，其日戊己，其帝黃帝，其神后土。」㊸后稷　周的始祖，姜姓，名棄。姜嫄所生。嫄偶履大人足印，感而生子，以為不祥，曾棄之於野。自幼愛農藝，舜擢為農官，教民稼穡。後人以為稷神。㊹主土　土位四方之中央，是五行的中心，它是萬物生長的紮根處，主土也就是主持萬物的生長養育。㊺綱紀　重要法度。㊻輔　治理。㊼於何有　對此有什麼難處呢。

【語　譯】越王句踐說：「你談得真是太好了！請問解決的辦法，我聽說先生特別精於農作物的收成，對其他事物也很擅長，希望能聽先生談談治理的方法，我們把它作為常用的教材，請先生務必盡量講詳明一些，我一定牢記在心。」計倪回答說：「人的生命是有限度的，必須首先考慮到如何積蓄財物，以預防不測的災禍。人生無論年老年輕、強健衰弱，都可能因災禍而死亡。不預先在生時作好準備，死後人們就無法為你治喪。希望大王認真考慮這個道理。對當前的越國來說，首先必須減省賦稅，勸導百姓發展農桑的生產。如果發生饑荒就應加強慰問賑濟工作。為了防災，必須疏通水道，修好池塘。遇到豐年就要注意積儲糧食，以防四方有事。敵人來無定時，也不知他們情況怎樣，那就要隨機應變，採取靈活的對策，隨著情況的變化，從容不迫地加以對付。只要準備充分，敵人即使突然而來，也將使他們一天天垮下去，而我方則將一天天強大起來。只要協調關係掌握人和，自然可以控制事情發展的主動權。望大王遇事不要輕忽，小心不要再遇到當年會稽缺糧的情況，歷史的錯誤千萬不能重複，望大王慎重考慮。我曾經和大王談過財貨的增殖問題，大王沒有聽取我的意見，所以我一度離開會稽，不談政治，住在吳、楚、越三國交界的地方，準備從三國的爭執中謀取利益，我知道世上的事情是容易變化反覆的。我聽說大王親自耕田，夫人親自織布，我認為這只是竭盡氣力，而不懂得依照天時用智慧對生產和國事進行規劃，能按時令對生產進行指導則有規律可以遵循，能用智慧對國事進行謀劃則有備無患。懂得按時令從事生產、用智慧處理國事，對表現於萬物的情況，它的缺點或優點，助力或阻力，一眼就看清楚了。我聽說炎帝把天下傳給黃帝以後，黃帝對上小心祭祀老天，對下認真治理大地。他派少昊治理西方，讓蚩尤當助手，掌管刑殺和收穫；派玄冥治理北方，讓白辨當助手，掌管平衡大地，降霜下雪；派太皞治理東方，讓袁何當助手，掌管萬物的生長繁茂；派祝融治理南方，讓僕程當助手，掌管破壞焚燒之權；派后土治理中央，讓后稷當助手，掌管萬物的養育。讓十位大臣協助自己共同治理五方大地，這是黃帝的重要行政措施，這說明把土地分給賢臣，使其幫助國君加強管理，是萬物的常理。大王如果認真考慮我的意見，大則可以建立新的王朝，小也可以成為一方霸主，那會有什麼難處呢？」

越王曰：「請問其要❶。」計倪對曰：「太陰❷三歲處金❸則穰❹，三歲處水❺則毀❻，三歲處木❼則康❽，三歲處火❾則旱。故散❿有時積，糴⑪有時領⑫。則決萬物，不過三歲而發矣。以智論之⑬，以決斷之⑭，以道佐之。斷長續短⑮，一歲再倍⑯，其次一倍，其次而反。水則資車⑰，旱則資舟⑱，物之理也。天下六歲一穰⑲，六歲一康⑳，凡十二歲一饑，是以民相離㉑也。故聖人早知天地之反㉒，為之預備。故湯之時，比㉓七年旱而民不飢，禹之時，比九年水而民不流㉔。其主能通習源流㉕，以任賢使能，則轉轂㉖乎千里，外貨可來也，不習則百里之內不可致也。人主所求，其價十倍。其所擇者，則無價矣。夫人主利源流，非必身為之也。視民所不足及其有餘，為之命㉗以利之，而來㉘諸侯，守法度，任賢使能，償其成事㉙，傳其驗㉚而已。如此則邦富兵彊而不衰矣。群臣無空恭之禮㉛，淫佚之行㉜，務有於道術㉝。不習源流，又不任賢使能，諫者則誅，則邦貧兵弱刑繁，則群臣多空恭之禮，淫佚之行矣。夫諛者反有德，忠者反有刑，去刑就德㉞，人之情㉟也。邦貧兵弱致亂，雖有聖臣，亦不諫也，務在諛主而已。今夫萬民有明父母，亦如邦有明主，父母利源流，明其法術，以任賢子，徼㊱成其事而已，則家富而不衰矣。不能利源流，又不任賢子，賢子有諫者憎之，如此者，不習於道術也。愈信其意㊲而行其言㊳，後雖有敗，不自過㊴也。夫父子之為親也，非得不諫，諫而不聽，家貧致亂，雖有聖子亦不治㊵也，務在於諛之而已。父子不和，兄弟不調㊶，雖欲富也，必貧而日衰㊷。」

【章　旨】本章記計倪有關糧食生產豐歉循環的看法，以及任賢使能、流通商品的主張。

【注　釋】❶要　治理的要點。❷太陰　即太歲。木星。❸處金　在西方。❹穰　豐收。❺處水　在北方。❻毀　歉收。❼處木　在東方。❽康　大豐收。❾處火　在南方。❿散　分散的糧食。⓫糴　買進糧食。⓬領　應為「頒」之誤。分發。⓭以智論之　用有關的知識經驗進行論證。⓮以決斷之　用果決的態度作出決斷。⓯斷長續短　截取豐年的贏餘以補充荒年的不足。⓰再倍　翻兩番。⓱水則資車　應為「水則資舟」。水路運輸就憑藉船隻。⓲旱則資舟　應為「陸則資車」。⓳六歲一穰　每六年中有一個豐收年。⓴六歲一康　每六年中有一個大豐收年。㉑相離　互相離散。㉒天地之反　指豐年之後常有荒年。㉓比　接連。㉔不流　不流離失所。㉕通習源流　透徹了解物產的來源（產地）和走向。㉖轉轂　輾轉運輸。㉗為之命　作出指示。㉘來　招徠。㉙償其成事　對其成功給以報償。㉚傳其驗　介紹推廣他的經驗。㉛空恭之禮　貌似恭敬而無實效的禮儀。㉜淫佚之行　驕奢放縱的行為。㉝務有於道術　致力於掌握道理和方法。㉞去刑就德　逃避刑罰追求功德。㉟情　天性。㊱徼　要求。㊲信其意　對自己的想法深信不疑。㊳行其言　推行自己的主張。㊴不自過　不承認自己的過錯。㊵不治　不給以整頓。㊶不調　關係不協調。㊷日衰　日益衰敗。

【語　譯】越王句踐問道：「請問治理的要點。」計倪回答道：「木星處在金位的三年都是好年成，處在水位的三年都要受水災的破壞，處在木位的三年都是大豐收年，處在火位的三年都有旱災。在豐收年景糧食散在各處時，就應及時用低價儲積起來，到荒年就應及時把買進的糧食賣出去。可以斷定一切作物的價錢在三年的時間內就將有一次大的起落。應該用有關的知識和經驗對此進行預測，以果決的態度作出收購或銷售的決定，按物價的規律進行處理。截取豐年的餘糧以補荒年的不足，機會好時，一年就可得兩倍的利潤，差一點也可翻一倍，當然也可能無利可圖。在運輸上靠水就利用船舶，走旱路就用車子，這是事物的自然規律。世間的作物一般在第一個六年內有一次小豐收，第二個六年內有一次大豐收，每十二年有一次大饑荒，老百姓往往因饑荒而流離失所。聖人預先就知道天地常有反覆，事先就作好準備。所以商湯時發生了連續七年的旱災，但百姓還是沒有餓肚子，夏禹的時候發生了連續九年的水災，老百姓也不曾流離失所。國君如能夠掌握商品的來源、流通情況，放手任命賢能大臣去執行流通的政策，即使需要舟車輾轉運輸，千里以外的貨物照樣可以運來。不熟悉商品的流通情況，近在百里以內的財貨也來不了。諸侯本人是不宜上市場的，你要買東西，商人會把價錢提高十倍，你所選用的東西，價錢更會高得無法計算。君主要使商品源流通暢，並不要親身操作，你只要了解老百姓缺乏什麼，市場上多了些什麼，作出指示為商品流通提供有利條件。然後招徠各國的商人來做生意，你只要制定法度，任用賢能，對他們的成功給以適當報償，傳播他們的經驗就行了。能這樣做，自然就會國富兵強，長盛不衰了。在這種情況下，群臣就不會去做那些貌似恭敬而無實效的禮儀，也不會驕奢放縱，而去致力於治國安民的聖賢之道的探求。國君如果不了解商品的流通情況，又不信用賢能的大臣，還動輒對提意見的賢臣加以誅戮，勢必會弄得國貧兵弱，刑罰苛繁。群臣自然就會去做那貌似恭敬而無實效的禮儀，暗地裡卻驕奢淫佚。阿諛奉承的反得盡了好處，忠於國家的卻招來刑戮，逃避刑戮、追求好處本是一般的人情。即使國貧兵弱政治混亂，聖德的大臣也不會提出諫言，因為他所能做的只是盡量討好國君。老百姓家裡有賢明的父母，也就像國家有明君一樣。父母為開闢財源提供條件，指明暢通貨物源流的辦法，把任務交給賢明的兒子，只要求他把事情辦好而不問其他，那麼家庭就會長富不衰了。父母不給開闢財源提供條件，又不信任賢能的兒子，兒子提出不同意見就討厭他，這樣的父母就是不懂治家之道、致富之術的人。他們頑固地堅持自己的看法，執行自己的主張，雖然遭到慘重的失敗也不會承認自己的錯誤的。像父子這樣親密的關係，父親有了錯誤兒子不能提意見，提了意見也不起作用，弄得家庭貧困亂七八糟，即使有聖明的兒子也治不好這個家庭的，因為他只能盡量討好父母親。一個家庭父子不和睦、兄弟不團結，雖然大家都想發財致富，但結果只能一天天更加貧窮衰落。」

越王曰：「善！子何年少於物之長❶也？」計倪對曰：「人固不同。

惠種生聖❷，癡種生狂❸。桂實❹生桂，桐實生桐。先生者❺未必能知，後生者未必不能明。是故聖主置臣❻，不以少長。有道者進，無道者退。愚者日以退，聖者日以長。人主無私，賞者有功。」越王曰：「善！論事若是其審也。物有妖祥❼乎？」計倪對曰：「有。陰陽萬物，各有紀綱，日月星辰，刑德變為吉凶❽，金木水火土更勝❾，月朔更建❿，莫主其常⓫，順之有德，逆之有殃。是故聖人能明其刑而處其鄉⓬，從其德而避其衡⓭，凡舉百事，必順天地四時⓮，參⓯以陰陽，用之不審⓰，舉事有殃。人生不如臥之頃⓱也，欲變天地之常，數發無道，故貧而命不長。是聖人并苞⓲而陰行之，以感愚夫。眾人容容⓳，盡欲富貴，莫知其鄉。」

【章旨】計倪在本章中闡述了自己對國家用人制度的看法和對物之妖祥的態度。

【注釋】❶於物之長　對事物的看法眼光這麼深長。❷惠種生聖　聰明的父母生出聖明的子女。❸癡種生狂　呆傻的父母生出癡狂的子女。❹桂實　桂樹結的果實。❺先生者　年紀大的人。❻置臣　安排任用臣子。❼妖祥　怪異或祥瑞。❽刑德變為吉凶　殘酷的刑罰和祥和的德行都將使吉凶產生變化。❾金木水火土更勝五行交互相生相剋。如金剋木，木剋土，土剋水，水剋火，火剋金。❿月朔更建　月亮到陰曆月底完全消失，但到下月初又新生了。⓫莫主其常　沒有人能控制它長期不變。⓬處其鄉　處在有利的位置。⓭避其衡　避免與陰陽五行相衝突。⓮天地四時　天時地利和春夏秋冬的季節變化。⓯參　考慮。⓰不審　不慎。⓱臥之頃　指作夢時自由自在不受拘束。⓲并苞　兼包一切。⓳容容　同「庸庸」。

【語　譯】越王句踐說：「說得好！你這麼年輕，為什麼對事物會有這麼深刻的認識呢？」計倪回答說：「人和人之間本來就千差萬別。聰明的父母生出聖明的子女，癡呆的父母生出愚狂的子女。桂子生成桂樹，桐子生成桐樹。年紀大的人未必都能廣知世事，年紀輕的人未必都不明世情。所以聖明的國君安排職位不按年齡大小，有才德的提拔重用，沒才德的降職黜退。蠢人的職位天天下降，聖明的人地位天天提高。君主只要不存私心，獲獎的自然都是有功之臣。」越王句踐說：「說得真好！你談論問題居然這麼精闢。請問世界上真有妖異和祥瑞嗎？」計倪回答說：「有的。萬物無論屬陰屬陽，各有各的生存規律，日月星辰的活動和人君的刑賞德行緊密相連，酷刑必生凶兆，盛德必降吉祥，金木水火土交互相生相剋，月亮的朔望圓缺相互循環，誰也不能控制它長年不變。順自然而行的總會得到報償，逆自然而動的必然招致禍殃。所以聖君常公開刑賞使自己處在有利的位置，順從道德原則而避免與之衝突。無論處理任何大事，必定順應天時地利和四時氣候節令的規律，考察陰陽變化的影響。如果考慮欠周，隨意任情，必然招致禍殃。人生不像睡覺做夢那麼不受拘束，妄圖改變天地的常規，處事經常違背天道，必然終生貧困而且短命。聖人包容一切而默默奉行天地陰陽之道，用此以感動愚蠢的眾人。而眾人庸庸碌碌，卻偏偏希望追求富貴，但又找不到合於身分的位置。」

越王曰：「善！請問其方。」計倪對曰：「從寅至未，陽也❶。太陰在陽，歲德❷在陰，歲美❸在是。聖人動而應之❹，制其收發❺。常以太陰在陰而發，陰且盡❻之歲，亟賣六畜❼貨財，以益收五穀，以應陽之至也。陽且盡之歲，亟發糴❽以收田宅❾牛馬，積斂❿貨財，聚棺木，以應陰之至也。此皆十倍者也，其次五倍。夫有時而散，是故聖人反其刑⓫，順其衡⓬，收聚而不散。」

【章　旨】計倪論述怎樣依據歲星的位置預測年成的豐歉，進而確定對糧食採取收集或發散的措施。

【注　釋】❶從寅至未二句　太歲在寅、卯、辰、巳、午、未方位的年分，都屬陽。寅為東北方，卯、辰為東方，巳為東南方，午為南方，未為西南方。❷歲德　此處指干支的年分。❸歲美　好年成。❹動而應之　機動靈活地應付陰年與陽年的變化。❺制其收發　制定收積或發散糧食的規劃。❻陰且盡　陰年將盡，馬上轉為陽年。❼六畜　馬、牛、羊、雞、犬、豬。❽發糴　發散收買進來的糧食。❾田宅　農田住宅。❿積斂　積聚收買。⓫反其刑　不按常規行事。刑，正常的法則。⓬順其衡　指把橫在其中的事物加以理順。衡，指橫在事物之中的障礙。

【語　譯】越王句踐說道：「講得好極了！請問具體的辦法。」計倪回答說：「從太歲在東北到在西南的年分都屬於陽年。太歲處在陽年而天干地支又屬陰年的年分，一定是豐收的年景。聖人應採取靈活的行動以應付從陰歲到陽歲的變化，制定收積或發散糧食的規劃。通常是太陰在陰的年歲發散糧食，而在陰年將過完的時候趕緊出賣各種牲畜和貨物，大量收購糧食，以應付即將到來的陽年。在陽年將完的時候，趕忙把糧食散發出去，收買土地、房屋、牛馬，積蓄錢財貨物，購買棺木，以應付即將到來的陰年。這都是有十倍利潤的交易，差一點也不少於五倍。糧食應該讓它到一定時候才發散，所以聖人應該不按常規辦事，理順橫在交易中的矛盾，盡量收聚糧食而不任其流散。」

越王曰：「善！今歲比熟❶，尚有貧乞者，何也？」計倪對曰：「是故不等❷，猶同母之人，異父之子，動作不同術❸，貧富故不等。如此者❹積負於人❺，不能救其前後，志意侵下❻，作務日給❼，非有道術❽，又無上賜，貧乞故長久。」

【章　旨】本章記計倪向越王解釋某些人長期貧乞的原因。

【注　釋】❶比熟　接連豐收。❷是故不等　這是些不同一般的情況。❸動作不同術　各用不同的方式謀生。❹如此者　像這類貧乞的人。❺積負於人　積年欠下人的債務。❻侵下　消沉。❼日給　日拖一日。❽道術門路；辦法。

【語 譯】越王句踐道：「說得好極了！但今年接連豐收，怎麼還會有貧窮討飯的人呢？」計倪回答說：「這是些不同的情況。就好像同母異父所生的兒子，幾個人的謀生方式各不相同，自然會有的貧窮，有的富有。像這類貧窮的乞丐，長年累月欠下他人的債務，救了眼前也救不了日後。他們意志消沉，幹起活來一天拖一天，既沒有謀生的門路和手段，又沒有貴人給以救濟，所以只好長期貧窮討飯。」

越王曰：「善！大夫佚同若成❶，嘗與孤議於會稽石室❷，孤非其言也。今大夫言獨與孤比❸，請遂受教焉。」計倪曰：「糴石二十則傷農，九十則病末❹。農傷則草木不辟❺，末病則貨不出。故糴高不過八十，下不過三十。農末俱利矣。故古之治邦者，本之貨物❻，官市❼開而至。」越王曰：「善！」計倪乃傳其教而圖之❽，曰：「審金木水火，別陰陽之明，用此❾不患無功。」越王曰：「善！從今以來，傳之後世，以為教。」乃著其法❿，治牧江南⓫，七年而禽吳⓬也。

【章　旨】句踐接受計倪農商兩利的官市糧食價格政策，官市通過合理的糧價，既發展了農業生產，也活躍了市場經濟，奠定了戰勝吳國的經濟基礎。

【注　釋】❶佚同若成　無考。❷石室　山岩中隱祕之處。多用於藏身或祕談。❸比　意見相合。❹病末　損害商人利益。古人以士農工商為四民，商為四民之末。❺草木不辟　指喪失種田的積極性。❻本之貨物　農業生產的商品。古人以農業為國家的根本，商為末業。❼官市　由政府經營的商場。❽圖之　繪製成圖冊。❾用此　用這圖冊。❿著其法　確定使用這套辦法。⓫治牧江南　治理錢塘江以南一帶。⓬禽吳　戰勝捉住吳王君臣。

【語　譯】越王句踐說：「說得好！佚同和若成兩位大夫也曾和我在會稽石室討論問題，我很不同意他們的意見。只有你今天的議論和我的看法完全一致，請你進一步給以指教。」計倪回答說：「收購糧食每石二十就會損害農民的利益，每石九十就會使商人吃虧。農民受到損害，就沒有精耕細作的積極性，商人吃虧財貨就無法流通。所以收購糧食的最高價不應超過八十，最低價不應低於三十，這樣農民和商人都有利可圖了。所以古代治國的人，官方的市場一開業，農產品就從四面八方蜂擁而至。」越王句踐說：「那真太妙了！」計倪於是把他的主張製成圖表，並對越王說：「你只要弄清楚金木水火土五行相生相剋的關係，將陰陽之間的相互轉化弄清楚，就可以放心用這些圖表，用不著耽心它們的功效。」越王句踐說：「我完全放心！從今日起，我讓它作為一種教材傳之於後世。」於是確定使用計倪的辦法，對錢塘江以南的廣大地區進行管理，經過七年的不懈努力，終於戰敗吳國，擒住了吳國君臣。

甲貨之戶❶曰粢❷，為上物❸，賈七十。乙貨之戶曰黍❹，為中物❺，石六十。丙貨之戶曰赤豆❻，為下物❼，石五十。丁貨之戶曰稻粟，令為上種❽，石四十。戊貨之戶曰麥，為中物，石三十。己貨之戶曰大豆，為下物，石二十。庚貨之戶曰穬❾，比蔬食❿，故無賈。辛貨之戶曰菓⓫，比蔬食，無賈。壬癸無貨。

【章　旨】本部分屬於附錄性質，可說是當時糧食作物的一個價目表。

【注　釋】❶甲貨之戶　甲貨的門類。❷粢　小米。❸上物　上等糧。❹黍　玉米。❺中物　上中等糧。❻赤豆　小豆。❼下物　上等偏下的糧食。❽令為上種　應是「另為上種」之誤。意為另一等第的上等糧食。❾穬　大麥的一種。❿比蔬食　價錢同於蔬菜。⓫菓　水果。

【語　譯】屬於甲貨這類的是小米，是上上等貨，每石值七十。屬於乙貨類的是玉米，是上中等貨，每石值六十。屬於丙貨這類的是小豆，是上等中較差的貨，每石值五十。屬於丁貨這類的是稻粟，是中上等貨，每石值四十。屬於戊貨這類的是小麥，是中等貨，每石值三十。屬於己貨這類的是大豆，為中下等貨，每石值二十。屬於庚貨的是大麥，同於蔬菜，沒有定價。屬於辛貨的是水果，同於蔬菜，也沒有定價。沒有哪一種作物是屬於壬癸兩類的。

卷五

越絕請糴內傳第六

【題解】越王句踐敗於會稽以後，被吳王夫差叫去當了幾年馬伕，吳王夫差成天支使他在車前馬後團團轉，身為一國諸侯受到這種屈辱，可說是曠古未有。這不僅激怒了句踐本人，也激怒了越國臣民，報仇雪恥成了越人舉國上下共同的意志。可是驕橫淺薄的吳王夫差卻全然不覺，句踐那副低眉順眼的模樣叫他開心極了，他給自己樹立了一伙死對頭還揚揚得意。

句踐回國後就和大臣商量怎樣富國強兵，復仇雪恥。當時妨礙越國復仇的最危險的敵人就是吳國的老臣伍子胥，他不但對吳國無限忠心，而且有著超人的智慧，特別叫人害怕的是，他本人就是一個復仇之神。對越國君臣的復仇心願他洞若觀火，他們的一切行為都逃不過他的銳利的眼睛。所以，不除掉伍子胥，越國的復仇就沒有希望。「請糴」就是越國君臣為了挑撥離間吳王夫差和伍子胥之間的關係所精心設計的一幕政治劇。由於句踐卑身重禮、甘言媚詞滿足了吳王夫差的虛榮心，加上被越國收買的太宰伯嚭的慫恿，夫差果然答應了句踐請糴的要求。伍子胥為了維護吳國的利益，與吳王夫差發生了爭論，伯嚭、逢同在夫差面前挑撥是非，使吳王夫差和伍子胥的嫌隙日益加深。由請糴事件開端，越國君臣，借伯嚭和吳王夫差之手終於除掉了伍子胥，掃清了復仇道上最大的障礙。

昔者，越王句踐與吳王夫差戰，大敗。保棲❶於會稽山❷上，乃使大夫種求行成❸於吳，吳許之。越王去會稽，入官❹於吳。三年，吳王歸之。大夫種始謀曰：「昔者吳王夫差不顧義❺而媿❻吾王。種觀夫吳甚富而財有餘，其刑繁法逆❼，民習於戰守，莫不知也。其大臣好相傷❽，莫能信也。其德衰而民好負善❾，且夫吳王又喜安佚❿而不聽諫。細誣⓫而寡智，信讒諛⓬而遠士，數傷人而亟亡之，少明而不信人，希⓭須臾之名⓮而不顧後患，君王盍⓯少求卜⓰焉。」越王曰：「善！卜之道何若⓱？」大夫種對曰：「君王卑身重禮⓲，以素忠⓳為信，以請糴⓴於吳，天若棄之，吳必許諾。」於是乃卑身重禮，以素忠為信，以請於吳。

【章　旨】本章記越大夫文種向句踐分析吳國存在的各種問題，建議用「請糴」的辦法進一步離間吳國君臣之間的關係，句踐接受了這個建議。

【注　釋】❶保棲　保衛駐守。❷會稽山　在浙江紹興東南。❸行成　求和。❹入官　指服役。此係為保全顏面而託言「入官」。❺顧義　照顧禮義。❻媿　羞辱。❼法逆　法令混亂反常。❽相傷　不團結，互相中傷。❾負善　辜負別人對他的善意。❿安佚　即安逸。⓫細誣　以瑣屑小事加害無辜。⓬讒諛　挑撥離間和阿諛奉承。⓭希　貪圖。⓮須臾之名　轉眼消失的虛名。⓯盍　何不。⓰卜　探測。⓱何若　即何如。⓲卑身重禮　低聲下氣，送上豐厚的禮物。⓳素忠　偽裝純潔忠誠。⓴請糴　請求購買糧食。

【語　譯】從前，越王句踐和吳王夫差交戰，被打得大敗，退守在會稽山上，便派大夫文種去吳國求和，吳國答應了。越王句踐離開會稽山到吳國去服役，三年以後，吳王夫差把他放回越國。大夫文種向句踐獻計說：「從前吳王夫差不顧禮義地羞辱了您。據我觀察，雖然吳國很富裕，財貨非常充足，但刑罰很苛繁，法制很混亂，老百姓都經過反覆的作戰訓練，沒有不知道怎樣作戰、怎樣防守的。但吳國的大臣之間很不團結，常常互相中傷，彼此缺乏信任。它的社會風氣不好，老百姓德行衰薄，常常辜負別人的好意。吳王夫差更是貪圖安逸，不接受臣下的意見，常以瑣屑的小事加害無辜。而人又很不高明，相信那些阿諛奉承、挑撥離間的小人而疏遠賢明的士大夫，動不動就傷害別人而又很快遺忘，缺乏知人之明而且不相信別人。希圖轉眼間就將消失的虛名，而不考慮長遠的後患。您何不稍稍去試探試探他一下。」越王句踐說：「好啊！但我們用什麼辦法去試探呢？」大夫文種回答說：「君王就裝成低聲下氣，獻上豐厚的禮物，做出純潔忠誠的樣子，請求向吳國購買糧食。上天如果不保佑他們，吳國就一定會答應。」越王句踐果然低聲下氣地獻上豐厚的禮物，做出忠誠純潔的樣子，請求吳王把糧食賣給越國。

將與，申胥進諫曰：「不可！夫王與越也，接地鄰境❶，道徑❷通達，仇讎敵戰❸之邦。三江❹環之，其民無所移，非吳有越，越必有吳。且夫君王兼利而弗取❺，輸之粟與財，財去而凶來。凶來而民怨其上，是養寇❻而貧邦家也。與之不為德，不若止。且越王有智臣曰范蠡，勇而善謀，將修士卒❼，飾戰具❽，以伺吾間❾也。胥聞之，夫越王之謀，非有忠素請糴也。將以此試我，以此卜要❿君王，以求益親，安君王之志，我君王不知省⓫也而救之，是越之福也。」吳王曰：「我卑服⓬越，有其社稷，句踐既服為臣，為我駕舍⓭，卻行馬前⓮，諸侯莫不聞知。今以越之饑，吾與之食，我知句踐必不敢⓯。」

申胥曰：「越無罪，吾君王急之⓰，不遂絕其命⓱，又聽其言，此天之所反⑱也。忠諫者逆⑲，而諛諫者反親⑳。今狐雉之戲㉑也，狐體卑㉒而雉懼之。夫獸蟲㉓尚以詐相就㉔，而況於人乎？」

吳王曰：「越王句踐有急，而寡人與之㉕，其德章而未靡㉖，句踐其敢與諸侯反我乎？」

申胥曰：「臣聞：聖人有急，則不羞為人臣僕㉗，而志氣見人㉘。今越王為吾浦伏約辭㉙，服為臣下，其執禮㉚過，吾君不知省也，而已故勝威㉛之。臣聞狼子野心㉜，仇讎之人不可親也。夫鼠忘壁，壁不忘鼠㉝，今越人不忘吳矣。胥聞之：拂勝㉞則社稷固，諛勝則社稷危。胥先王之老臣，不忠不信，則不得為先王之老臣。君王胡不覽觀㉟夫武王之伐紂也。今不出數年，鹿豕遊於姑胥之臺㊱矣。」

太宰嚭從旁對曰：「武王非紂臣耶？率諸侯以殺其君，雖勝可謂義乎？」

申胥曰：「武王則已成名矣。」

太宰嚭曰：「親僇[37]主成名，弗忍行。」

申胥曰：「美惡相入[38]，或甚美以亡，或甚惡以昌，故在前世矣。嚭何惑[39]吾君王也？」

太宰嚭曰：「申胥為人臣也，辨其君何必翽翽[40]乎？」

申胥曰：「太宰嚭面諛[41]以求親，乘[42]吾君王，幣帛以求[43]，威諸侯以成富焉。今我以忠辨吾君王[44]，譬浴嬰兒，雖啼勿聽，彼將有厚利。嚭無乃[45]諛吾王之欲，而不顧後患乎？」

吳王曰：「嚭止！子無乃向[46]寡人之欲乎？此非忠臣之道也。」

太宰嚭曰：「臣聞春日將至，百草從時[47]，君王動大事，群臣竭力以佐謀[48]。」因遜遯[49]之舍。使人微告[50]申胥於吳王曰：「申胥進諫，外貌類親，中情[51]甚疏，類有外心。君王常親覩其言也，胥則無父子之親，君臣之施[52]矣。」

吳王曰：「夫申胥先王之忠臣，天下之健士[53]也，胥殆不然乎哉！

子毋以事相差54，毋以私相傷。以動寡人，此非子所能行也。」

太宰嚭對曰：「臣聞父子之親，張戶別居55，贈臣妾56馬牛，其志加親，若不與一錢，其志斯疏。父子之親猶然，而況於士乎？且有知不竭57是不忠，竭而顧難58是不勇，下而令上是無法59。」

吳王乃聽太宰嚭之言，果與粟。

【章　旨】本章敘述伍子胥從吳國的國家利益出發，反對將糧食賣給越國，伯嚭挑撥伍子胥與吳王夫差的關係，吳王夫差終於聽信伯嚭，將糧食賣給越國，並開始疏遠伍子胥。越國君臣離間夫差與伍子胥的陰謀取得了初步勝利。

【注　釋】❶接地鄰境　邊界相鄰，土地相接。❷道徑　大路叫道，小路稱徑。❸仇讎敵戰　互相仇視常以兵戎相見。❹三江　指松江、錢塘江、浦陽江。❺兼利而弗取　有多重的利益卻不奪取越國。❻養寇　養育放縱敵人。❼修士卒　訓練軍隊。❽飾戰具　修整武器。❾伺吾間　窺探我們的間隙。❿卜要　試探。⓫不知省　不覺悟。⓬卑服　令其自卑地臣服。⓭駕舍　駕馬車，掃房子。⓮卻行馬前　牽著馬倒退著走路。⓯不敢　不敢不服從。⓰急之　使越國處於危困的境地。⓱遂絕其命　藉機順手殺死他。⓲反　不容許。⓳逆　聽來逆耳。⓴反親　反更親近。㉑狐雉之戲　野狸和野雞一塊玩。㉒體卑　把身子伏下去。㉓蟲　一切生物的總稱。㉔以詐相就　用欺詐的手段相接近。㉕與之　幫助他。㉖章而未靡　印象非常顯明而不易消失。㉗臣僕　奴隸。㉘志

氣見人　理想和氣概，人們仍然可以看到。㉙浦伏約辭　俯伏著不敢抬頭，說話低聲下氣。㉚執禮　行禮。㉛勝威　以勝利者的態度威脅他。㉜狼子野心　家養的小狼，牠的心卻是野的。比喻仇敵的心無法感化。㉝壁不忘鼠　老鼠在牆上打了洞，牆總記著老鼠對它的損害。㉞拂勝　矯正錯誤的批評風氣占上風。㉟覽觀　考察。㊱姑胥之臺　姑蘇山上的亭臺。在蘇州西南，為吳王闔廬所建。㊲僇　殺害。㊳美惡相入　美和惡互相介入。㊴惑惑亂；迷亂。㊵齺齺　喋喋不休，使人厭煩。㊶面諛　當面討好。㊷乘　利用。㊸幣帛以求　以謀求財物。㊹辨吾君王　和君王談論國事的是非。㊺無乃　莫非；難道。㊻向　逢迎；迎合。㊼從時　跟隨時令。㊽佐謀　幫助獻計謀。㊾遜遯　告辭離開。㊿微告　暗中打小報告。51中情　內心深處的感情。52施　恩義。53健士　具有雄才大略的人。54相差　互相摩擦。55張戶別居　另立門戶不住在一塊。56臣妾　男女奴僕。57不竭　不徹底獻出。58顧難　考慮困難。59無法　無視禮法。

【語　譯】吳王正要答應把糧食賣給越國，伍子胥勸阻說：「那可不行啦！吳國和越國土地相接，邊界相鄰，道路相通，而且是兩個互相讎仇、常以兵戎相見的國家。錢塘江、松江、浦陽江環繞吳、越二國，生活在這裡的老百姓也不想搬到別的地方去，不是吳國兼併越國，就是越國吞併吳國。您曾經掌握著兼併的有利條件卻沒有把越國奪過來，反而把糧食和資財送給它，送去的是資財，而招來的卻是災禍。災禍來了老百姓就要埋怨您，這就叫收養仇寇而把國家弄窮啊！把東西送給他也不會感謝您的恩德，不如乾脆不給。況且越王有個智臣叫范蠡，勇敢而善於謀略，他將要訓練士卒，修整軍器，隨時窺伺著我們的情況。我聽說：請糴是越王的詭計，並不是真心誠意購買糧食。他們是打算透過這件事來試探我們，探測君王對越國的態度，以求更加親近您，以安定您的心，放鬆對他們的戒備。如果君王不加考察而去救濟他們，這將是越國的福分。」吳王夫差說：「我叫越國自卑地臣服於我，我曾占有過越國，句踐曾馴服地當過我的臣僕，給我駕馬車，掃房子，牽著馬匹倒退著走路，這是各國諸侯人人都知道的事情。現在越國正鬧饑荒，我給他糧食救荒，我知道句踐肯定不敢背叛我。」

伍子胥說：「當年越國並沒有罪過，是君王使它處於危困的境地，不順手加以滅亡，現在又聽信他們的甜言蜜語，這是老天爺所不容許的。我忠心勸您，您聽不進去，而人家用奉承的話迎合您，您卻感到很親切。當狐狸和野雞在一塊玩的時候，狐狸將身體伏下去時，野雞就非常警惕。鳥獸之間尚且用詐術互相接近，何況人和人之間呢？」

吳王夫差說：「越王句踐有困難時，我幫助了他，吳國的恩德彰明顯著，句踐難道還膽敢和諸侯反對我嗎？」

伍子胥說：「我聽人說，聖人遇到急難，就不恥於做別人的奴僕，但他的理想氣概人們還是可以看出來。現在越王句踐在我們面前彎腰俯伏，說話低聲下氣，馴服地自稱臣下，他所行的禮儀實在過於卑下，君王可能沒有注意觀察，卻常用勝利者的氣勢威脅他。我聽說：即使把小狼養在家裡，牠的心性總是野的。對有深仇大恨的人，是不能親近的。老鼠在牆上打了一個洞，牠根本沒把牆放在心上，但牆壁卻永遠不會忘記老鼠對它的傷害。越國君臣是不會忘記吳國對他們的傷害的。我聽說：批評錯誤的風氣占上風，國家政權就鞏固，阿諛奉承的風氣占了上風，國家就很危險。我是先王的老臣，如果對國事不忠誠，說話不負責任，就不夠格做先王的老臣。君王為什麼不考慮一下武王伐紂的教訓呢？像這樣放鬆對敵人的警惕，要不了多少年，野鹿和野豬就會把姑蘇臺當成遊樂場了。」

太宰伯嚭在旁邊插嘴說：「周武王不是商紂王的臣子嗎？他率領諸侯殺了自己的君主，仗固然打勝了，但他的行為稱得上仁義嗎？」

伍子胥說：「可是，周武王已經成了鼎鼎有名的大聖人。」

太宰伯嚭說：「親自殺死君主以成名，我是不忍心這麼做的。」

伍子胥說：「美好和醜惡總是互相介入的。有的非常美好的東西卻遭到毀滅，有的很醜惡的東西卻非常繁榮昌盛。武王和紂的事情已經過去幾百年了，伯嚭為什麼還要用他們來誘惑我們君王呢？」

太宰伯嚭說：「伍子胥，你是一位大臣，和君王談論問題，怎麼這樣喋喋不休呢？」

伍子胥說：「太宰伯嚭，你當面奉承以求親近君王，利用君王的信任以貪求財物，甚至威脅各國諸侯，不擇手段追求發財。現在我以忠誠的態度勸諫君王，就像給嬰兒洗澡，即使他哭鬧也不能聽從他，因為這是對他很有好處的。伯嚭你難道為了迎合君王的嗜好，連國家的後患都不考慮嗎？」

吳王夫差說：「伯嚭，你不要說了！你難道真要迎合我的嗜好嗎？這可不是忠臣的行為。」

伯嚭說：「我聽說春天來的時候，百草應時生長，君王將興辦大事，群臣都竭力幫助出謀劃策。」於是辭謝吳王回到家裡。過後他又派人暗中對吳王夫差說：「伍子胥向您進諫，從外表看似乎很關心您，內心卻很疏遠，似乎有一種不滿於吳國的情緒。君王經常親身看到他的一些言行，他簡直就沒有那種父子的親情，和君臣之間的恩義。」

吳王夫差說：「伍子胥可是先王的忠臣，普天下最富於雄才大略的人，他大概不會像你所說的那樣吧！你不要因某些事互相摩擦，不要因為個人的成見就互相傷害呀。你想打動我，那是辦不到的。」

太宰伯嚭回答說：「我聽說，即使父子這樣的親密關係，分開另立門戶以後，你如果常常送他一些奴僕牛馬，他就會更加親近你，你若一個小錢也不給他，他對你的感情也就會越來越冷淡了。父子的關係尚且是這樣，何況是臣子呢？如果他有智謀但不肯完全貢獻出來，就說明他不夠忠誠，雖然肯竭誠貢獻，卻又考慮種種困難，這就說明他不夠勇敢，以臣下指揮命令君王，就說明他目無法紀。」

吳王夫差終於聽信了太宰伯嚭的話，把糧食賣給了越國。

申胥遜遯之舍，歎曰：「於乎嗟！君王不圖❶社稷之危，而聽一日之說❷，弗對以斥傷大臣❸，而君王用之。不聽輔弼之臣❹而信讒諛容身之徒❺，是命短❻矣。以為不信，胥願廓目❼于邦門，以觀吳邦之大敗也。越人之入，我王親所禽❽哉！」

太宰嚭之交逢同❾謂太宰嚭曰：「子難人❿申胥請為卜焉。」因往見申胥。胥方與被離⓫坐，申胥謂逢同曰：「子事太宰嚭，又不圖邦權⓬而惑吾君王，君王之不省也，而聽眾彘⓭之言。君王忘邦，嚭之罪也，亡日不久也。」

逢同出，造太宰嚭曰：「今日為子卜於申胥。胥誹謗其君，不用胥則無後，而君王覺而遇矣。」謂太宰嚭曰：「子勉事後[14]矣，吳王之情[15]在子乎？」太宰嚭曰：「智之所生，不在貴賤長少，此相與之道[16]。」

逢同出見，吳王慚然有憂色[17]。逢同垂泣不對。吳王曰：「夫嚭，我之忠臣，子為寡人遊目長耳[18]，將誰怨[19]乎？」

逢同對曰：「臣有患也。臣言而君行之，則無後憂。若君王弗行，臣言而死矣！」

王曰：「子言，寡人聽之。」

逢同曰：「今日往見申胥，申胥與被離坐，其謀慚然[20]，類欲有害我君王，今申胥進諫類忠，然中情至惡[21]，內其身而心野狼[22]，君王親之不親[23]，逐之不逐[24]。親之乎？彼聖人也，將更然[25]有怨心，不已，逐之乎？彼賢人也，知能害我君王。殺之為乎？可殺之亦必有以[26]也。」

吳王曰：「今圖申胥將何以㉗？」

逢同對曰：「君王興兵伐齊，申胥必諫曰『不可』，王無聽而伐齊，必大克，乃可圖之。」

【章　旨】本章敘述伍子胥的不滿情緒觸怒了吳王夫差，伯嚭與逢同利用夫差的昏庸，進一步編造伍子胥將不利於吳王的謊言，終於使夫差動了殺機。

【注　釋】❶不圖　不考慮。❷一日之說　只顧眼前，不考慮後果的言論。❸弗對以斥傷大臣　背地裡排斥傷害大臣。❹輔弼之臣　可靠的輔佐大臣。❺讒諛容身之徒　依靠進讒言、阿諛奉承以竊取官位的小人。❻命短　國運不長久。❼廓目　摘下眼睛。❽禽　同「擒」。❾逢同　越大夫。與伯嚭狼狽為奸，謀害伍子胥，終於傾覆吳國。吳亡，為越王句踐所誅。❿離人　對頭。⓫被離　吳大夫。伍子胥之友，後同子胥同時被讒遇害。⓬邦權　國家的利益。⓭眾彘　一群豬。罵人的話。⓮勉事後　努力做好以後的事情，莫讓吳王看出毛病。⓯情　感情傾向。⓰相與之道　相交往的手段。⓱慚然有憂色　不自然似有擔心之色。⓲遊目長耳　到處看看，到處打聽刺探消息。⓳將誰怨　會有誰怨恨他。⓴慚然　有愧於心。㉑中情至惡　心裡的想法非常惡毒。㉒內其身而心野狼　包藏在身體中間的卻是野狼的心。㉓親之不親　想親近他卻無法親近。㉔逐之不逐　要趕他走又沒有趕走他的理由。㉕更然　愈加。㉖必有以　一定要有理由、有藉口。㉗將何以　須用什麼辦法呢。

【語　譯】伍子胥辭謝吳王回到家裡，嘆著氣說：「唉！真叫人痛心，君王居然不考慮國家的安危，聽信伯嚭等只顧眼前、不計後果的鬼話。他們在暗中排斥傷害大臣，可是君王偏要重用他們。不聽信輔佐大臣而聽信那些靠進讒言拍馬屁竊取高位的傢伙，這樣下去，吳國的國運恐怕不會長了。如果以為我的話不可靠，我願把眼睛掛在城門上，看著日後吳國慘敗的情形。越人進來以後，我們君王也難逃脫被俘的命運呀！」

太宰伯嚭的朋友逢同向伯嚭說：「你那死對頭伍子胥不知道在幹什麼，讓我為你去探探情況吧。」於是便去訪問伍子胥。伍子胥正和他的好朋友被離談心，看見逢同來了就說：「你幫著太宰伯嚭幹壞事，不顧國家利益，把我們君王騙得團團轉，偏偏君王又不覺悟，專聽你們這群豬的鬼話。使君王不顧國家大事，這就是你們的罪過。這樣下去，亡國的日子只怕不遠了。」

逢同走出伍子胥家，拜訪太宰伯嚭說：「我今天替你到伍家刺探了一下，伍子胥誹謗君王，說君王不聽他的話，肯定要亡國絕後，君王一旦覺醒還是會重用他。」接著又對伯嚭說：「你可要好好處理善後的工作，君王的感情傾向真是有利於你嗎？」太宰伯嚭說：「抓住君王的感情主要靠智慧，智慧的高低不在於身分的貴賤、年齡的老少，而在於扯交情的手段。」

逢同走出伯嚭家，碰見了吳王夫差，只見他一臉的不自然，一副心事重重的樣子。逢同也裝出垂淚不語的可憐相，故意不先開口。吳王夫差說：「伯嚭是我的忠臣，你幫我四處打聽一下，到底是些什麼人那麼仇恨他呢？」

逢同回答說：「我有危險呀，可不敢亂說。我說的話，君王相信並實行的話還可以平安無事，君王如果不相信，我說出以後，恐怕就活不成了呀！」

夫差說：「你只管說，我聽你的。」

逢同說：「我今天去見了伍子胥，他和被離坐在一起，他們好像在商議什麼見不得人的陰謀，似乎想危害君王。伍子胥向您提意見，表面上似乎很忠心，但內心卻非常惡毒，他把野狼般的心事放在肚子裡面，君王想親近他又親近不起來，要趕他走又不便開口。你要親近他吧？他是一個聖人，你如不聽他，他就會反過來埋怨你，不會止息。趕他走吧？可他是個很有才能的人，到了別國就能給您造成危害。能不能把他殺了呢？但殺他必須找出殺他的理由。」

吳王夫差說：「如果要殺掉伍子胥應該用什麼理由呢？」

逢同回答說：「最好的辦法就是討伐齊國，伍子胥必定會勸阻說『不行』，君王莫聽他的勸阻，偏要興兵討齊，一定能打大勝仗，這樣便有殺他的理由了。」

於是吳王欲伐齊，召申胥。對曰：「臣老矣！耳無聞，目無見，不可與謀❶。」

吳王召太宰嚭而謀，嚭曰：「善哉！王興師伐齊也。越在我猶疥癬❷，是無能為也。」

吳王復召申胥而謀，申胥曰：「臣老矣！不可與謀。」吳王請申胥謀者三，對曰：「臣聞愚夫之言，聖主擇焉❸。胥聞越王句踐罷吳❹之年，宮有五竈，食不重味❺，省妻妾❻，不別所愛。妻操斗，身操概❼，自量而食，適飢不費❽，是人不死，必為國害。越王句踐食不殺而饜❾，衣服純素❿，不袀不玄⓫，帶劍以布，是人不死，必為大故⓬。越王句踐，寢不安席，食不求飽，而善貴⓭有道，是人不死，必為邦寶。越王句踐，衣弊而不衣新，行慶賞，不刑戮⓮，是人不死，必成其名。越在我猶心腹有積聚⓯，不發則無傷，動作⓰者有死亡，欲釋齊⓱以越為憂⓲。」吳王不聽，果興師伐齊，大克還。以申胥為不忠，賜劍殺申胥⓳，髡⓴被離。申胥且死，曰：「昔者桀殺關龍逢㉑，紂殺王子比干㉒，今吳殺臣，參桀紂㉓，而顯吳邦之亡㉔也。」

【章　旨】本章記伍子胥勸夫差釋齊而以越為憂，夫差不聽，伐齊大克，以子胥不忠而殺之，為存心報仇的越國君臣剷除了伐吳的最大障礙。

【注　釋】❶與謀　參加謀劃。❷疥癬　皮膚上的小毛病。❸擇焉　提供參考選擇。❹罷吳　疲困於吳。❺不重味　不吃二種菜肴。❻省妻妾　減少宮中的妃子。❼身操概　親手拿著括平斗斛的斗趟子。❽適飢不費　剛好吃飽不肯浪費。❾食不殺而饜　吃飯不需要動刀宰殺的雞鴨魚肉也可吃飽。❿純素　未經染過的白絲絹。⓫不袀不玄　指白衣經久已成為灰不灰、黑不黑。袀，純色。玄，通「袨」。黑色祭服。⓬大故　大事故。指戰爭。

⑬善貴　使善者富貴。即提拔重用有德有才的人。⑭行慶賞二句　只獎不罰以鼓舞大家的積極性。⑮心腹有積聚　肚腸內臟中有腫瘤之類毛病。⑯動作　發作。⑰釋齊　放開齊國。即不要伐齊。⑱以越為憂　考慮越國的問題。即提防越國。⑲賜劍殺申胥　送給伍子胥一把劍要他自殺。⑳髡　剃掉頭髮表示侮辱。㉑關龍逢　夏之賢臣，夏桀無道，為酒池糟丘，關龍逢苦諫，桀因而殺之。㉒王子比干　比干為紂王之叔，應稱王叔比干。㉓參桀紂　和桀紂並列為三。㉔顯吳邦之亡　預示著吳國快滅亡了。

【語　譯】於是吳王夫差決定征伐齊國，召見伍子胥商議伐齊的事情。伍子胥推託說：「我老啦！耳不聞國事，眼看不清世情，不宜參加您的策劃。」

吳王夫差又找太宰伯嚭商量伐齊的事，伯嚭馬上表示支持，他說：「大王要興兵伐齊，真是個好主意！越國的事不必考慮，它對我們不過是一塊小疥瘡，鬧不出什麼名堂的。」

吳王夫差又去找伍子胥商量，伍子胥還是說：「我老啦！不能參謀劃策了。」吳王夫差再三請求伍子胥發表看法，伍子胥看到實在推不掉，便說：「我聽說：即使愚夫的話，聖明的君主也可選用其中的合理部分。我還聽人說：越王句踐戰敗以後，他的宮裡雖有五口爐竈，他卻每餐都不吃第二個菜肴，減少了宮中的妃子，還不和宮外的婦女談情。每天做飯時總是由皇后親手拿斗，句踐親自用斗趟子量米，每頓做得剛好夠吃，一口也不浪費，他如果不死，必定是吳國的禍害。越王句踐根本不吃葷食，只圖填飽肚子，穿的衣服都是未經染過的素絹織的，穿久了，弄得灰不灰、黑不黑的。繫在寶劍上的布料也同樣沒有裝飾，這人如果不死，必將給吳國帶來極大的事故。越王句踐夜晚睡覺輾轉反側想著心事，吃飯也不知是飢是飽，而對怎樣提拔任用各種人才卻有一套套的辦法，這個人如不及早死去，必將成為振興越國的英明領袖。越王句踐成年穿著破舊的衣服，而對臣民卻常用慶功獎勵，極少用刑罰，這人如不早死，必定成為聲名顯赫的賢君。對於我們來說，越國是長在心腹之間的一塊腫瘤，不發作時好像平安無事，一旦發作就會有死亡的危險。希望君王放過齊國，把心事用在越國問題上。」吳王夫差一句話也聽不進去，按既定方針大舉伐齊，凱旋而歸，還說伍子胥勸阻伐齊是不忠於吳國，送他一口寶劍，逼令自殺，同時給被離一個剃光頭髮的刑罰。伍子胥在臨死時憤慨地說：「從前夏桀殺了忠臣關龍逢，不久就亡國了；商紂殺了王叔比干，不久也亡國了。現在吳王把我殺了，他的昏庸殘暴足以和夏桀、商紂並列為三，這就預示著吳國的國運不會太長了。」

王孫駱❶聞之，旦即不朝❷，王召駱而問之：「子何非寡人❸而旦不朝？」

王孫駱對曰：「臣不敢有非，臣恐矣。」

吳王曰：「子何恐？以吾殺胥為重乎？」

王孫駱對曰：「君王氣高❹，胥之下位而殺之❺。不與群臣謀之，臣是以❻恐矣。」

王曰：「我非聽子❼而殺胥，胥乃圖謀寡人。」

王孫駱曰：「臣聞君人者❽必有敢言之臣，在上位者必有敢言之士。如是即慮日益進❾，而智益生矣。胥先王之老臣，不忠不信，不得為先王臣矣。」

王意欲殺太宰嚭。王孫駱對曰：「不可！王若殺之，是殺二胥矣。」

吳王近駱如故。

【章　旨】本章通過王孫駱事件反映出吳王殺伍子胥在吳國朝廷造成了很大的恐怖情緒，說明吳國內部更加分崩離析。

【注　釋】❶王孫駱　吳大夫，一個世故圓滑的官僚。雖對伍子胥蒙冤表示不滿，但又不肯開罪吳王與伯嚭。❷旦即不朝　第二天早上就不去早朝。表示一種不滿的姿態。❸何非寡人　什麼事怪罪我。❹氣高　火氣很大，隨便發脾氣，甚至動輒殺人。❺胥之下位而殺之　因伍子胥是臣下就隨意將其殺害。❻是以　「以是」的倒裝。❼非聽子　沒有聽取你們的意見。❽君人者　管理人民的國君。❾慮日益進　考慮問題的水準一天天提高。

【語　譯】王孫駱聽說伍子胥被殺，第二天早晨就不去上朝。吳王夫差便找來王孫駱，問他說：「你為什麼怪罪我，公然早上不來上朝。」

王孫駱小心地回答說：「我不敢怪罪君王，我是害怕。」

吳王夫差說：「你為什麼要害怕呀？你是不是認為我殺伍子胥用刑太重了呢？」

王孫駱回答說：「君王的火氣實在太大了，隨便就把手下的大臣伍子胥殺了，根本不和群臣商量，您這樣做我當然很害怕。」

吳王夫差說：「我沒有徵求大家的意見就殺了伍子胥，固然是太匆忙了些，但這是因為伍子胥圖謀害我。」

王孫駱說：「我聽說做人君的一定要容得下敢於直言犯上的大臣，居高位的一定要能容納敢於說直話的部下，能夠這樣，他考慮問題就會一天比一天成熟，聰明智慧也會一天天增長。伍子胥是先王的老臣，如果不忠不信，就不會受先王的信任。」

吳王夫差表示要殺了太宰伯嚭以消除大臣們的怨氣。王孫駱立即反對說：「不行！大王如果殺了伯嚭，就等於殺了兩個伍子胥。」

吳王夫差於是像過去一樣親近王孫駱。

太宰嚭又曰：「圖越雖以我邦為事❶，王無憂。」

王曰：「寡人屬子邦❷，請早暮無時❸。」

太宰嚭對曰：「臣聞四馬方馳，驚前者❹斬。其數必正❺。」

居三年，越興師伐吳，至五湖❻，太宰嚭率徒謂之曰：「若是，越難成矣！」

王曰：「子制之斷之❼。」謝戰者五反，越王不忍而欲許之。范蠡曰：「君王圖之廊廟❽，失之中野❾，可乎？謀之七年，須臾棄之，王勿許，吳易兼也。」

越王曰：「諾！」

居軍三月，吳自罷❿，太宰嚭遂亡⓫。吳王率其有祿⓬與賢良⓭遯而去，越追之，至餘杭山⓮，禽夫差，殺太宰嚭。

越王謂范蠡殺吳王，蠡曰：「臣不敢殺主。」王曰：「刑之！」范蠡曰：「臣不敢刑主。」越王親謂吳王曰：「昔者上蒼⓯以越賜吳⓰，吳不受也。夫申胥無罪而殺之，進讒諛容身之徒，殺忠信之士，大過者三，以至滅亡，子知之乎？」吳王曰：「知之。」越王與之劍，使自圖⓱之。吳王乃旬日而自殺也。越王葬於卑猶之山⓲。殺太宰嚭、逢同與其妻子。

【章　旨】本章記吳王夫差由於怒誅伍子胥，放鬆對越的戒備，不斷向齊、晉挑釁，以致國力空虛，民生疲憊，終於在越的進攻下，土崩瓦解，夫差身死國亡，伯嚭、逢同亦全家被誅。伍子胥謂吳國亡日不久的警告，不幸而言中。

【注　釋】❶以我邦為事　把向吳國復仇當做主要工作。❷屬子邦　把國家大事交給你處理。❸早暮無時　無論早晚隨時提防。❹驚前者　在馬車前進行干擾的人。❺其數必正　處理措施必須嚴正。❻五湖　指太湖。❼制之斷之　控制局面而加以處理。❽廊廟　朝廷。❾中野　荒野之中。❿自罷　自動休戰。⓫亡　逃走。⓬有祿　享受特殊待遇的警衛部隊。⓭賢良　親近的參謀人員。⓮餘杭山　在江蘇省毗陵縣太湖邊上。⓯上蒼　上天。⓰以越賜吳　指當時句踐戰敗，夫差完全可以兼併越國。⓱自圖　自殺。⓲卑猶之山　卑猶山。今名徐侯山，在秦餘杭山西北。見〈記吳地傳〉。

【語　譯】太宰伯嚭對吳王夫差說：「我料想越王句踐雖然時時都在找機會向吳國進行報復，但君王不必耽憂，我們對付得了。」

吳王夫差說：「我既然把國家大事都交付給你主持，你就早晚隨時小心在意。」

太宰伯嚭回答說：「我聽人說駕車的四匹馬正在迅速奔跑的時候，有誰敢在馬車前製造麻煩，就立殺無赦。我們採取的措施必須毫不含糊。」

過了三年，越王句踐興兵討伐吳國，一直打到太湖，太宰伯嚭帶著他的心腹對吳王夫差說：「如果這樣，越國造成的麻煩大了呀！」

吳王夫差說：「一切由你主持，慎重處理。」

太宰伯嚭派出請求休戰的使者在吳越之間前後跑了五個來回，不斷地苦苦哀求，越王句踐心軟了，想答應和談。范蠡勸阻說：「君王在朝廷裡面謀劃得好好的，卻要在戰場上把快要到手的勝利放棄，那怎麼行呢？況且我們一直準備了七年，怎麼能在須臾之間放棄呢？君王千萬莫要答應講和，兼併吳國已經不要花費多大力氣了。」

越王句踐說：「好！就聽你的。」

兩軍對峙了三個月，吳軍疲憊不堪，自動停戰了。太宰伯嚭連忙開小差逃跑。吳王夫差帶領著隨身的警衛部隊和親近的謀士們逃離了都城，越軍窮追不捨，追到太湖邊上的餘杭山上把他們全部活捉了，殺了太宰伯嚭。

越王句踐吩咐范蠡去把吳王夫差殺了。范蠡說：「我不敢違反禮法，去殺害一國之君。」越王句踐又說：「你去殺了他！」范蠡又說：「我不能違反禮法，對一國之君施刑。」於是句踐親自上前對吳王夫差說：「從前上天把越國賜給你們吳國，而吳國卻不接受。伍子胥忠心於吳國，你卻把他殺了，你還重用一些憑著進讒言、善於阿諛奉承竊取權位的卑鄙小人，而殺害忠誠信義的大臣，你犯了這三大罪過，把整個國家都搞垮了，你知罪嗎？」吳王夫差說：「我知道自己罪有應得。」越王句踐便給他一把寶劍，讓他自殺。吳王夫差拖了十多天，眼見越王句踐堅決不肯放過他，終於絕望自殺了。越王句踐把他埋在卑猶山上。還殺了太宰伯嚭、佞臣逢同，以及他們的老婆孩子。

卷六

越絕外傳紀策考第七

【題解】本篇係評論伍子胥、范蠡、文種、伯嚭幾個關係吳越興亡的著名人物的重要事跡。《越絕書》雖然是屬於為越國君臣的霸業樹碑立傳的作品，但對伍子胥仍然十分推崇，本文對他關於吳越興亡的先見之明，在破越之戰中處變不驚、從容鎮定的指揮能力，以及後來為國家安危，慷慨直言，置生死於度外的高尚情操，都有動人的描寫。這部書雖然介於野史和小說之間，但在大是大非問題上所表現出的愛憎感情，往往比某些正史更為鮮明。此外，本文雖在文章剪裁和行文技巧上有所不足，但論人論事，卻往往能切中要害。如文中引用子貢評論伍子胥、范蠡、文種的一段話：「胥執忠信，死貴於生。蠡審凶吉，去而有名。種留封侯，不知令終。二賢比德，種獨不榮。」雖然可能出自後人的杜撰，但對三人的評價的確是客觀公允。又如作者用「讒人罔極，交亂四國」論費無極之讒害伍奢，與伯嚭之讒害伍子胥。用「見清知濁，見曲知直，人君選士，各象其德」說明吳王夫差和伯嚭之臭味相投。都是異常準確、異常深刻，有如老吏斷獄，鐵案難移。

昔者，吳王闔廬始得子胥之時，甘心❶以賢之，以為上客。曰：「聖人前知❷乎千歲，後覩❸萬世。深問❹其國，世何昧昧❺，得無衰極，子其精焉，寡人垂意❻聽子之言。」子胥唯唯不對。

王曰：「子其明之。」

子胥曰：「對而不明，恐獲其咎。」

王曰：「願一言之，以試直士。夫仁者樂信，知者好誠，秉禮者探幽索隱❼，明告寡人。」

子胥曰：「難乎言哉！邦其不長，王其圖之。存無忘傾，安無忘亡。臣始入邦，伏見衰亡之證❽，當霸吳厄會❾之際，後王復空❿。」

王曰：「何以言之？」

子胥曰：「後必將失道，王食禽肉⓫，坐而待死，佞諂之臣，將至不久。安危之兆，各有明紀⓬，虹蜺⓭牽牛⓮，其各異女⓯；黃氣在上⓰，青黑于下⓱；大歲八會⓲，壬子⓳數九⓴。王相之氣㉑，自十一倍㉒，死由無氣，如法而止，太子無氣，其異三世㉓。日月光明，歷南斗㉔，吳越為鄰，同俗并土，西州大江，東絕大海。兩邦同城㉕，相亞㉖門戶。憂在於斯，必將為咎㉗。越有神山㉘，難與為鄰。願王定之，毋洩臣言。」

【章旨】本章記述伍子胥初見吳王闔廬時，關於吳國前途的預言。

【注釋】❶甘心　打從心底認定。❷前知　預見未來。❸後覩　熟知往事。❹深問　深入了解。❺昧昧　昏昧不明。❻垂意　認真注意。❼探幽索隱　探索深藏隱祕真相難明的事物。❽證　徵兆。❾厄會　困厄著會稽。❿復空　顛覆滅亡。⓫食禽肉　被敵人擒獲的隱語。⓬明紀　顯著的象徵。⓭虹蜺　陽光與水氣相映出現於天空的彩暈。色彩鮮明者為虹，旁有暗淡者為蜺。虹為雄，蜺為雌。⓮牽牛　星名。即河鼓，俗名牛郎星。⓯異女　指虹蜺雌雄並生，而牽牛與織女隔著天河。⓰黃氣在上　黃氣象徵吉祥，處在有利地位。⓱青黑于下　青氣、黑氣表示凶煞，暫時處在被壓地位。⓲大歲八會　太歲為木星，表示凶煞，人間一切活動都應迴避太歲。大，通「太」。八會指頻繁出現，象徵國運危險。⓳壬子　天干中的壬癸，地支中的亥子都屬水，壬子相交意味大水。⓴數九　指寒冬。進入從冬至開始的「九」，每九日為一個「九」，共有九個「九」。㉑王相之氣　諸侯大臣所稟受的上天靈秀之氣。㉒自十一倍　此處有錯字，按上下文意應該是說君相所承受的靈氣應百十倍於常人。㉓太子無氣二句　意指國家死了太子，庶子相互爭奪，數世都不安寧。㉔南斗　星宿名。又叫斗宿，共六星。按古代星野的劃分，吳和越都屬南斗。㉕兩邦同城　吳與越先後以蘇州為都城。㉖相亞　相壓。㉗為咎　為害；製造麻煩。㉘神山　指會稽山。因它流傳著一些關於大禹的傳說。

【語譯】從前，吳王闔廬初見伍子胥的時候，馬上從心底認定他是個見解非凡的賢人，待以上賓之禮。向他請教說：「聖人能夠預見到千年以後的事情，通曉萬代以前的往事。我想深入地了解吳國的前途，為何世代昏昧不明，吳國總該不會碰到非常倒霉的事情吧！請您詳細地告訴我，我一定認真地聽取您的看法。」伍子胥只是恭順地說：「好，好！」卻不正面回答問題。

吳王闔廬說：「請先生明白地告訴我。」

伍子胥說：「我只耽心回答得不明不白，使大王聽了反而不高興。」

吳王闔廬說：「希望您把看法一古腦都說出來，做一個正直敢言的人。凡是仁德的人都喜歡聽真話，智慧的人都喜歡誠實，堅守禮義的人喜歡探索隱蔽難明的問題，先生就把吳國的未來明白地告訴我吧！」

伍子胥說：「這些話真是不好開口哇！吳國的國運恐怕不會太長，希望君王認真地思量。太平時應該提防傾覆，安穩時也要小心滅亡。我來吳國不久，就看到了它衰亡的徵兆，事變將發生在吳國稱霸於諸侯，困厄著會稽的時候，那時的君王將把江山傾覆滅亡。」

吳王闔廬問道：「請問那是怎麼回事呢？」

伍子胥說：「吳國後世將產生不行正道的君王，他將戰敗被擒，坐著等死，那個禍亂吳國的阿諛奉承的臣子，不久就會來了。吳國安危的徵兆，都明顯地記在天象上：像虹蜺雌雄相隨，而牛郎織女分居銀河兩岸；祥瑞的黃氣籠罩在上方，而凶煞的青氣、黑氣被壓在下面；凶煞的木星頻繁出現，屬水的王和子互相交合在數九的寒冬。君王相國的生氣理應十百倍於常人，卻偏因無氣而死，依據法度趨於止息，特別是太子的死亡，將造成累世的爭奪和動亂。日月的光華，照射著吳越的星野——南斗，吳國和越國毗鄰，風俗相同，土地相連，西邊是浩瀚的長江，東邊都靠著大海，兩個國家都將立國於吳城，各自修設的門窗將交互相壓。吳國的危險就在於和越相鄰，將來一定會造成麻煩的。越國有神山保護，和它相鄰實在為難。我這些話希望大王牢記在心，千萬不可洩漏於外。」

吳使子胥救蔡，誅彊楚，笞平王墓，久而不去，意欲報楚。楚乃購之千金，眾人莫能止之❶，有野人❷謂子胥曰：「止！吾是于斧掩壺漿之子，發簞飲於船中者。」子胥乃知是漁者也，引兵而還。故無往不復❸，何德不報？漁者一言，千金歸焉，因是還去。

【章　旨】本章記述伍子胥不忘舊恩，厚報當年捨命救他渡江的漁者的故事。

【注　釋】❶莫能止之　沒有人能制止伍子胥長期駐軍於楚，報復楚王。❷野人　指沒有身分地位的人。❸無

往不復　無論受怨或受德，沒有不報復的。

【語　譯】吳王闔廬派伍子胥去征伐強大的楚國以援救蔡國。伍子胥在楚國郢都挖了楚平王的墳墓，鞭打了平王的屍體，長期不肯離開，意圖顛覆楚國。於是楚王懸了千金重賞，到處尋找能勸說伍子胥退兵的人，很多人都企圖說服伍子胥退兵都沒有成功。最後有個沒有身分的人找到伍子胥說：「請您放過楚王吧！我就是在于斧為您藏起飯盒水壺的漁人的兒子，我還給你親手打開了飯盒呢。」伍子胥知道他是幫他渡江的漁人的兒子，便把軍隊帶回了吳國。這說明伍子胥是個什麼仇都要報復，什麼恩都要報答的人。漁人的兒子一開口，他馬上帶兵回吳，讓漁人的兒子得到千金重賞。

范蠡興師戰於就李，闔廬見中❶於飛矢❷，子胥還師，中媿❸於吳，被秦號年❹。

至夫差復霸諸侯，興師伐越，任用子胥，雖夫差驕奢，釋越之圍，子胥諫而誅，宰嚭諛心❺，卒以亡吳。夫差窮困，請為匹夫，范蠡不許，滅於五湖。子胥策於吳❻，可謂明乎？

【章　旨】本章簡述吳越之間的多次較量，吳國終於在稱霸時被越國所滅，完全印證了伍子胥當年的預見。

【注釋】❶見中　被射中。❷飛矢　沒有目標的亂箭。❸中媿　心中感到慚愧。❹被秦號年　應為「被髮號泣累年」。❺諛心　用阿諛蒙蔽了夫差之心。❻策於吳　對於吳國前途的預見。

【語譯】後來范蠡率領越軍和吳軍在就李交戰，吳王闔廬被飛箭射中，飲恨身亡。伍子胥率兵退出戰場，深愧對不起吳王闔廬，披頭散髮號哭累年。

吳王夫差登位後，吳國再次稱霸於諸侯，興兵征越復仇，重用伍子胥，大敗越軍，夫差驕傲自大，解除了對越國的圍困，伍子胥因一再忠諫而遭殺害，吳王夫差在伯嚭的阿諛奉承之下終於亡國。夫差在走投無路時請求讓他做一個普通百姓以苟延性命，范蠡不肯答應，亡國殺身在太湖邊上。伍子胥早年對吳國前途的預測，還能說是不高明嗎？

昔者吳王夫差興師伐越，陳❶兵就李，大風發狂，日夜不止，車敗馬失，騎士墮死，大船陵居❷，小船沒水。吳王曰：「寡人晝臥，夢見井嬴溢大❸，與越爭彗❹，越將掃我，軍其凶乎！孰與師還。」此時越軍大號，夫差恐越軍入，驚駭。子胥曰：「王其勉之哉！越師敗矣。臣聞井者人所飲，溢者食有餘。越在南，火❺，吳在北，水。水制火，王何疑乎？風北來，助吳也。昔者，武王伐紂時，彗星❻出而興周，武王問太公❼曰：『臣聞以彗鬬倒之則勝❽。』胥聞災異❾或吉或凶，物有相勝❿，此乃其證。願大王急行⓫，是越將凶⓬，吳將昌也。」

【章　旨】本章集中介紹伍子胥在破越的戰役中從容鎮定，處變不驚，鼓舞吳王夫差，把握戰機，一舉破敵的指揮技巧。

【注　釋】❶陳　本作「敗」，誤。❷陵居　被狂風刮上小山。❸井嬴溢大　井水充滿大量外溢。❹爭彗　爭奪掃帚。❺越在南二句　按五行理論，東屬木，南屬火，西屬金，北屬水，中央屬土，水可以剋制火。❻彗星　俗稱掃帚星。古人視為不祥之物。❼太公　姜太公。名姜尚，行年八十，隱於屠釣，周文王獵於渭水，相遇於途，與語大悅，用為謀主，後復輔佐周武王，大會諸侯，伐紂滅商，封於齊，為春秋齊國始祖。❽以彗鬬倒之則勝　抓住彗星給敵人的心理壓力，加緊進攻，摧毀對方就克服了災星。❾災異　天災和怪異。❿相勝　將其克服戰勝的辦法。⓫急行　趕忙追殺過去。⓬將凶　將要大難臨頭。

【語　譯】從前，吳王夫差興兵討伐越國，兩軍對峙於就李，突然刮起了異常猛烈的颶風，整天整夜，片刻不休，兵車損壞了，戰馬跑丟了，騎士摔死在地上，大船被刮上了小山，小船吹沉在水底。吳王夫差說：「我剛才躺在床上，夢見滿井的泉水大量湧出，我和越王爭奪掃帚，越王要用掃帚掃我。恐怕軍隊要遇凶險吧！何不收兵回朝。」這時越軍突然大聲呼號，夫差害怕越軍將要進攻，嚇得手足無措。伍子胥說：「大王振作起來吧！越軍快要失敗了。我聽說：井水是供人飲用的，井水溢出，說明我們有吃不完的食物，這是好兆頭呀！越國在南方，屬火，我們在北方，屬水。水能剋制火，大王夢見水又何必耽心呢？現在的風是從北方吹來的，它也是幫助吳國的呀。從前，武王伐紂，天上出了掃帚星而周軍卻打了大勝仗，那時武王問掃帚星是什麼兆頭，姜太公說：『我聽人講：抓住彗星給敵人的心理壓力，打垮了敵人也就克服了災星。』我聽說天災和怪異，有的吉，有的凶，處理事物就在於採取克敵制勝的辦法，姜太公利用彗星奪取勝利就是很好的證明。希望大王趕快帶著人馬衝上去，抓住敵人驚慌失措的機會，越國就要大難臨頭，吳國就要興旺起來了。」

子胥至直，不同邪曲❶。捐軀切諫，虧命❷為邦。愛君如軀，憂邦如家。是非不諱，直言不休，庶幾❸正君，反以見疏❹。讒人間之，身且以誅。范蠡聞之，以為不通。「知數❺不用，知懼❻不去。豈謂智歟？」胥聞歎曰：「吾背楚荊，挾弓以去，義不止窮❼。吾前獲功，後遇戮，非吾智衰，先遇闔廬，後遭夫差也。胥聞事君猶事父也，愛同也，嚴等也。太古❽以來，未嘗見人君虧恩❾為臣報仇也。臣獲大譽，功名顯著。胥知分數❿，終於不去。先君之功，且猶難忘。吾願腐髮弊齒⓫，何去之有？蠡見其外，不知吾內⑫，今雖屈冤，猶止死焉。」

子貢曰：「胥執忠信⑬，死貴於生。蠡審凶吉⑭，去而有名。種留封侯，不知令終⑮。二賢⑯比德，種獨不榮。」范蠡智能同均，於是之謂也。

【章旨】本章通過伍子胥臨死時對吳國和先王無限深情的表白，表現了他「愛君如軀，憂邦如家」的犧牲精神，借用子貢「胥執忠信，死貴於生」，對子胥的人格作出了崇高的評價。

【注釋】❶不同邪曲　不和邪惡的人同流合污。❷虧命　犧牲生命。❸庶幾　寄一線希望。❹見疏　被疏遠。❺知數　明知天命如此。❻知懼　明知前途危險。❼義不止窮　吳王仗義收留我，不讓我窮無所歸。❽太古　遠古。❾虧恩　施恩。❿分數　天數。⓫腐髮弊齒　人老則毛髮腐朽，牙齒凋殘，故稱老死為腐髮弊齒。⓬內　內心的感情。⓭執忠信　堅持忠誠信義的原則。⓮審凶吉　深入而周密地觀察研究吉凶禍福。⓯令終　死得有光彩。⓰二賢　指伍子胥和范蠡。

【語譯】伍子胥是個非常正直的人，他堅決不和奸邪的小人同流合污。為了勸阻夫差愚蠢的行為，連自己的性命也不顧全，把生命交給了國家。他愛君王如愛自己，擔心國事如同擔心家事。對問題的是非堅持原則，從不忌諱君王的喜怒，不斷說直話，提意見，總不肯放過匡正君王的一線希望，反而遭到夫差的疏遠。在卑鄙小人的挑撥之下，結果連性命都沒保住。范蠡聽到伍子胥在吳的遭遇，認為他不達時務，批評伍子胥說：「明知天命而不肯遵從，明知危險而不肯離開，這樣還談得上智慧嗎？」伍子胥聽了長嘆一聲說：「我當年離開楚國，只拿一張防身的弓就跑了，吳王闔廬仗義收留了我，不讓我四處漂流。我以前建立了烜赫的功勞，現在又遭殺身之禍，並不是我智慧衰竭了，而是我從前遇到的是吳王闔廬，現在碰到的是吳王夫差啊。我聽說：事奉君王就像侍奉父親一樣，臣子應像愛父親一樣愛自己的君王，君王也應像嚴格要求兒子那樣要求臣子。自從遠古以來，還沒有見過哪一位君王肯像先王那樣施恩為臣子報仇雪恨的。由於先王的恩惠，我獲得了很高的名譽，建立了烜赫的功勳，因此，我儘管明知天命鍾於越國，我也不肯離開吳國。先王對我的恩惠，令我永遠不能忘懷。即使頭髮落光了，牙齒掉完了，我還要報答先王，我怎能離開吳國呢？范蠡只看到外在的條件對我如何不利，卻不知道我感恩先王的心情。我現在雖然蒙冤受屈，最多也只是以死報答先王而已。」

子貢在評價伍子胥和范蠡、文種三人時說：「伍子胥為堅守忠誠信義的道德而犧牲，死得轟轟烈烈，比常人的苟且偷生更有意義。范蠡深入研究吉凶禍福，避凶趨吉離開句踐，獲得賢能智慧的美名。文種留在越國，雖然受到封賞，卻沒能得到善終。伍子胥和范蠡功業德行各有千秋，相形之下文種的光輝就暗淡多了。」子貢的這段評價說明，伍子胥和范蠡在智慧、才能、功業、德行各個方面都達到很高水準。

伍子胥父子奢為楚王大臣，為世子❶聘秦女。大有色，王私悅之❷，欲自御❸焉。奢盡忠入諫，守朝不休，欲匡正❹之。而王拒之諫，策而問之❺，以奢乃害於君。絕世之臣❻，聽讒邪之辭，係而囚之❼，待二子而死。尚孝而入，子胥勇而難欺。累世忠信，不遇其時。奢諫於楚，胥死於吳。《詩》云：「讒人罔極，交亂四國❽。」是之謂也。

【章　旨】本章補敘伍奢因忠獲罪的事實，意在說明伍子胥堅執忠信原則自有其家庭傳統。

【注　釋】❶世子　諸侯的法定繼承人。❷私悅之　暗中喜歡上了。❸自御　自己占用。❹匡正　糾正；補救。❺策而問之　用皮鞭抽打著進行審問。❻絕世之臣　滅絕歷世有功之臣。❼係而囚之　綑綁起來關在監牢裡。❽讒人罔極二句　見《詩經・小雅・青蠅》。罔極，沒有止境。交亂四國，連續地禍亂一個又一個國家。

【語　譯】伍子胥的父親伍奢也是一個冤死的直臣，他以楚國大臣的身分奉命禮聘秦王的女兒給楚國的世子為妻。秦女長得十分漂亮，楚平王暗中看中了，想要留給自己做夫人。伍奢盡忠於楚國，便入朝勸阻楚王，守在楚宮裡沒完沒了地開導楚王，希望糾正楚平王的錯誤。但平王不但拒不接受批評，反而用皮鞭抽打伍奢，對他進行逼供，誣賴伍奢要加害於楚王。平王要滅絕這位累世的功臣，他聽信奸佞之臣的顛倒是非、挑撥離間的鬼話，把伍奢綁起來關在監牢裡，要等抓住他的兒子伍子尚和伍子胥以後，再把他們全家殺死。結果伍子尚篤守孝道去看望父親，被捉進監牢，伍子胥智勇兼備，不肯上當。伍家父子幾代人都對國家忠心耿耿，卻都沒有遇上一個好時代。

父親伍奢因忠諫楚平王而死在平王手上，兒子伍子胥也因忠諫吳王夫差而死在昏君夫差手上。《詩經》說：「播弄是非者的禍害是沒有止境的，他們能連續地危害許多國家。」伍家父子的遭遇就是一個很好的說明。

太宰❶者官號，嚭者名也。伯州❷之孫，伯州為楚臣，以過誅，嚭以困奔於吳。是時吳王闔廬伐楚，悉召楚仇而近之。嚭為人覽聞辯見❸，目達耳通❹，諸事無所不知，因其時自納❺於吳，言伐楚之利。闔廬用之伐楚，令子胥、孫武❻與嚭將師入郢。有大功還，吳王以嚭為太宰，位高權盛，專邦之枋❼。未久，闔廬卒。嚭見夫差內無柱石之堅❽，外無斷割之勢❾，諛心❿自納，操獨斷之利⓫，夫差終以從焉。而忠臣籥口⓬，不得一言。嚭知往而不知來⓭，夫差至死悔不早誅。傳曰：「見清知濁，見曲知直，人君選士，各象其德⓮。」夫差淺短⓯，以是與嚭專權，伍胥為之惑⓰，是之謂也。

【章　旨】本章記述伯嚭之家世、個性及深受夫差寵用的原因。

【注　釋】❶太宰　官職名。為輔佐諸侯治理國家的主要負責人。❷伯州　即伯州犁。楚大夫，為楚所誅。❸覽聞辯見　善將書本上看到的、閒談中聽到的表現於言談辯論之中。❹目達耳通　耳目通達，消息靈通。❺自納　主動登門而被接納。❻孫武　春秋時著名軍事家。齊人，以兵法求見吳王闔廬，吳以為將，助吳整軍經武，西破強楚，北威齊晉。著有《孫子兵法》八十二篇。❼枋　權柄。❽柱石之堅　比喻堅定不移的見解。❾斷割之勢　果斷處理問題的魄力。❿諛心　用阿諛奉承取得對方的歡心。⓫獨斷之利　個人專斷大小事務的好處。⓬箝口　閉口不言。⓭知往而不知來　熟知往事而不能預見未來。即不懂得如何考慮長遠的後果。⓮象其德　表現出他的才德。⓯淺短　知識淺薄，眼光短小。⓰為之惑　被其欺騙蒙蔽。

【語　譯】太宰是官職的名稱，伯嚭是他的姓名。他是伯州犁的孫子，伯州犁是楚國的大夫，因犯了錯誤被楚王殺掉，伯嚭走投無路便投奔了吳國。那時吳王闔廬準備伐楚，便把楚國的仇人都召集到自己身邊。伯嚭為人很善於誇誇其談而賣弄自己的知識見聞，他的消息靈通，四周發生了什麼事情很快就能知道。他藉吳王伐楚的時機主動找上吳王闔廬，大談伐楚的好處，闔廬便派他參加伐楚，命令伍子胥、孫武和伯嚭領兵攻打楚國的郢都。在伐楚中立了大功，回來以後逐步提升為太宰，職位很高，權力很大，掌握了國家的權柄。不久以後，吳王闔廬死了。伯嚭眼見夫差內心沒有堅定不移的見識，外面沒有英明果斷的處理問題的氣魄，便用阿諛討好的手段討得夫差的歡心，掌握了獨斷專行的權力。因為在許多重大問題上夫差最終總是聽從他的意見，而許多忠臣根本無法發表意見，只好乾脆閉口不言。伯嚭博聞強記熟悉歷史，卻缺乏眼光不能預見未來，吳王夫差臨死時很後悔沒有早把伯嚭殺掉。書傳中說：「看見了清水才知道濁水有多噁心，看到了歪人的下場才知道正人的可貴，從君王選拔重用怎樣的大臣，可以表現出君王本人的才德。」吳王夫差知識淺薄，眼光短淺，才會讓伯嚭這種人專權，在殺害伍子胥的問題上受他的蒙蔽，書傳中的話，說的就是這個道理。

范蠡其始居楚也，生於宛橐❶，或伍戶之虛❷。其為結僮❸之時，一癡一醒❹，時人盡以為狂。然獨有聖賢之明，人莫可與語。以內視若盲❺，反聽若聾❻。大夫種入其縣，知有賢者，未覩所在，求邑中不得其邑人❼。以為狂夫多賢士，眾賤有君子。汎求❽之焉，得蠡而悅，乃從官屬❾問治之術。蠡修衣冠，有頃而出，進退揖讓❿，君子之容。終日而語，疾陳⓫霸王之道⓬，志合意同，胡越⓭相從。俱見霸兆⓮出於東南，捐⓯其官位，相要⓰而往臣。小有所虧，大有所成，捐⓱止於吳，或任子胥，二人以為胥在無所關其辭⓲，種曰：「今將安之？」蠡曰：「彼為我⓳，何邦不可乎？」去吳之越。句踐賢之，種躬正內⓴，蠡出治外，內不煩濁㉑，外無不得。臣主同心，遂霸越邦。種善圖始㉒，蠡能慮終㉓，越承㉔二賢，邦以安寧。始有災變㉕，蠡專其明㉖，可謂賢焉，能屈能申㉗。

【章　旨】本章記述范蠡和文種相互結交從楚出發，經吳入越的故事。與本篇前幾部分不大有關聯，而與下篇則很接近，似乎是傳抄過程中編排出了差錯。

【注　釋】❶宛橐　地名。❷伍戶之虛　地名。《史記・越王句踐世家》作「三戶」。❸結僮　結髮的兒童。❹一癡一醒　癡呆一陣，清醒一陣。❺內視若盲　對自己的事視而不見。❻反聽若聾　對別人的批評意見好像沒有聽到。❼求邑中不得其邑人　應作「求邑中不得其人」。❽汎求　廣泛地尋找。❾從官屬　隨同下屬官吏。❿揖讓　相互行禮，相互讓路讓位。⓫疾陳　不停頓地陳說。⓬霸王之道　霸王與王者的統治方略。⓭胡越　指落後地區。胡泛指北方，越泛指南方。⓮霸兆　出現霸主的徵兆。⓯捐　拋棄。⓰相要　相邀；結伴。⓱捐　車環。代指馬車。⓲關其辭　陳述自己的看法。⓳彼為我　那事全決定於我們自己。⓴正內　整理宮廷內部。㉑煩濁　繁雜混亂。㉒圖始　策劃和開創。㉓慮終　考慮長遠的後果。㉔承　依靠。㉕災變　指越王句踐準備屠殺功臣。㉖蠡專其明　指范蠡見機棄官出走。㉗能屈能申　困難時忍辱負重，勝利後又不貪封賞。

【語　譯】范蠡生在楚國宛橐，或稱伍戶之虛。當他早在幼童的時候，常常一陣發呆，又一陣清醒，當地的人都把他看成一個狂生。但是他看問題卻偏偏像聖賢一樣明察一切，人們簡直無法和他交談。因為他對自己的事常常視而不見，對旁人的意見批評聽而不聞。大夫文種到宛縣做縣令，知道縣裡有很賢明的人，但不知他住在什麼地方，在縣城中沒能找到要找的人，認為狂夫裡面常常有賢士，寒賤的人中往往有君子。於是擴大了尋找的範圍，終於高興地找到了范蠡，於是便同手下的官吏一道向范蠡詢問治國安民的方法。范蠡看見來了貴客，便整理好衣冠，過了一會兒才出來見客，文質彬彬地和客人行禮交談，表現出一派君子的風度。范蠡興奮地談了一整天，滔滔不絕地講述著霸主和王者的治國安邦的方略，兩人志同道合，決定不管天南地北都互相追隨。他們看到霸主的徵兆出現在東南一帶，文種就放棄了楚大夫的職位，和范蠡結伴到東南去另謀出路。他們自認為目前雖小有損失，日後肯定大有前途。他們駕車來到吳地，伍子胥正大受吳王重任，二人認為有伍子胥在，他們一定沒有陳述治國方略的機會。文種和范蠡商量道：「我們現在再到什麼地方去呢？」范蠡說：「事情決定於我們自己，到哪個國家不都一樣嗎？」便離開吳國跑到越國。越王句踐果然非常看重他們，讓文種處理朝廷的事務，讓范蠡管理外面的事情。文種把朝政管理得井井有條，繁雜混亂的現象一掃而空，范蠡把外面的事也處理得十分得當。他們和句踐同心同德，終於使越國成為稱霸一時的強國。文種的長處在善於策劃和開拓，而范蠡則善於預見長遠的後果。越國依靠這兩位賢臣，把國家治理得富強安寧。到越王句踐準備屠殺功臣的時候，范蠡就見機離開了，他真是難得的賢臣啊！困難時能忍辱負重，勝利後又不貪封賞。

卷七

越絕外傳記范伯第八

【題解】本篇名為〈記范伯〉，實際上記述的卻是范蠡和文種兩人的事跡。本書為兩人開闢專篇是有道理的，因為沒有范蠡和文種的竭誠盡力的輔佐，也就沒有越王句踐的霸業。當句踐伐吳失敗，棲身會稽之時，正是文種和范蠡幫句踐設謀定計，賄賂伯嚭，簽訂了投降協議，保住了越國的獨立地位。在句踐入吳服役的幾年中，范蠡跟隨句踐棲身虎狼之穴，既要幫他應付一切複雜的局面，又要給他精神上的支持。文種則留在國內醫治戰爭創傷，安定人心，維持局面。句踐回國後，文種幫他修明吏治，增加生產。范蠡則幫他訓練士卒，增強國力。經過十年生聚，十年教訓，終於積聚了雄厚的實力，團結了越國的臣民，滅亡了吳國，成為當時的霸主。書中分明寫的是兩人的事跡，但在署名上卻偏偏只寫范蠡，而略去了文種，這實在是有失公道的。作者這樣做無非是認為范蠡在出處進退方面比文種高明，既善於建功立業，又精於明哲保身。而文種則貪戀祿位，不懂得避害全身，招致了「兔死狗烹」的悲慘下場。此外，在本書所有的篇章中，以本篇篇幅最短，而上篇的末章又恰好與本篇非常接近，很可能是在傳抄過程中造成的失誤。

昔者，范蠡其始居楚，曰范伯。自謂衰賤❶，未嘗世祿❷。故自菲薄❸，飲食則甘天下之無味，居則安天下之賤位，復被髮佯狂❹不與於世。謂大夫種曰：「三王❺則三皇❻之苗裔也，五伯❼乃五帝❽之末世也。天運❾歷紀❿，千歲一至，黃帝之元⓫，執辰破巳⓬，霸王之氣，見於地戶⓭，子胥是以挾弓干⓮吳王。」於是要大夫種入吳，此時馮同⓯相與共戒之⓰，伍子胥在，自與不能關其辭。蠡曰：「吳越二邦，同氣共俗⓱，地戶之位，非吳則越。」乃入越。

【章　旨】本章介紹范蠡、文種自楚經吳入越的簡單經過。

【注　釋】❶衰賤　貧寒卑賤。❷世祿　世代做官，享受爵祿。❸菲薄　淺陋微薄。❹被髮佯狂　披頭散髮，假作顛狂。❺三王　夏商周三個王朝的開創者。即夏禹、商湯、周文王。❻三皇　說法不一：㈠天皇、地皇、人皇（泰皇）。㈡伏羲、神農、黃帝。❼五伯　即五霸。指齊桓公、晉文公、秦穆公、楚莊王、宋襄公。❽五帝說法不一：㈠伏羲、神農、黃帝、堯、舜。㈡黃帝、顓頊、帝嚳、帝堯、帝舜。❾天運　自然的氣數。❿歷紀　經歷一紀。極言歷時之久。《史記・天官書》以為：「天運三十年一小變，百年一中變，五百年一大變，三大變為一紀。」⓫元　年代；時代。⓬執辰破巳　史籍無載，或出於失傳之緯書。⓭地戶　地之門戶。指當時東南吳越一帶。⓮干　謁見。⓯馮同　無考。⓰戒之　勸告；警告。⓱同氣共俗　氣候風俗全都一樣。

【語譯】從前，范蠡祖居楚國，人稱范伯。他自稱出身貧寒卑賤，先世從未有人做官食祿。所以自奉非常簡陋，哪怕世上最沒味道的東西也吃得很香甜，住在世間最差的房子裡仍感到很舒坦，加上成天披頭散髮、裝瘋作傻，和一般人根本合不來。他對大夫文種說：「夏禹、商湯、周文王可以說是三皇的後代子孫。齊桓公、晉文公、秦穆公、楚莊王、宋襄公可說是五帝的末世。自然的運數從小變、中變、大變到一紀，一千多年才一個輪迴，從黃帝年代執辰破巳以來，到現在霸主的氣運，首次出現在地的門戶——中國東南一帶，為此伍子胥帶著長弓去求見吳王闔廬。」於是他就邀文種一道到了吳國，這時馮同以及和他們相好的朋友都勸告范蠡、文種，吳國現在伍子胥在朝，你們根本沒有機會向吳王陳述自己的看法。范蠡說：「吳越兩國氣候風俗完全一樣，地戶的位置，不在吳國就在越國。」兩人於是來到越國。

越王常與言盡日，大夫石買❶居國，有權辯口❷。進曰：「衒女❸不貞，衒士不信，客歷諸侯，渡河津，無因自致，殆非真賢，夫和氏之璧❹，求者不爭賈❺，騏驥❻之材，不難險阻之路，彼生於荊楚之邦，歷諸侯無所售❼，道聽之徒❽，唯大王察之。」於是范蠡退而不言，遊於楚越之間。大夫種進曰：「昔者市偷自衒於晉❾，晉用之而勝楚。伊尹負鼎❿入殷，遂佐湯取天下，有智之士，不在遠近取也⓫。謂之帝王，求備者亡。《易》⓬曰：『有高世之材，必有負俗⓭之累。有至智⓮之明者，必破庶眾之議⓯，成大功者不拘於俗，論大道者不合於眾。』唯大王察之。」於是石買益疏，其後使將兵於外，遂為軍士所殺。

【章　旨】本章記述文種說服越王句踐，衝破權臣石買的阻撓，范蠡、文種終於受到越王句踐的收留。

【注　釋】❶石買　越國的權臣。嫉能妒賢，企圖阻撓越王句踐收用范蠡、文種，後遭失敗，為士兵所殺。❷有權辯口　有權術善詭辯。❸衒女　自我炫耀的婦女。❹和氏之璧　楚人卞和發現一塊玉璞，先後獻給楚厲王和武王，被認為欺騙，給截去雙腳，卞和抱璞哭於荊山下，楚文王使人加工為璧玉，價值連城。❺賈　同「價」。❻騏驥　千里馬。❼無所售　不被收用。❽道聽之徒　知識非出自名師傳授，只是零碎地從過路人口中聽來的人。❾市偷自衒於晉　語出《淮南子・道應》。❿伊尹負鼎　伊尹善烹調。據《史記・孟子荀卿列傳》：「伊尹負鼎，而勉湯以王。」⓫不在遠近取也　取用人才不應以關係遠近為標準。⓬易　今《周易》未見有以下所引文字。⓭負俗　不合乎世俗的眼光。⓮至智　最高的超人的智慧。⓯破庶眾之議　看問題一定超出一般傳統保守的議論。

【語譯】越王句踐常常整天和他們談論問題，當時越國由大夫石買主持國政，他是個很有權謀和善於詭辯的人物，他跑去對越王句踐說：「拿自己的美色到處招搖的婦女不可能貞潔，把自己的知識到處招搖的文士都不太可靠，兩位客人經歷諸侯各國，跋山涉水，無緣無故自動跑到越國來，恐怕不一定是真正的賢才。如果是和氏的璧玉，謀求它的根本就不管價錢的高低，騏驥等良馬，不畏懼艱難險阻的道路，客人從荊楚大地經歷過許多國家都沒有被收用，恐怕只是憑著道聽塗說而沒有真才實學的人物，希望大王慎重考慮。」范蠡聽說這事，一句話不說就走了，跑到楚越之間的地區去遊歷考察。大夫文種卻向越王句踐進言：「從前有個小偷在晉侯面前炫耀自己的本事，晉侯用小偷打敗了楚國，伊尹扛著鼎來投靠商湯，終於扶助商湯取得了天下。對於智能之士的選用不應該以遠近作為標準啊！人們議論說：帝王對賢臣求全責備，弄不好可能亡國破家。《易經》上說：『一個人有高出世人的才華，一定會有不合於世俗的毛病。智慧極高的人看問題，一定會有超出一般人的見解。要建立重大功業的人，必然不會受到世俗意見的拘束，議論重大原則問題不要完全投合大家的胃口。』希望君王認真考慮。」越王句踐聽了文種的話以後，便一天天疏遠石買，後來讓他帶兵守衛邊防，結果被軍士們殺死。

是時句踐失眾❶，棲於會稽之山，更用種、蠡之策❷，得以存。故虞舜曰：「以學乃時而行❸，此猶良藥也。」王曰：「石買知往而不知來，其使寡人棄賢。」後遂師二人，竟以禽吳。子貢曰：「薦一言❹，得及身❺，任一賢，得顯名。傷賢喪邦，蔽能❻有殃，負德忘恩，其反形傷❼。壞人之善❽毋後世，敗人之成❾天誅行。」故冤子胥僇死，由重❿譖子胥於吳，吳虛重之，無罪而誅。傳曰：「寧失千金，毋失一人之心。」是之謂也。

【章　旨】本章通過句踐重用范蠡、文種，不但保存了越國，最後還滅亡了吳國的事實，以及子貢有關任賢傷賢的不同後果的論述，說明重任賢才的重要作用。

【注　釋】❶句踐失眾　指句踐被吳王夫差打敗，士卒離散。❷種蠡之策　文種和范蠡勸句踐忍辱投降，然後積蓄力量，伺機報仇。❸學乃時而行　學習失敗時的教訓以立身行事。❹薦一言　用一句好話推薦賢人。❺得及身　在生時就能得到好處。❻蔽能　妨礙有才能的人。❼其反形傷　將反過來給自己造成傷害。❽壞人之善　對人家做的好事進行破壞。❾敗人之成　破壞人家的成就。❿由重　不詳。

【語　譯】這時越王句踐被吳王夫差打敗，大部分士兵都逃散了，只帶著剩下的幾千殘兵退守在會稽山上，改用文種和范蠡忍辱投降、勵精圖治的策略才保全了國家。這就像虞舜所說：「人們立身行事，應當學困難時的處境，逆境的磨難就像良藥一樣。」越王句踐說：「石買的眼光只看到過去，而不知考慮將來，差一點使得我遺棄了遠來的賢臣。」後來便把文種和范蠡當成自己的老師，終於滅亡了吳國。子貢說：「用一句良言推薦賢人，在生時就能得到好處，國君能重用賢臣，就能顯名後世。損害賢臣可能導致亡國，阻塞賢路就要招致禍殃，辜負別人的恩德，到頭來會給自己造成傷害。破壞人家的好事要滅絕子孫，破壞別人的成就老天爺就會施行誅戮。」由重在吳王面前誣陷伍子胥，伍子胥蒙冤被殺，吳王夫差表面上很重視由重，但過後一醒悟就把由重殺了。經典上說：「寧願喪失千兩黃金，也不要喪失一個賢者的心。」說的就是這個道理。

越絕內傳陳成恆第九

【題　解】本篇是《越絕書》全書中最精彩的篇章之一。可惜的是有一點文不對題。篇名叫〈陳成恆〉，實際上是記述子貢的一次行程數千里的穿梭外交活動。而陳成恆伐魯只是子貢進行這次外交活動的起因。子貢這次止齊伐魯，唆吳伐齊，穿梭往來於齊、吳、越、晉的外交活動，其政治目的當然是為了保全魯國，削弱齊國。要削弱齊國必須挑動吳王夫差伐齊，而吳王伐齊勢必空其府庫，損其士卒，這樣就十分有利於越人日後的伐吳報仇。子貢這次外交活動，不但直接保護了魯國，更間接幫助了越國。從此以後，越國君民不但把子貢看做恩人，也把他看成聖人。《越絕書》在評論人物的時候，常常把子貢的言論作為經典加以引用。這篇文字和《史記·仲尼弟子列傳》、《吳越春秋·夫差內傳》的有關部分基本相同，顯然三書有關部分都出自同一來源。而《吳越春秋》對於史事的處理卻明顯高於《史記》和《越絕書》，它按事件發展的順序編年，說明子貢說吳伐齊距越興師伐吳為時尚遠。而《史記》與《越絕書》則將吳齊艾陵之戰、吳晉黃池之會、越興師伐吳緊密連接寫在一起，似乎三件事接連發生，這樣固然突出了子貢外交活動的功績，但和歷史的真實性則產生了相當的距離。

昔者，陳成恆❶相齊簡公❷，欲為亂。憚齊邦鮑、晏❸，故徙其兵而伐魯。魯君❹憂也，孔子患之，乃召門人弟子而謂之曰：「諸侯有相伐者尚恥之，今魯父母之邦❺也。丘墓❻存焉。今齊將伐之，可無一出乎❼？」顏淵❽辭出❾，孔子止之；子路❿辭出，孔子止之；子貢辭出，孔子遣之。

【章　旨】本章記敘齊陳成恆伐齊，孔子派遣弟子奔走遊說，以削齊安魯。

【注　釋】❶陳成恆　即田常。一作陳成子、陳恆。其祖陳完以亂自陳奔齊，世代以大斗貸糧於民，而以小斗收之，以收民心。至田常，相齊簡公而殺之，齊政遂由田氏控制。三傳至田和，遂代齊而廢姜氏之祀。❷齊簡公　姜壬。景公杵臼之子，在位時田氏漸強，因御之無術，卒為田常所弒。❸鮑晏　指鮑叔牙、晏嬰的子孫。俱為擁護姜氏政權的巨族。❹魯君　魯哀公姬將。❺父母之邦　祖國。❻丘墓　墳墓；祖墳。古人祖孫父子世代葬在一起。❼無一出乎　沒有一人為國事奔走嗎。❽顏淵　即顏回。孔子最得意的弟子，好學，安貧樂道。一簞食，一瓢飲，不改其樂。不遷怒，不貳過。以德行稱，後儒尊為復聖。❾辭出　向孔子辭行，準備出門。❿子路　仲由。字子路，卞人。孔子賢弟子，正直勇武，聞過即改。仕於衛，在兵亂中被殺。

【語　譯】從前，陳成子做齊簡公的相國，陰謀篡國作亂，但又害怕國內鮑氏、晏氏等大家族阻撓。所以派軍攻打魯國，企圖建立功勳以壓服群臣。魯哀公非常憂愁，孔子也非常焦急，便召集學生和門客共商對策。孔子對大家說：「諸侯間互相攻打，我們都感到很羞恥，魯國是我們的父母之邦，我們的祖墳都埋在這裡，如今齊軍要來攻打魯國，我能不派人出國奔走，以救國難嗎？」顏淵聽了，便向孔子請求接受任命，孔子制止了他。子路又向孔子請求接受使命，孔子又制止了他。

於是子貢向孔子請求接受使命，孔子便派他出使各國。

子貢行之齊，見陳成恆曰：「夫魯，難伐之邦，而❶伐之，過矣！」

陳成恆曰：「魯之難伐，何也？」

子貢曰：「其城薄以卑❷，池❸狹而淺，其君愚而不仁，其大臣偽而無用，其士民有惡聞甲兵❹之心，此不可與戰，君不如伐吳。吳城高以厚，池廣以深，甲堅以新，士選❺以飽，重器精弩❻在其中，又使明大夫守。此邦易也，君不如伐吳。」

成恆忿然作色❼曰：「子之所難，人之所易也，子之所易，人之所難也。而以教恆，何也？」

子貢對曰：「臣聞：憂在內者攻彊❽，憂在外者攻弱❾，今君憂內，臣聞君三封❿而三不成者，大臣有不聽者也。今君破魯以廣齊，墮魯以尊臣⓫，而君之功不與焉。是君上驕主心，下恣群臣，而求成大事⓬難矣！且夫上驕則犯⑬，臣驕則爭，是君上於主有郤⑭，下與大臣交爭也，如此則君立於齊，危於重卵⑮矣。臣故曰：『不如伐吳。』且夫吳，明猛⑯以毅而行其令⑰，百姓習於戰守，將明於法，齊之遇為禽必矣。今君悉擇四疆⑱之中，出大臣以環之⑲，黔首⑳外死，大臣內空，是君上無彊臣㉑之敵，下無黔首之士，孤立制齊㉒者君也。」

陳恆曰：「善。雖然，吾兵已在魯之城下，若去而之吳，大臣將有疑我之心，為之奈何？」

子貢曰：「君按兵無伐㉓，臣請見吳王，使之救魯而伐齊，君因以兵迎之。」

陳成恆許諾。乃行。

【章旨】本章簡要敘述子貢成功地說服陳成恆頓兵魯國城下，以待吳軍入侵的經過。

【注釋】❶而　你。❷薄以卑　單薄而又低矮。❸池　護城河。❹惡聞甲兵　聽到打仗就感到厭惡。❺選　經過認真挑選。❻精弩　強弓。❼忿然作色　氣憤憤地發作起來，臉色很難看。❽憂在內者攻彊　麻煩產生在朝廷內部，就去攻擊強大的敵人，以削弱反對派的力量。❾憂在外者攻弱　麻煩出在國外，就去進攻弱敵，以樹立威勢，使外敵不敢輕舉妄動。❿三封　三次請求齊侯封地。⓫墮魯以尊臣　毀壞魯國而提高群臣的地位。⓬成大事　指企圖奪取齊國。⓭犯　侵凌虐待。⓮有郤　有嫌隙。⓯危於重卵　比將兩個雞蛋重疊起來還要危險。⓰明猛　精明勇猛。⓱行其令　推行其指示。⓲四疆　四境。即全國。⓳環之　防衛著它。⓴黔首　平民百姓。㉑彊臣　有勢力的大臣。㉒孤立制齊　獨立控制著齊國政局。㉓按兵無伐　按兵不動，不要攻城。

【語譯】子貢走到齊國，會見了齊相國陳成子，便對他說：「魯國是個不好攻打的國家，您卻偏要來討伐它，實在太過分了呀！」

陳成子說：「魯國有什麼難打的呢？」

子貢說：「它的難打就在於城牆單薄而低矮，護城河狹窄而又平淺，君王愚闇而不仁，大臣好說假話而又無能，老百姓聽說打仗就很心煩，這樣的對手是不值得交手的，您不如去討伐吳國。吳國的城牆又高又厚，護城河又寬又深，士兵們身上的鎧甲結實堅牢而且是新做的，戰士都經過挑選，糧食又充足，軍中還裝備著貴重的武器，強勁的弓弩，又選派了精明的大夫嚴密地防守，這個國家容易對付，我所以說您不如去攻打吳國。」

陳成子怒氣沖沖地說：「您所說的難打，正是人們認為容易打的；您所說的容易打，正是人們認為難打的。先生為什麼要用這麼奇怪的邏輯來教本人呢？」

子貢回答說：「我聽人家說：麻煩出在朝中的反對派，就要攻伐強敵以藉機消滅內部的反對勢力。麻煩產生在國外，就攻打弱敵以樹立威勢。現在您耽心的是內部的反對派，聽說您三次請求封地卻三次都未成功，這是因為朝內有大臣不聽指揮。現在您攻破魯國擴大了齊國的土地，損傷了魯國提高了大臣的威望，而您的功勞卻顯不出來。徒然使上面的君主非常驕傲，下面的大臣更加放肆。而您想取代姜氏政權那就太困難了。況且君王一旦驕傲就不免為難臣下，大臣一驕傲就要爭權奪利，這樣您就上對君王加深嫌隙，下和群臣加劇了紛爭。這一來您在齊國的處境就危於累卵了。我所以說：『您不如去討伐吳國。』說到吳國，君王為人精明威猛堅毅，而大臣又聽從命令，百姓習慣於征戰，將軍熟悉法令，齊軍如果和他們遭遇，一定要吃大敗仗，現在您趕快從國內徵集戰士，派大臣從四方認真防守，戰爭打完以後，大量平民百姓死在戰場上，大臣的勢力也消耗空了。那樣上面再沒有彊臣給您為難，下面沒有平民百姓製造干擾，可以獨立地控制齊國政局的就只有您一個人了。」

陳恆說：「真是好極了。只是我已經把軍隊開到了魯國城下，如果離開魯國，跑到吳國去，大臣們恐怕會對我產生懷疑呀！該怎麼辦呢？」

子貢說：「那就請您按兵不動，不要攻城，讓我去求見吳王，讓他用援救魯國的名義討伐齊國，您再藉機出兵迎戰。」

陳恆爽快地答應了，子貢馬上奔向吳國。

子貢南見吳王，謂吳王曰：「臣聞之：王者不絕世❶，而霸者不彊敵❷。千鈞❸之重，加銖❹而移。今萬乘❺之齊，私❻千乘❼之魯，而與吳爭彊❽，臣切為君恐。且夫救魯，顯名也，而伐齊，大利也。義在存亡魯，勇在害❾彊齊，而威申❿晉邦者，則王者不疑也。」

吳王曰：「雖然，我常與越戰，棲之會稽。夫越君，賢主也，苦身勞力，以夜接日⓫，內飾⓬其政，外事諸侯，必將有報我之心。子待吾伐越而還。」

子貢曰：「不可，夫越之彊不下魯，而吳之彊不過齊，君以⓭伐越而還，即齊也亦私魯矣。且夫伐小越而畏彊齊者不勇，見小利而忘大害者不智，兩者臣無為君取⓮焉。且臣聞之仁人不困厄⓯以廣其德⓰，智者不棄時⓱以舉其功⓲，王者不絕世以立其義⓳。今君存越勿毀，親四鄰以仁，救暴困齊，威申晉邦，以武救魯，毋絕周室⓴，明諸侯以義㉑。如此則臣之所見溢乎負海㉒，必率九夷㉓而朝，即王業成矣。且大吳畏小越如此，臣請東見越王，使之出銳師㉔以從下吏㉕，是君實空越㉖而名從諸侯㉗以伐也。」

吳王大悅，乃行子貢㉘。

【章旨】本章記述子貢挑動吳王夫差想當霸主的虛榮心，並且提出幫他約請越國出兵助戰，解除了夫差對越王的疑慮，痛快地給子貢赴越餞行的經過。

【注釋】❶不絕世　不斷絕享有祿位的世家。❷不彊敵　不容許別人擴張勢力以致威脅自己的霸主地位。❸千鈞　形容力量之大或器物之重。每鈞三十斤。❹銖　二十四分之一兩為銖。極言其輕。❺萬乘　地方千里可出兵車萬輛，稱萬乘之國。❻私　企圖兼併。❼千乘　地方百里，可出車千輛，稱千乘之國。❽爭彊　比誰厲害，比誰強大。❾害　打擊；損害。❿威申　威勢擴展。⓫以夜接日　夜以繼日。⓬飾　修理整頓。⓭以　通「已」。已經。⓮無為君取　認定對您無一可取。⓯困厄　給遭難者為難。⓰廣其德　荒廢其德。廣，通「曠」。荒廢。⓱棄時　放棄時機。⓲舉其功　建立功業。⓳立其義　樹立恩義。⓴毋絕周室　使周室同宗的魯國不會斷絕香火。㉑明諸侯以義　用道義向諸侯標榜。㉒溢乎負海　超出於海外之國。㉓九夷　無數落後國家。㉔銳師　精銳部隊。㉕下吏　部下。㉖空越　掏空了越國的力量。㉗從諸侯　帶領諸侯。㉘行子貢　給子貢餞行。

【語譯】子貢到南方會見吳王夫差，對夫差說：「我聽人講：稱王於天下的人不輕易絕滅享受世祿的大臣，而稱霸於天下的君王不容許強敵任意擴充勢力。千鈞的重物任意加上一點點籌碼，位置就會起變化，強大的對手加一分實力，就會對自己構成威脅。現在萬乘的齊國正要兼併千乘的魯國，用這種非正義的手段與吳國爭霸主的地位。我現在很替您的霸主地位耽心！況且援救魯國是可以顯揚聲名的事業，而討伐齊國是有厚利可圖的。戰爭的正義性表現於保存面臨滅亡的魯國，它的勇敢精神表現於打擊強暴的齊國，而且還能使聲威震撼於晉國，打這場正義戰爭對於圖王霸之業的君王是根本不必猶疑的。」

吳王夫差說：「伐齊救魯雖然是正義而有利可圖的，但我曾經和越王句踐打過仗，把他趕到會稽山上。而越王句踐是個賢明的君主，他磨礪自己的身體和精力，夜晚接著白天，不知疲倦。對內把國政整治得井井有條，對外與各國諸侯拉好關係，他一定會向我尋求報復。你讓我討平越國回來後再出兵征齊。」

子貢說：「那不行，越的國力不下於魯，吳的強大不超過齊國，等您打敗越國班師回來，齊國已經把魯國兼併了。況且因害怕強大的齊國而去攻打弱小的越國，實在不夠勇敢，只看到眼前的小利而忘掉日後的大害，實在是太不聰明，這兩方面我都覺得您的想法不可取。而且我還聽見別人說：一個仁義的人絕不會去為難受害者以損傷自己的德行，一個聰明的人絕不放棄可以建功立業的時機，一個行王道的君主為了樹立信義絕不會讓一個世家斷絕祿位。您如果不毀滅越國，並以仁德之心親近四方鄰邦，圍困齊國，讓自己的威德震動晉國，用武力拯救魯國，使周朝的宗室不致斷絕香火，用道義向諸侯相標榜。如能做到這些，我將高興地看到吳國的聲望必將超出海外，許多落後國家必將相率來朝，那時吳國的霸王之業就完全成功了。況且強大的吳國也完全沒有必要害怕小小的越國向您報復，您若不放心，不妨讓我去會見越王，讓他派出精銳的軍隊跟隨您的屬下一同征齊，這樣您事實上掏空了越國，而名義上卻可以打出率領諸侯征伐暴齊的旗幟。」

吳王夫差聽到率越伐齊的主意簡直高興極了，馬上給前去越國遊說的子貢設宴餞行。

子貢東見越王，越王聞之，除道❶郊迎❷。至縣，身御❸子貢至舍❹而問曰：「此乃僻陋❺之邦，蠻夷之民也。大夫何索❻，居然而辱❼乃至於此？」子貢曰：「弔君❽故來。」

越王句踐稽首再拜曰：「孤聞之：禍與福為鄰，今大夫弔孤，孤之福也。敢遂聞❾其說。」

子貢曰：「臣今見吳王，告以救魯而伐齊，其心申❿，其志畏越，曰：『嘗與越戰，棲於會稽山上。夫越君，賢主也，苦身勞力，夜以接日，內飾其政，外事諸侯，必將有報我之心。子待我伐越而聽子。』且夫無報人之心，而使人疑之者，拙⓫也。有報人之心，而使人知之者，殆⓬也。事未發而聞者，危也。三者，舉世之大忌。」

越王句踐稽首再拜曰：「昔者，孤不幸，少失先人，內⓭不自量，與吳人戰，軍敗身辱，遺⓮先人恥。遯逃出走，比棲⓯會稽山，下守溟海，唯魚鼈是見⓰，今大夫不辱⓱而身見之，又出玉聲⓲以教孤。孤賴先人之賜，敢不奉教[19]乎？」

子貢曰：「臣聞之：明王任人，不失其能，直士舉賢，不容於世。故臨財分利[20]，則使仁；涉危拒難[21]，則使勇；用眾治民[22]，則使賢；正天下[23]，定諸侯[24]，則使聖人。臣竊練[25]下吏之心，兵彊而不并弱，勢在其上位，而行惡令其下者，其君幾乎[26]。臣竊自練可以成功至王者，其唯臣幾乎。今夫吳王有伐齊之志，君無惜重器[27]以喜其心，毋惡卑辭[28]以尊其禮，則伐齊必矣。彼戰而不勝，則君之福也。彼戰而勝，必以其餘兵臨晉[29]。臣請北見晉君，令共攻之，弱吳[30]必矣。其騎士銳兵弊乎齊[31]，重器羽旄[32]盡乎晉，則君制其敝[33]，此滅吳必矣！」

越王句踐稽首再拜曰：「昔者，吳王分其人民之眾，以殘伐[34]吾邦，殺敗吾民，圖吾百姓，夷[35]吾宗廟。邦為空棘[36]，身為魚鼈餌[37]，今孤之怨吳王，深於骨髓，而孤之事吳王，如子之畏父，弟之敬兄，此孤之外言[38]也。大夫有賜，故孤敢以疑[39]，請遂言之[40]。孤身不安牀席，口不甘厚味，目不視好色，耳不聽鐘鼓㊶者，已三年矣。焦脣乾嗌㊷，苦心勞力，上事群臣，下養百姓。願一與吳交天下之兵，於中原之野，與吳王整襟交臂㊸，而奮吳越之士繼踵連死㊹，士民流離，肝腦塗地㊺，此孤之大願也，如此不可得也。今內自量㊻，吾國不足以傷吳，外事諸侯，不能也。孤欲空邦家㊼，措策力㊽，變容貌，易名姓，執箕帚，養牛馬，以臣事之，孤雖要領不屬㊾，手足異處，四支布陳㊿，為鄉邑笑，孤之意出(51)焉。大夫有賜，是存亡邦(52)而興死人(53)也。孤賴先人之賜，敢不待命(54)乎？」

子貢曰：「夫吳王之為人也，貪功名而不知利害。」越王慥然避位(55)曰：「在子！」

子貢曰：「賜為君觀夫吳王之為人，賢彊以恣下(56)，下不能逆(57)，數戰伐(58)，士卒不能忍(59)。太宰嚭為人智而愚(60)，彊而弱，巧言利辭(61)，以內其身(62)，善為偽詐，以事其君，知前而不知後，順君之過(63)，以安其私，是殘國之吏64，滅君之臣也。」越王大悅。子貢去而行，越王送之金百鎰65，寶劍一，良馬二，子貢不受。

【章旨】本章記述子貢給越王句踐通消息出謀劃策，而越王句踐也向子貢傾訴自己對夫差的仇恨和復仇的決心。為慫恿夫差北上伐齊，句踐決定出兵助吳北伐。

【注釋】❶除道　清掃道路以迎貴賓。❷郊迎　走出國都到城郊迎客。❸身御　親自駕車。❹舍　賓館。❺僻陋　偏僻簡陋。❻何索　有何必要。❼辱　承蒙。❽弔君　對您的災禍表示慰問。❾遂聞　完整地聽取。❿心中　心裡很樂意。⓫拙　愚笨。⓬殆　危險。⓭內　內心。⓮遺　留下。⓯比棲　《吳越春秋》作「上棲」，於義為長。⓰唯魚鼈是見　見到的只有魚鼈。⓱不辱　不以為辱。⓲玉聲　金玉之良言。⓳奉教　接受教誨。⓴臨財分利　碰到分配錢財利益。㉑涉危拒難　進入險地，要和危難抗拒。㉒用眾治民　驅使和管理民眾。㉓正天下　端正國家。㉔定諸侯　安定諸侯。㉕練　猜測。㉖幾乎　危險。㉗重器　寶貴的軍器。㉘卑辭　低聲下氣的話。㉙臨晉　逼近晉國。㉚弱吳　削弱吳國。㉛弊乎齊　疲弊於齊國。㉜羽旄　用羽毛做的軍旗。㉝制其敝　抓住它的困難。㉞殘伐　毀滅性地征伐。㉟夷　拆毀；拆平。㊱空棘　人煙稀少，荊棘遍地。㊲魚鼈餌　屍體被投進水中成為魚鼈食料。㊳外言　就外表而言。㊴以疑　放下疑慮。㊵遂言之　毫無保留地說。㊶鐘鼓　泛指音樂。㊷乾嗌　咽喉發乾。㊸整襟交臂　整振衣襟，抄著雙手。㊹繼蹪連死　一個接一個地戰死。㊺肝腦塗地　心肝腦漿灑得遍地都是。㊻自量　估計自己的實力。㊼空邦家　盡國家之所有。㊽措策力　費盡心血和力量。㊾要領不屬　腰和頭領不連在一處，即身首異處。㊿四支布陣　四肢分散各處。51意出　氣吐出來了。52存亡邦　保存快滅亡的國家。53興死人　讓快死的人活了過來。54待命　聽從吩咐。55避位　離開座位。表示尊敬。56賢彊以恣下　應為「貪彊以恣下」。即貪婪強暴對臣下很任性，隨心所欲。57不能逆　不能提反對意見。58數戰伐　頻繁地發動戰爭。59不能忍　《吳越春秋》作「不息」，似乎更合理。60智而愚　表面聰明而實際愚蠢。61巧言利辭　語言很流利而有技巧。62內其身　容納其身。實為保住其地位。63順君之過　不對君王的錯誤提出諫諍。64殘國之吏　破壞摧殘國家的官僚。65百鎰　二十四兩為一鎰，百鎰等於二千四百兩。

【語　譯】子貢朝東進發去見越王句踐，句踐聽到這個消息，連忙派人清掃道路，到城外迎接子貢。子貢一到城郊，句踐就親自駕車把他接到賓館，路上說：「我們的國家是偏僻鄙陋的國家，我們的人民是野蠻落後的人民，大夫有什麼要事，竟然不遠千里來到這麼一個窮地方呢？」子貢半開著玩笑說：「我看到您要大禍臨頭了，特地來向您表示慰問。」

越王句踐接連地叩著頭說：「我聽說災星和福星常是走在一塊的，現在大夫來慰問我，就給我帶來了福氣。希望您把問題毫無保留地告訴我。」

子貢說：「我會見吳王夫差，請他出兵援救魯國，討伐齊國，他心裡非常樂意，但又怕越國趁機報仇。他說：『我曾經和越王交戰，把他追到會稽山上。越王句踐是個賢明的君主，他鍛鍊著身體，磨礪著意志，日以繼夜的工作，把國內治理得井井有條，對外和諸侯的關係也拉得很好，他一定會有心要報復我。你等我討平越國以後再依你出兵攻齊吧。』如果沒有報復人的心事而讓人懷疑存心報復，那個人就太笨拙了。有報復的意圖而讓別人知道，那就太危險了。存心報復尚未動手就讓人知道了消息，那就會大禍臨頭。這三種情況都是辦大事所最忌諱的。」

越王句踐又一次接連叩頭說：「從前，我不幸很小就死了父親，沒有人管教，不自量力和吳人打仗，仗打敗了，人格受到侮辱，也給先人蒙受羞恥。我羞得不願見人，逃出都城，或上會稽山，或下海邊，每天只能看到魚鼈。現在承大夫看得起我，親自來看我，又用金玉良言開導我。我繼承先人的遺業，怎敢不認真聽取先生的教誨呢？」

子貢說：「我聽人說：英明的王侯使用人才，務在不埋沒賢士的才能，正直的人所推舉的賢士常常不被世人理解，所以人君應該給不同的人分派不同的工作。碰到分配錢財的事就派講仁義的人，進入險地而需要抗拒危難的工作就應該派遣勇士，管理老百姓就派賢德之士，端正天下、安定諸侯就需要請聖人。我暗中猜測下屬官吏的想法，士兵戰鬥力很強而不用於兼併弱小，處在上位仗著權勢對下屬非常凶暴，那位君王一定很危險。如果某位大臣暗中以為自己能成功地推行霸王的功業，恐怕他的處境也很危險了。現在吳王夫差有討伐齊國的野心，您要不惜寶貴的軍器，用它作為厚禮以取得他的歡心。莫怕難為情地用低聲下氣、甜言蜜語對他表示尊重，那麼他就一定會去討伐齊國。他如果把仗打輸了，那當然是您的福分，他若是打勝了，一定會以得勝之師逼近晉國。讓我駕車北上去見晉君，約他和您共同攻擊吳軍，一定能削弱吳軍。吳國的騎士和精兵在齊國已經打得非常疲憊，貴重的軍械旗幟在晉國已經大量消耗，您只要對他的困難抓住不放，就一定可以滅亡吳國！」

越王句踐又一再叩頭說：「從前吳王夫差動員了半個國家的人力殘酷地征伐我國，殺敗了我的人民，鄙視我的百姓，拆毀了我的祖廟。使得我國人煙稀少，荊棘遍地。被殺害者的屍體被抛進江河，成為魚鼈的飼料。現在我對吳王的怨恨，已經深入到骨髓，但我還得小心侍候他，就像兒子害怕父親，像小弟恭敬兄長，但這只是表面上做給人看的。大夫對我有恩，所以我打消疑慮，徹底地把心裡話說出來。為了報仇，我夜晚在床上睡不了一個安穩覺，再好的東西也吃不出味道來，眼睛也沒心思欣賞漂亮女人，耳朵也聽不進好的音樂，這樣的日子已經整整三年了。我的嘴唇發焦，喉嚨發乾，心是苦的，身子是軟的，在朝廷我要協調群臣的關係，對國家我要教養百姓。希望和吳王夫差打一場震驚天下的戰爭，在廣闊的原野上，和吳王夫差整齊地穿著禮服，抄著雙手指揮吳越兩邦的勇士，並肩接踵，前仆後繼，哪怕百姓流離失所，本人肝腦塗地，也是我所心甘情願的，但我苦等了好些年也沒有得到這個機會。我衡量自己的實力，單憑越國的力量是不足以損傷吳國的，向國外聯合諸侯，人家也不會願意幫這個大忙。為了報仇，我寧願竭盡全國的人力和財力，耗盡心血和力量，改變自己的容貌，更換自己的姓名，手執竹箕掃帚，為人服勞役，餵牛馬，做別人的臣僕，只要有人幫我報仇，我什麼都可以幹，哪怕是腦袋搬家，手足被砍斷，分投四面八方，被同鄉父老所嘲笑。只要報了仇，我的那口怨氣就發洩了。大夫此行給我的恩賜，簡直就是保存了我們這個快滅亡的國家，救活了我這個快氣死的人啦！我靠先人的保佑才等到了大夫的到來，還敢不聽候大夫的吩咐嗎？」

子貢說：「吳王夫差的為人只知道貪圖眼下的立功揚名，而不知道考慮國家長遠的安危利害。」越王句踐猝然離開座位，恭敬地說：「吳王夫差的一切還不都在您的掌握之中嗎！」

子貢接著說：「我替您觀察吳王夫差的為人，他貪婪強暴，對臣下恣情任性，下面的人不能提反對意見，他不斷發動戰爭，士兵們不堪忍受，是個很不得民心的人。太宰伯嚭這人外表看起來很聰明，實際上卻很愚蠢，外表很強橫，內心卻很虛弱。他用花言巧語謀取到眼前的地位，用偽裝詐騙侍奉吳王，他對眼前的利害看得很清楚，而對未來的發展變化卻很糊塗，隨順吳王夫差的錯誤以掩蓋自己的私欲，是破敗國家的官僚，毀害君王的奸臣。」

越王聽了非常高興。子貢辭別越王啟程回吳，越王句踐送子貢兩千多兩黃金、一口寶劍、兩匹良馬作為禮物，子貢不肯接受。

遂行，至吳。報吳王曰：「敬以下吏❶之言告越王，越王大恐，乃懼曰：『昔孤不幸，少失先人，內不自量，抵罪於縣❷，軍敗身辱，遁逃出走，棲於會稽，邦為空棘，身為魚鱉餌，賴大王之賜，使得奉俎豆❸而修祭祀。大王之賜，死且不忘，何謀敢慮❹？』其志❺甚恐。似將使使者❻來。」

子貢至五日，越使果至。曰：「東海役臣❼孤句踐使使臣種，敢修下吏問於左右：昔孤不幸，少失先人，內不自量，抵罪於縣，軍敗身辱，遁逃出走，棲於會稽，邦為空棘，身為魚鱉餌，賴大王之賜，使得奉俎豆而修祭祀。大王之賜，死且不忘。今竊聞大王將興大義❽，誅彊救弱，困暴齊而撫周室❾。故使越賤臣種以先人之藏器❿：甲二十領⓫，屈盧之矛⓬，步光之劍⓭，以賀軍吏。大王將遂大義，則弊邑雖小，悉擇四疆之中⓮，出卒三千，以從下吏，孤請自被堅執銳⓯，以受矢石⓰。」

吳王大悅，乃召子貢而告之曰：「越使果來，請出卒三千，其君又從之⓱，與寡人伐齊，可乎？」

子貢曰：「不可，夫空人之邦⓲，悉人之眾⓳，又從其君⓴，不仁也。君受其幣㉑，許其師，而辭其君。」吳王許諾。

【章旨】本章簡要記述了句踐派文種向吳王夫差獻上珍貴的鎧甲和步光之劍、屈盧之矛，還要求由句踐親自率領三千士卒參加伐齊，子貢勸夫差接受越王的寶物和士卒，而不要越王句踐參戰。

【注釋】❶下吏　部下。❷抵罪於縣　犯罪於天下。❸奉俎豆　捧著祭祀祖先的祭器。❹何謀敢慮　哪裡敢有任何不安分的打算呢。❺其志　他的心情。❻使使者　派遣使臣。❼役臣　當差的臣子。❽興大義　倡導公正的大事。❾撫周室　安撫周王朝的宗室。❿藏器　珍藏的貴重器物。⓫領　副。⓬屈盧之矛　良匠屈盧製造的戈矛。⓭步光之劍　名叫步光的寶劍。⓮四疆之中　四方的邊境之內。指全國。⓯被堅執銳　身穿堅甲，手執銳兵。⑯受矢石　親臨前線，冒著飛箭和飛石的危險。⑰從之　跟隨部隊出征。⑱空人之邦　掏空了別國的寶物。⑲悉人之眾　全部收編了人家的戰士。⑳從其君　讓他們的國君跟著出征。㉑幣　財物。

【語　譯】子貢回到吳國報告吳王夫差說：「我奉命把您的意思轉告越王，越王句踐十分驚恐，他傷心地說：『我從前非常不幸，很年輕就死了父親，沒人對我進行管教，不自量力，冒犯大罪於天下，結果打了敗仗，自己受到侮辱，倉皇逃出都城，躲到會稽山上，國家變成一片廢墟，道路長滿荊棘，許多百姓被丟進河裡，成為魚蝦龜鼈的食料，幸蒙吳王的恩賜讓我能捧著俎豆等禮器，參加祭祀祖宗的大典。對吳王的恩賜，我到死也不會忘記，哪裡還敢動什麼壞心眼呢？』我看他的內心非常恐慌，相信不久就會派使臣來謝罪的。」

子貢回到吳國的第五天，越國的使臣果然來到吳宮。使臣文種說：「東海海邊給您當差的臣子句踐派使臣文種，恭敬地遵循下級小吏的禮節問候於大王左右：我從前很不幸，年輕就死了父親，受少了教育，不自量力，開罪於天下，戰爭失敗，自取其辱，倉皇逃出都城，躲在會稽山上，國家變為廢墟，道路遍生荊棘，人民葬身江河，成為魚蝦龜鼈的食物，承蒙大王的恩惠，讓我能捧著俎豆等祭器，參加對祖宗的祭祀大典，對於大王的恩賜，我到死也不會忘記。現在我聽說大王要主持正義，討伐強暴，扶助弱小，打擊暴齊，安撫周朝的宗室，所以派遣微賤的小臣文種，獻上先人所珍藏的鎧甲二十副和名匠屈盧鑄造的戈矛，名為步光的寶劍，向將軍們表示慶賀。既然大王將首倡大義，我國雖小，也從國內選派三千名士卒，跟隨您的部屬一道出征，我句踐還請求親自身披鎧甲，手執武器，到前線蒙受飛箭和飛石。」

吳王夫差非常高興，召見子貢並且告訴他說：「越國的使者果然來了，還要求出兵三千助戰，越王句踐也打算隨軍出征，你說這事好不好呢？」

子貢說：「那不行，掏空了別人的財寶，接受了人家的士卒，又讓他們的國君跟隨出征，就顯得太不仁道了。您可以收受他們的禮物，接受他們派遣軍隊的要求，不應該答應越王隨軍出征。」吳王夫差接受了子貢的意見。

子貢去而之晉，謂晉君❶曰：「臣聞之：慮❷不先定，不可以應卒❸，兵不先辨❹，不可以勝敵。今齊吳將戰，勝則必以其兵臨晉。」晉大恐曰：「為之奈何？」

子貢曰：「修兵❺休卒以待吳，彼戰而不勝，越亂之必矣。」晉君許諾。

子貢去而之魯。

【章　旨】本章簡述子貢通知晉君預先作好防吳的準備。

【注　釋】❶晉君　指晉定公姬午。❷慮　謀劃。❸應卒　應付倉促間發生的事件。❹先辨　事先把準備工作做好。❺修兵　修整軍事器械。

【語譯】子貢又離開吳國跑到晉國，對晉定公說：「我聽說：不預先把問題謀劃好，就不能應付倉促發生的事故，軍隊不事先作準備，到戰場上就不能打勝仗。現在吳國和齊國馬上就要打起來了，吳國如果戰勝了齊國，一定會移師攻晉。」晉定公大驚說：「那該怎麼辦呢？」

子貢說：「整頓軍備，休整士卒，以預防吳軍的侵略，好在他們的進攻是不能持久的，等不到他們取得勝利，越國必定會在他們的後院點火。」晉定公答應了子貢整軍備戰的要求。

子貢便離開晉國回到魯國。

吳王果與九郡之兵，而與齊大戰於艾陵❶，大敗齊師，獲七將。陳兵❷不歸，果與晉人相遇於黃池❸之上。吳晉爭彊❹，晉人擊之，大敗吳師。越王聞之，涉江❺襲吳，去邦七里而軍陣❻。吳王聞之，去晉從越。越王迎之，戰於五湖，三戰不勝，城門不守，遂圍王宮，殺夫差而僇其相❼。

伐吳三年，東鄉❽而霸。故曰：子貢一出，存魯，亂齊，破吳，彊晉，霸越是也。

【章　旨】本章寫事件結局：吳王夫差窮兵黷武，征齊伐晉，後防空虛，被越國君臣乘虛而入，終於身死國滅，為天下所笑，而子貢的外交活動也獲得極大成功。

【注　釋】❶艾陵　齊地。今山東萊蕪東北。❷陳兵　耀武揚威地將軍隊擺成陣勢。❸黃池　晉地。今河南封丘西南。❹爭彊　相互炫耀武力，爭著顯示兵力強大。❺涉江　渡過江河。❻軍陣　擺出打仗的陣勢。❼僇其相　殺了吳的相國伯嚭。❽東鄉　同「東向」。即東方。

【語　譯】吳王夫差果然發動了九郡的大軍征討齊國，和齊軍在艾陵展開大戰。他把齊軍打得大敗，俘虜了齊軍的七員大將。

夫差敗齊以後，故意將部隊擺成陣式，長期不回吳國，果然在黃池和晉國軍隊相遇，兩軍互相逞強，晉軍以逸待勞，主動出擊，吳軍大敗。越王句踐聽到消息，暗中率軍渡江，偷襲吳國，直到離蘇州城七里的地方，才擺出戰陣，打出旗號攻城。夫差聽到越軍入境，匆促率軍離開晉國，回去對付越軍。越王句踐率兵迎了上去，在太湖上反覆鏖戰，吳軍千里回軍，士氣低落，一連吃了幾個大敗仗，連蘇州城也給越軍攻破了，越軍圍住了吳王的宮殿，殺了吳王夫差和相國伯嚭。

越國吞併吳國三年以後，成了東方的霸主。所以說：子貢那次外交活動，保全了魯國，攪亂了齊國，破滅了吳國，強盛了晉國，而使越國成了霸主。

卷八

越絕外傳記地傳第十

【題解】〈記地傳〉和〈記吳地傳〉可說是姊妹篇。〈記吳地傳〉比較單純地記述吳縣附近的山川、城池、宮室、冢墓等地理情況，而〈記地傳〉則在記述山川、城池等地理情況外，還大量地穿插相關的歷史。其中既有越國的興亡史，也有秦元王以後的世系，秦滅六國的簡單過程及秦始皇遊吳越的行程。地理和歷史夾雜，可說是本篇和〈記吳地傳〉最大的不同點。

吳縣經過吳、越、楚、漢，一直是東南的政治、經濟、文化中心，城闕宮室恢宏壯麗，冢墓和其他古蹟極多，以山陰為中心的越地與之相比難免相形見絀。所以吳地的重點擺在城垣、宮室、冢墓，而越地的重點則放在有關越王句踐的史料上面。作者的意圖似乎是以越國的光榮歷史來補其在政治、經濟、文化方面的不足。這說明在寫作的安排上作者是很費了一番心血的。

越地的古蹟雖不及吳地絢爛多彩，然而〈記地傳〉的寫作卻比〈記吳地傳〉平實，儘管有關歷史部分的年代常與事實有出入，但古蹟的地理位置卻常比吳地準確，這可能和吳平是會稽人，對越地更加熟悉有關。

〈記地傳〉最著力的部分是越和秦的歷史部分，但毛病最多的也是這部分。先看越王句踐到無疆的世系：《史記・越王句踐世家》云：「句踐卒，子王鼫與立。王鼫與卒，子王不壽立。王不壽卒，子王翁立。王翁卒，子王翳立。王翳卒，子王之侯立。王之侯卒，子王無疆立。」而〈記地傳〉的世系卻是：「句踐子與夷，時霸。與夷子子翁，時霸。子翁子不揚，時霸。不揚子無疆，時霸……無疆子之侯……」按《史記》無疆是句踐的六世孫，據〈記地傳〉則無疆為句踐的四世孫，中間差了兩代。而最荒唐的是無疆和王之侯的關係，〈記地傳〉和《史記》剛好是互相顛倒。不但越的世系有問題，秦的世系也不完全準確，將秦獻公誤作秦元王，將秦孝公誤作平王。當然在東漢時代，民間甚至地方官府都很難見到史籍的情況下，把傳聞當成歷史是不足怪的。

昔者，越之先君無餘❶，乃禹之世❷，別封於越，以守禹冢❸。問：

「天地之道，萬物之紀❹，莫失其本。神農❺嘗百草、水土甘苦，黃帝❻造衣裳，后稷❼產穡❽，制器械，人事備矣。疇糞❾桑麻，播種五穀，必以手足，大越❿海濱之民，獨以鳥田⓫，小大有差，進退有行，莫將自使⑫，其故何也？」曰：「禹始也，憂民救水，到大越，上茅山⑬，大會計⑭，爵有德，封有功，更名茅山曰會稽⑮。及其王也，巡狩⑯大越，見耆老⑰，納詩書，審銓衡⑱，平斗斛⑲，因病亡死，葬會稽，葦槨桐棺⑳，穿壙㉑七尺，上無漏泄，下無即水㉒。壇㉓高三尺，土階三等，延袤㉔一畝。尚以為居之者樂，為之者苦，無以報民功，教民鳥田，一盛一衰。當禹之時，舜死蒼梧㉕，象為民田㉖也。禹至此者，亦有因矣，亦覆釜㉗也。覆釜者，州土㉘也，填德也，禹美而告至焉。禹知時晏歲暮，年加申酉㉙，求書其下，祠白馬㉚禹井㉛。井者，法也。以為禹葬以法度，不煩人眾。

【注釋】❶無餘　夏少康之庶子。封於會稽，斷髮文身，闢草萊而居，為越之先祖。❷世　後人。❸禹冢　在紹興東南六公里會稽山麓，坐東面西，臨禹池，對亭山，會稽山環抱其後。舊有陵殿，今廢。唯存明南大吉書之「大禹陵」碑。近年重建碑亭，亭兩側有禹穴碑亭，禹穴辨碑亭，陵右側建有禹廟。❹紀　規律；法則。❺神農　我國遠古傳說中的帝王，一作烈山氏。傳說他發明農業，開始耕種，飼養家畜，以藥治病，製陶，紡織。一說他就是炎帝。❻黃帝　上古帝號。姓公孫，生於軒轅之丘，故稱軒轅氏。建國於有熊，也稱有熊氏。

曾打敗擒殺蚩尤，發明宮室、舟車、蠶絲、醫藥、文字、曆法、音律、算數等，被尊為中華民族的始祖。❼后稷　周部族始祖。姓姬，名棄，姜嫄所生。相傳姜嫄偶履大人足印，感而生子，以為不祥，一度將他遺棄，因自幼喜愛培植農作物，被舜提拔為農官，教民稼穡，後人將他祀為稷神。❽產穡　農業生產。❾疇糞　培土施肥。❿大越　顏師古注《漢書·地理志》引臣瓚曰：「自交趾至會稽七、八千里，百粤雜處，各有種姓。」⓫鳥田　實際上就是水田。因田中有白鷺，北方人以為鳥是在耘田，故稱。⓬莫將自使　無人看管，鳥卻自動耘田。⓭茅山　會稽山原名。⓮會計　考查。⓯會稽　會稽山。在紹興東南六公里處，是中國古代的名山之一，認為是揚州的鎮山。⓰巡狩　天子巡查四方政務。⓱耆老　有名望的老年人。⓲銓衡　量才選用官吏。⓳斗斛　量米的工具。⓴葦槨桐棺　以蘆葦為槨，以桐木為棺。㉑壙　墓穴。㉒即水　靠近水。㉓壇　祭壇。㉔延袤　迤邐連續。㉕蒼梧　山名。今湖南寧遠九嶷山。㉖象為民田　古代農民有用象耕田的習慣。㉗覆釜　《輿地志》：「會稽山有石，狀如覆釜，謂之覆釜山，一名釜山。」。㉘州土　本州的地形地貌。㉙申酉　下午三時到七時之間。指黃昏。㉚祠白馬　用殺白馬進行祭祀。㉛禹井　在會稽山之東。距禹廟七里，深不見底。

【語　譯】從前越國開國君主無餘是大禹的後裔，被封到遙遠的越國，來守先祖大禹的陵墓。有人問道：「天地的運行，萬物的法則，都離不開它們的根本。神農氏曾經遍嘗百草和水土的甘苦，黃帝製作衣裳，后稷生產五穀，製造器械，人類的生產、生活資料就都完備起來了。從古以來，給桑麻培土施肥，播種五穀，都必須人們親自動手，可是大越海邊的百姓卻有鳥給他們耘田，這些鳥大的大、小的小，卻不論前進或後退都成行成列，沒人看管，卻自動給人耘田，這是什麼緣故呢？」回答道：「這是大禹的創造，大禹憂國憂民治理洪水，來到大越，登上了茅山，在這裡大規模地對各路諸侯的工作進行審查，給品德高尚的人賞以爵位，對有功勳的人進行封賞，將茅山改名為會稽山。當他登上王位以後，又到大越來巡視工作，會見年高有德的老人，採集詩書文獻，審查選用官吏的情況，整頓斗斛之類計量工具，因勞累害病而死，便埋葬在會稽山麓，大禹平生儉樸，用蘆葦作外槨，用梧桐木作內棺，叫民工挖一個七尺深的墓穴，只求上面不漏水，下邊不積水。祭壇也很簡陋，只有三尺多高，土築的墓階只有三級，長寬面積只占一畝荒坡。他還認為自己葬在裡面已經夠安樂了，給修墳的人添了太多的勞苦，感到未能報答百姓的功勞，便教導百姓用鳥耘田的方法，這些鳥按時來往，春夏群集，秋冬減少。禹這樣做也是效法前人的，大禹在世時，舜帝死於蒼梧，舜也曾在死前教導百姓用象耕田的方法。禹到大越來也是有原因的，他來尋求這個地區形如『覆釜』的這種地形地貌。這種地形是沖積而成的，他喜愛這種地形便跑來了。大禹知道自己在世的歲月已經不多了，就像到了一天的黃昏時候，於是要求人們殺匹白馬祭祀禹井，並到深不可測的禹井中尋求寶書。禹井體現著一種法度，大禹就是按這種法度下葬的，他不願做勞民傷財的事情。

無餘初封大越，都秦餘望❶南，千有餘歲而至句踐，句踐徙治❷山北，引屬❸東海，內、外越別封削❹焉。句踐伐吳，霸關東❺，從瑯琊起觀臺❻，臺周七里，以望東海。死士八千人，戈船❼三百艘。居無幾，躬求賢聖。孔子從❽弟子七十人，奉❾先王雅琴，治禮往奏❿。句踐乃身被⓫賜夷之甲⓬，帶步光之劍⓭，杖物盧之矛⓮，出死士三百人，為陣⓯關下。孔子有頃姚稽⓰到越。越王曰：「唯唯⓱，夫子何以教之？」孔子對曰：「丘能述五帝⓲三王⓳之道，故奉雅琴至大王所。」句踐喟然嘆曰：「夫越性脆而愚⓴，水行㉑而山處，以船為車，以楫為馬，往若飄風㉒，去則難從，銳兵任死㉓，越之常性也，夫子異㉔則不可。」於是孔子辭，弟子莫能從乎。

【注釋】❶秦餘望　今秦望山。在紹興南四十里，高出群山之表，秦始皇曾登之以望東海。❷徙治　遷都。❸引屬　伸長頸子以遙望遠方。❹別封削　各自的封疆就像刀劈開那樣分明。❺關東　函谷關以東。指秦以外的地區。❻觀臺　觀望大海的高臺。❼戈船　兵船；戰艦。❽從　帶領著。❾奉　捧。❿治禮往奏　行使禮儀前往拜會。⓫被　同「披」。⓬賜夷之甲　巧匠賜夷特製的鎧甲。⓭步光之劍　名叫步光的寶劍。⓮物盧之矛　物盧製的寶戈。⓯為陣　排成陣勢表示禮儀。⓰姚稽　從遙遠處稽首拜見。⓱唯唯　恭敬應諾之詞。⓲五帝　通常指黃帝軒轅、顓頊高陽、帝嚳高辛、唐堯、虞舜。也有指太皞、炎帝、黃帝、少昊、顓頊，或其他說法。⓳三王　指夏禹、商湯、周文王。⓴脆而愚　輕薄而不開化。㉑水行　駕船在水上往來。㉒飄風　飄忽不定的大風。㉓任死　面對死亡毫不在乎。㉔異　改變。

【語譯】越國先祖無餘開始封到大越時，建都於秦餘望山的南面，過了一千多年到句踐以前一直都是這樣。句踐把都城遷到了山北，在這裡抬頭就可望見東海，內越、外越各自的疆界清清楚楚。句踐滅了吳國，稱霸於關東，在瑯琊修建起觀海的高臺，臺的周圍七里，坐在臺上就可以眺望東海。他的身邊有八千名不顧生死的勇士，三百艘戰船。在瑯琊住下不久，他又親自招求聖賢幫他治理國家。孔子聽到消息，帶著七十個弟子，捧著先王的古琴，按照朝見諸侯的禮儀去見句踐。句踐身披著賜夷特製的鎧甲，佩帶著步光寶劍，手中拿著物盧造的戈矛，帶領三百名敢死的武士，在關下擺好迎賓的陣勢。過了一會，孔子從遠處向越王叩頭行禮。越王句踐熱情招呼道：「好！好！老夫子遠道而來，有何見教呀？」孔子回答說：「我能向您講述五帝三王治國安民之道，所以捧著這張古琴來見大王。」越王句踐感慨地嘆息道：「我們越國人生性輕薄而缺乏教養，久住深山慣行水路，把大船當車使，把小船當馬騎，來來往往就像風一樣飄忽不定，跑起來追也追不上，堅甲利兵生死不顧，越國人天生的個性就是這樣，老夫子想要改造我們恐怕是做不到的。」孔子聽了便告辭而去，連同他的弟子也不肯聽從句踐這一套作法。

越王夫鐔❶以上至無餘，久遠，世不可紀❷也。夫鐔子允常❸，允常子句踐，大霸稱王，徙瑯琊都也。句踐子與夷❹，時霸。與夷子子翁❺，時霸。子翁子不揚❻，時霸。不揚子無疆❼，時霸，伐楚，威王滅無疆。無疆子之侯❽，竊自立為君長❾。之侯子尊❿，時君長。尊子親⓫，失眾，楚伐之，走南山。親以上至句踐，凡八君，都瑯琊二百二十四歲。無疆以上，霸，稱王。之侯以下微弱，稱君長。

【注　釋】❶夫鐔　句踐祖父。夫鐔以上世系不明。❷世不可紀　當時越國尚處於落後狀態，連簡單家譜都沒有。❸允常　句踐父親。開始向北發展，而吳國又向南發展，造成了吳越紛爭。❹與夷　句踐子。《史記・越王句踐世家》作「鼫與」，《紀年》作「鹿郢」。❺子翁　《史記》作「不壽」，《紀年》同。❻不揚　據《史記》，不壽之子為翁，翁之子翳。❼無疆　據《史記》，無疆為句踐六世孫，而本書則為四世孫。❽之侯　據《史記》，之侯為無疆之父。本書正好與《史記》相顛倒。❾君長　小諸侯不敢稱王，而自稱為君長。❿尊　史書失載。⓫親　史書無考。《史記・越王句踐世家》云：「越以此散，諸族子爭立，或為王，或為君，濱於江南海上，服朝於楚。」

【語　譯】越王夫鐔向上直到遠祖無餘，因年代久遠，世系無法弄清楚。夫鐔的兒子叫允常，允常的兒子就是句踐。句踐的霸業很隆盛，自稱越王，把國都搬到了瑯琊。句踐的兒子與夷，還是當時的霸主，與夷的兒子子翁，也是當時的霸主，子翁的兒子不揚，也是當時的霸主，不揚的兒子無疆，也是當時的霸主，他去征伐楚國，楚威王起兵滅了無疆。無疆的兒子之侯，暗中自立為君長。之侯的兒子尊，也是當時的君長，尊的兒子親，失去了群眾的支持，楚國派兵征討他，他逃進南方的群山中躲了起來。從親往上數到句踐，共計八個君主，在瑯琊建都二百二十四年。無疆以上都是霸主，稱王。之侯以下國勢微弱，稱為君長。

句踐小城❶，山陰城❷也。周二里二百二十三步，陸門四，水門一。今倉庫是其宮臺❸處也。周六百二十步，柱長三丈五尺三寸，霤高丈六尺。宮有百戶，高丈二尺五寸。大城❹周二十里七十二步，不築北面。而滅吳，徙治姑胥臺。

【注釋】❶句踐小城　在今紹興市內府山南麓一帶。西元前四九四年以後由范蠡主持修建，現尚存土階數層，城外古護城河依舊。❷山陰城　應指後文的大城。❸宮臺　宮殿的臺基。❹大城　指山陰大城。

【語譯】句踐小城，就是山陰城。周長二里二百二十三步，有四座陸門，一座水門。現在的倉庫就是建在宮殿臺基的地方。周長六百二十步，大柱長三丈五尺三寸，霤高一丈六尺。宮殿有上百個窗戶，宮牆高一丈二尺五寸。大城周長二十里七十二步，不修北邊的城牆。滅吳以後，把都城搬到吳縣的姑蘇臺。

山陰大城者，范蠡所築治也，今傳謂之蠡城。陸門三，水門三，決西北，亦有事❶。到始建國❷時，蠡城盡。

【注釋】❶有事　有原因。因越敗於吳，不修西北城牆，表示不對吳設防。❷始建國　王莽年號。西元九年到一三年。

【語　譯】山陰大城是范蠡主持修建的，現在人們稱之為蠡城。有三座陸門，三座水門，西北邊沒修城牆，是因為對吳國表示不設防。到王莽始建國時，蠡城已經快毀壞完了。

稷山❶者，句踐齋戒❷臺也。龜山❸者，句踐起怪游臺❹也。東南司馬門，因以炤龜❺，又仰望天氣，觀天怪❻也。高四十六丈五尺二寸，周五百三十二步，今東城里。一曰怪山，怪山者，往古一夜自來，民怪之，故謂怪山。

【注　釋】❶稷山　又名棕山、齋臺山。在紹興東五十三里。❷齋戒　不飲酒，不吃肉，不過性生活。古人有事向神祈禱，必須事先齋戒。❸龜山　今名塔山。又名飛來山、寶林山，山高三十餘公尺，在紹興城南。句踐曾在山頂建怪游臺以觀天象，晉末又於山頂建應天塔，塔高三十公尺，六角七層，行人於十里外即可見塔。❹怪游臺　古人迷信認為山有神怪往來，故名。❺炤龜　觀察龜的走向以測吉凶。❻天怪　天象或氣象中的怪異現象。如彗星、日月蝕、颱風、反常的霜雪之類。

【語　譯】在紹興東有座稷山，句踐在山上修了一座齋戒臺。龜山上句踐修建了一座怪游臺，在司馬門的東南，在上面夜間點火照龜的活動情況，有時在臺上仰望天象，觀察天象的異象。臺高四十六丈五尺二寸，周長五百三十二步，在今天的東城里。它又稱怪山，說是古時一夜間從別處飛來的，老百姓感到非常奇怪，所以稱它怪山。

駕臺❶周六百步，今安城里。離臺❷，周五百六十步，今淮陽里丘。

【注釋】❶駕臺　不詳。❷離臺　在紹興東南二里。

【語譯】駕臺周長六百步，在現在安城里。離臺周長五百六十步，在今淮陽里丘。

美人宮❶，周五百九十步，陸門二，水門一，今北壇利里丘土城❷，句踐所習教美女西施❸、鄭旦❹宮臺也。女出於苧蘿山❺，欲獻於吳，自謂東垂僻陋，恐女樸鄙❻，故近大道居，去縣五里。

【注釋】❶美人宮　又稱西施山、土城山。在紹興五雲門外，是越王句踐訓練西施和鄭旦歌舞的地方。近來此處曾出土大量陶器，和青銅器、鐵器。❷北壇利里丘土城　坍毀日久，僅存遺址。❸西施　春秋末越國人。姓施，家住諸暨苧蘿浣紗村西。吳敗越於會稽，越王句踐用范蠡計，把她獻給吳王夫差，極受寵愛。吳亡，范蠡和她駕扁舟逃入五湖，不知所終。❹鄭旦　春秋越美人。鬻薪苧蘿山，與西施同被越王句踐獻於吳王夫差，很受寵愛。❺苧蘿山　一名蘿山。在諸暨城南五里，下臨浣江，江中有浣紗石。❻樸鄙　樸質粗俗。

【語　譯】美人宮周圍五百九十步，有兩座陸門，一座水門，就是今天的北壇利里丘土城，是越王句踐當年訓練美女西施和鄭旦的宮殿。兩個美女出身於苧蘿山鄉下，越王要把她們獻給吳王夫差，自覺東方邊野太偏僻簡陋了，恐怕她們過於質樸粗俗，所以把美人宮建在大路邊上，距山陰五里。

樂野❶者，越之弋獵❷處，大樂，故謂樂野。其山上石室，句踐所休謀❸也，去縣七里。

【注　釋】❶樂野　今名樂瀆村。在紹興城東七里。句踐曾以此為苑。❷弋獵　射飛鳥、逐走獸的遊樂活動。❸休謀　休息和籌謀問題。

【語　譯】樂野是越王句踐打獵遊樂的地方，非常好玩，所以叫做樂野。旁邊山上有一棟石頭房子，是越王句踐休息和籌劃方略的地方，距山陰七里。

中指臺馬丘❶，周六百步，今高平里丘。東郭外南小城❷者，句踐冰室，去縣三里。

【注　釋】❶中指臺馬丘　在紹興市東七里。❷南小城　今已併入紹興市區。

【語　譯】中指臺馬丘周長六百步，在今高平里丘。東郭外有個小南城，是當年越王句踐的冰室，距離山陰縣城只有三里路。

句踐之出入也，齊❶於稷山，往從田里❷，去從北郭門，炤龜龜山，更駕臺，馳於離丘❸，遊於美人宮，興樂❹，中宿。過歷馬丘❺，射於樂野之衢，走犬若耶❻，休謀石室，食於冰廚。領功銓土❼，已作昌土臺❽，藏其形，隱其情。一曰：冰室者，所以備膳羞❾也。

【注　釋】❶齊　齋戒。❷田里　無考。❸離丘　離臺附近的一個土丘。❹興樂　欣賞音樂歌舞。❺馬丘　無考。❻若耶　若耶山。在紹興南四十里，下有採蓮田。❼銓土　「銓土」之誤。❽昌土臺　疑為土築的地下室。❾膳羞　美味的肉食。

【語　譯】越王句踐活動的路線：常常是先在稷山齋戒，路過田里，再經過山陰北郭城門，到龜山照龜，翻過駕臺，騎馬跑過離丘，到美人宮欣賞音樂歌舞，中間停下休息一陣，然後經過馬丘，在樂野的衢道上射獵，在若耶山邊放任獵犬馳騁，到石室議事休息，在冰室吃飯，按各人的功勞給評定官職。後來又修了個昌土臺地下室，以便避開眾人的眼目，放鬆自己的感情。又有人說，冰室是專門給句踐準備美味珍羞的地方。

浦陽❶者，句踐軍敗失眾，懣於此，去縣五十里。夫山❷者，句踐絕糧，困也。其山上大冢，句踐庶子❸冢也，去縣十五里。

【注釋】❶浦陽　今蕭山浦陽江。❷夫山　句踐絕糧於會稽山，會稽山有茅山、苗山、衡山……諸異名，而無稱夫山者，疑文章有脫誤。❸庶子　妾生的兒子。

【語譯】浦陽江邊，句踐被吳軍打敗，士兵逃散的時候曾經在附近大發其火，距離山陰五十里。會稽山是句踐彈盡糧絕，被圍困的地方。那山上有一座大墳，是句踐的庶子的墓地，離山陰城十五里。

句踐與吳戰於浙江❶之上，石買❷為將。耆老、壯長進諫曰：「夫石買，人與為怨❸，家與為仇，貪而好利，細人❹也，無長策❺，王而用之，國必不遂❻。」王不聽，遂遣之。石買發行至浙江上，斬殺無罪，欲專威服軍中。動搖將率❼，獨專其權，士眾恐懼，人不自聊❽。兵法曰：「視民如嬰兒，故可與赴深溪。」士眾魚爛❾而買不知，尚猶峻法隆刑，子胥獨見可奪❿之證，變為奇謀，或北或南⓫，夜舉火擊鼓，晝陳⑫詐兵。越師潰墜⑬，政令不行，背叛乖離⑭。還報其王，王殺買，謝其師。號聲聞吳，吳王恐懼，子胥私喜：「越軍敗矣！胥聞之：狐之將殺，噆脣吸齒⑮。今越句踐其已敗矣，君王安意⑯，越易兼⑰也。」使人入問之，越師請降，子胥不聽，越棲於會稽之山，吳退而圍之。句踐喟然⑱用種、蠡計，轉死為霸，一人之身，吉凶更至⑲。盛衰存亡，在於用臣，治道萬端，要在得賢。越棲於會稽日，行成⑳於吳，吳引兵而去。句踐將降，西至浙江，待詔㉑入吳，故有雞鳴墟㉒。其入辭曰：「亡臣㉓孤句踐，故將士眾，入為臣虜㉔，民可得使，地可得有。」吳王許之，子胥大怒，目若夜光，聲若哮虎㉕：「此越未戰而服，天以賜吳，其逆天㉖乎？臣唯㉗君王急剬㉘之！」吳不聽，遂許之浙江是也。

【注釋】❶浙江　今錢塘江。❷石買　句踐大將。為人貪鄙好利，苛虐士卒，遂使將士離心，導致戰爭徹底失敗，為句踐所殺。❸人與為怨　與所有人結怨。❹細人　小人。❺無長策　眼光短淺，沒有長遠規劃。❻不遂　不順利；倒霉。❼將率　將領。❽人不自聊　人人都感到自身無保障。❾魚爛　腐敗潰爛。指分崩離析。

❿可奪 可拿下來。⓫或北或南 忽而在北，忽而在南。⓬陳 陳列；陳設。⓭潰墜 崩潰。⓮乖離 分崩瓦解。⓯噆脣吸齒 牙齒咬緊，嘴脣不斷吸氣。⓰安意 安心；放心。⓱易兼 容易拿下來。⓲喟然 感慨地。⓳吉凶更至 好運和惡運交替著到來。⓴行成 求和。㉑待詔 等待命令。㉒雞鳴墟 無考。㉓亡臣 亡國的臣僕。㉔臣虜 臣僕。㉕哮虎 咆嘯的老虎。哮，通「嘯」。㉖逆天 違抗天意。㉗唯 希望。㉘斵 砍斷。

【語　譯】越王句踐和吳國在錢塘江上打仗，任命石買為統軍大將。許多老年和成年人向句踐進諫說：「石買這人實在不行啦！他和每個人都結怨，把每家人都當成仇敵，只知道貪求財利，是個典型的小人，根本沒有長遠的眼光，大王如果用他為主將，對國家會是很不利的。」可是越王句踐根本聽不進去，還是任命他為主將。石買帶著軍隊走到錢塘江上，亂殺無辜，企圖用專制威勢壓服軍隊。壓制部下將領，獨攬大權，廣大將士心懷恐懼，個個感到生命沒有保障。兵法上說：「如果能對嬰兒那樣對待百姓，人民就可以和你一同撲向深水中去。」越軍軍心已經潰散，石買卻完全沒有覺察，還在用嚴刑峻法對待大家。伍子胥卻看見了可以打敗越軍的證據，他玩弄各種奇謀，一時出現在北邊，一時又出現在南邊，夜晚敲著進軍的戰鼓，點上準備夜戰的火把，白天到處設置疑兵。沒有幾天，越兵就崩潰了，命令沒人執行，有的投降吳軍，有的逃跑。有人把情況報告越王，越王殺了石買，向廣大越軍謝罪。號哭的聲音傳進了吳的軍營，吳王夫差嚇慌了，伍子胥暗自高興對吳王說：「越軍已經垮了呀！我聽說，狐狸快死時，牠就咬緊牙齒嘴脣不停地吸氣。現在越王句踐已經敗了，大王放心，越國已經容易對付了。」伍子胥派人到越軍打探情況，越國軍隊請求投降，伍子胥不肯答應。越王句踐帶著殘兵駐守在會稽山上，吳軍把會稽山團團圍住。越王句踐嘆著氣採用了文種和范蠡投降的計策，終於從死亡的邊緣轉變成霸主，在他同一個人身上，命運從大凶轉為大吉。說明國家的興盛或衰亡，就在於任用什麼樣的大臣，治國之道千頭萬緒，最緊要的是依靠賢臣。越王句踐在困守會稽的時候和吳國簽訂了和平協議，吳王引兵回國。句踐將要赴吳投降，西行到錢塘江上，在江邊等待進見吳王的命令，那地方就叫雞鳴墟。他進見吳王夫差時說：「亡國的賤臣句踐，自願帶領著臣民，進到吳國做臣僕，我的百姓聽憑吳王驅使，土地聽由吳王支配。」吳王夫差答應了句踐的投降條件，伍子胥知道後大發脾氣，眼睛放出凶光，聲音大得像老虎咆嘯，吼著說：「這回越國還沒認真打就投降了，這是老天送給吳國的禮物，難道要違背老天的意旨嗎？我希望大王趕快把他一刀砍了完事！」吳王夫差不聽從伍子胥的忠言，答應越王句踐渡過錢塘江進到吳國服役。

陽城里❶者，范蠡城也。西至水路，水門一，陸門二。北陽里城❷，大夫種城也。取土西山以濟之，徑百九十四步。或為南安。

【注　釋】❶陽城里　今紹興市陽里城。❷北陽里城　無考。

【語　譯】陽城里是范蠡居住的城。向西通水路，有一座水門，兩座陸門。北陽里城是文種大夫的城。築城的土是從西山上取來的，直徑有一百九十四步。這裡也有人把它稱為南安。

富陽里者，外越❶賜義❷也。處❸里門，美以練塘❹田。

【注釋】❶外越　同「外粵」。外國人。❷賜義　對歸順進行獎勵。❸處　安置。❹練塘　在紹興東五十五里。今名鍊塘里，是當年冶鍊之處。

【語譯】富陽里，是鼓勵歸順的外國人居住的地方，讓他們住在富陽里里門，還賞給他們練塘的田地。

安城里高庫❶者，句踐伐吳，禽夫差，以為勝兵❷，築庫高閣之❸。周二百三十步，今安城里。

【注釋】❶高庫　位置很高的武器庫。❷勝兵　致勝的武器。❸高閣之　高高地擱置起來，作為勝利的紀念品。

【語譯】安城里有一所很高的倉庫，越王句踐征伐吳國，捉住了夫差，句踐以為戰爭勝利決定於武器裝備的優良，於是修了一所大倉庫把武器高高收藏起來。倉庫周圍二百三十步，現在稱安城里。

故禹宗廟❶，在小城南門外大城內，禹稷在廟西。今南里。

【注　釋】❶禹宗廟　祭祀大禹的神廟。即越王句踐的祖廟。

【語　譯】原來的大禹的宗廟在句踐小城的南門外，大禹和稷的神像在廟西。現在稱南里。

獨山大冢❶者，句踐自治以為冢。徙瑯琊，冢不成❷，去縣九里。

【注　釋】❶獨山大冢　在紹興南九里。但今獨山在城西三十五里。❷不成　沒有完工。

【語　譯】獨山大冢是句踐給自己修的陵墓，後來句踐把都城搬到瑯琊，陵墓便沒有完工，離紹興九里。

麻林山❶，一名多山。句踐欲伐吳，種麻以為弓絃，使齊人守之，越謂齊人「多」，故曰麻林多，以防吳。以山下田封功臣，去縣十二里。

【注　釋】❶麻林山　在紹興西南十五里。

【語　譯】麻林山又叫多山。越王句踐要討伐吳國，種麻作為弓弦，派齊人去防守，越國人稱齊國人叫「多」，所以喊作「麻林多」，以防吳國人知道。越王又把麻林山下的田封賞功臣，距離山陰十二里。

會稽山上城❶者，句踐與吳戰大敗，棲其中。因以下為木魚池❷，其利不租。

【注釋】❶會稽山上城　不見其他書記載，應早就不存在了。❷木魚池　亦作「目魚池」。

【語譯】會稽山上有座城池，越王句踐被吳軍打得大敗時，曾死守在城裡面。城的下面有一口養木魚的池塘，出產的收入非常高，即使肯出高價也不租出去。

會稽山北城❶者，子胥浮兵❷以守城是也。

【注釋】❶北城　無可查考。❷浮兵　疑為「駐兵」或「派兵」之誤。

【語譯】會稽山北有座城，是伍子胥駐兵圍困會稽山所修築的。

若耶大冢❶者，句踐所徙葬先君夫鐔❷冢也，去縣二十五里。

【注　釋】❶若耶大冢　在紹興市南二十里若耶溪附近。❷夫鐔　句踐祖父。

【語　譯】若耶大冢是句踐把他祖父夫鐔的墳從別處遷到若耶溪邊來的，距離山陰縣城二十五里。

葛山❶者，句踐罷吳❷，種葛，使越女織治葛布，獻於吳王夫差，去縣七里。

【注　釋】❶葛山　在紹興東十里。❷罷吳　被困於吳。

【語　譯】葛山是一座產葛的山。越王句踐被吳所困，教老百姓上山種葛，再由越國婦女織成葛布，獻給吳王夫差，葛山距山陰城七里。

姑中山❶者，越銅官❷之山也，越人謂之銅姑瀆❸，長二百五十步，去縣二十五里。

【注　釋】❶姑中山　今之銅牛山。❷銅官　主持採礦鍊銅的機構。❸銅姑瀆　從姑中山至鑄浦途中的一條人工河。

【語　譯】姑中山是歸越銅官管轄的山，越人稱姑中山到鑄浦途中的一條人工河為銅姑瀆，瀆長二百五十步，距山陰縣二十五里。

富中大塘❶者，句踐治以為義田❷，為肥饒❸，謂之富中，去縣二十里二十二步。

【注釋】❶富中大塘　無考。❷義田　置田收租以贍養貧之者曰義田。❸為肥饒　因其肥沃富饒。

【語譯】句踐把富中大塘修治為義田，因為這片義田特別肥沃，收成好，所以取名為富中，距山陰縣二十里二十二步。

犬山❶者，句踐罷吳，畜犬獵南山白鹿，欲得獻吳，神不可得❷，故曰犬山。其高為犬亭，去縣二十五里。

【注釋】❶犬山　又稱吼山、犬亭山。在山陰東南三十里。❷神不可得　神保護白鹿，人們捉不到牠。

【語譯】犬山是越王句踐被吳所困，養了一些狗去捕捉南山的白鹿，想拿牠獻給吳王，神護著白鹿，老是捉不到，所以叫做犬山。在山的高處有座犬亭，距山陰縣二十五里。

白鹿山❶，在犬山之南，去縣二十九里。

【注釋】❶白鹿山　今名寶山。在紹興市東南二十五里，山尖為白鹿尖，旁有趙家嶴，為南宋諸皇墓地。

【語譯】白鹿山在犬山的南面，距山陰縣治二十九里。

雞山❶、豕山❷者，句踐以畜雞豕，將伐吳，以食士也。雞山在錫山❸南，去縣五十里。豕山在民山❹西，去縣六十三里。洹江❺以來屬越，疑豕山在餘暨❻界中。

【注釋】❶雞山　在紹興市東南六十里康家湖北。今訛為金雞山。❷豕山　無考。❸錫山　在山陰縣東五十里。越王採錫於此。❹民山　無考。❺洹江　今錢清江。在山陰西五十里。❻餘暨　今諸暨縣。在山陰縣西南。

【語譯】雞山和豕山是越王句踐養雞養豬的地方，句踐將要討伐吳國時，用這兩個地方所養的豬和雞來慰勞將士。雞山在錫山的南面，距山陰五十里。豕山在民山西面，距縣城六十三里。錢清江向來屬越，豕山可能屬於諸暨縣境。

練塘❶者，句踐時采錫山為炭，稱「炭聚」❷，載從炭瀆❸至練塘。

各因事名之，去縣五十里。

【注釋】❶練塘　今名鍊塘里。在紹興市東五十五里，銅牛山北。❷炭聚　煤堆。❸炭瀆　運輸炭的人工河。

【語譯】山陰東有個練塘，句踐時派人到錫山採煤，稱錫山為「炭聚」，再通過炭瀆運到練塘。炭聚、炭瀆、練塘都是因事取名的，距山陰城五十里。

木客大冢❶者，句踐父允常冢也。初徙瑯琊，使樓船卒❷二千八百人伐松柏以為桴❸，故曰木客。去縣十五里。一曰：句踐伐善材，文刻❹獻於吳，故曰木客。

【注釋】❶木客大冢　在紹興西南二十七里的木客山上。❷樓船卒　駕船的水兵。❸桴　木筏。❹文刻　刻上花紋。

【語譯】木客大冢是句踐父親允常的墳墓。句踐遷都到瑯琊，派了兩千八百個駕船的水兵上山砍松柏樹紮成大木筏，所以把這座山稱為木客山。距山陰十五里。另一種說法是：句踐派人上山砍伐上等木材，上面刻著花紋，獻給吳王夫差，所以叫木客。

官瀆❶者，句踐工官也，去縣十四里。

【注釋】❶官瀆 山陰西北十四里。

【語譯】官瀆是越王句踐管理工人的官方宿舍所在，距山陰城十四里。

苦竹城❶者，句踐伐吳還，封范蠡子也。其僻居❷，徑六十步。因為民治田，塘長千五百三十三步，其冢名土山。范蠡苦勤功篤❸，故封其子於是，去縣十八里。

【注釋】❶苦竹城 又稱越王城、古竹城，今柯橋西南古城村。有一長五百公尺、寬十公尺、高七公尺的夯土城牆。據傳牆上原種苦竹。❷僻居 住地很偏僻。❸苦勤功篤 刻苦勤於國事，功勞很大。

【語譯】苦竹城是句踐伐吳回國後，范蠡不告而別，句踐封給范蠡兒子的地方。這地方非常偏僻，路寬有六十步。為了給百姓治田，修了一條一千五百三十三步的長渠，城中有座大墳名叫土山。因范蠡勞苦勤於國事功勞很大，所以把他的兒子封在這裡，距山陰十八里。

北郭外❶，路南溪北城者，句踐築鼓鍾宮❷也，去縣七里，其邑為龔錢。

【注釋】❶北郭外　北邊的外城之外。❷鼓鍾宮　即今人的鐘鼓樓。鍾，通「鐘」。

【語譯】北方的外城之外，大路的南方小溪的北面有一座小城，是越王句踐修的鐘鼓樓，距山陰城七里，城裡住著龔、錢兩姓的人。

舟室❶者，句踐船宮❷也，去縣五十里。

【注釋】❶舟室　無考。❷船宮　造船廠。

【語譯】舟室是越王句踐的造船廠。距山陰城五十里。

民西大冢❶者，句踐客秦伊善炤龜者冢也，因名冢為秦伊山。

【注釋】❶民西大冢　無考。

【語譯】民西大冢是句踐的一個善照烏龜的客人秦伊的墳，人們後來把這墳叫秦伊山。

射浦❶者，句踐教習❷兵處也，今射浦去縣五里。射卒陳音❸死，葬民西，故曰陳音山❹。

【注　釋】❶射浦　一名射瀆。在山陰南五里。❷教習　訓練。❸陳音　楚人。善射，范蠡薦之句踐，使選士習射於郊外。❹陳音山　陳音葬處。在山陰西南四里，後人開冢，壁畫俱作騎射圖。

【語　譯】射浦是句踐訓練士兵射箭的地方，現在的射浦距山陰城五里。負責訓練射箭的陳音死後，埋葬在民西，人們稱之為陳音山。

種山❶者，句踐所葬大夫種也。樓船卒二千人，鈞足羨❷，葬之三蓬❸下。種將死，自策：「後有賢者，百年而至，置我三蓬，自章後世❹。」句踐葬之，食傳三賢。

【注　釋】❶種山　現名府山。又名臥龍山，在紹興城西隅，高七十四．二四公尺，占地二十二公頃，上有文種墓、越王臺、望海亭等名勝。❷鈞足羨　《吳越春秋》作「鼎足之羨」。即三足墓道。羨，墓道。❸三蓬　《吳越春秋》作「三峰」。❹自章後世　使自己的後世興旺發達。

【語　譯】種山是越王句踐埋葬大夫文種的地方。句踐用二千水兵，打通三條墓道，把文種葬在種山三座峰的下面。文種將死前，自己計畫好說：「後世必定出現賢人，百年之間就將出世，把我葬在三峰之下，我一定發旺我的後世。」句踐把他葬在這地方，他的後人已經出了三個賢人。

巫里，句踐所徙巫為一里，去縣二十五里。其亭祠今為和公群社稷墟。

【語譯】巫里是巫師居住的地方，越王句踐把很多巫師搬到一起，那地方距山陰城二十五里。巫里的亭臺和祠廟現在成為和公群社稷墟。

巫山❶者，越䰰❷，神巫之官也，死葬其上，去縣十三里許。

【注釋】❶巫山　在紹興市北十五里。一名梅山，為梅福隱居之所。❷䰰　音義未詳。

【語譯】巫山是神巫的頭目越䰰死後埋葬的地方，距山陰縣城十三里多路。

六山❶者，句踐鑄銅，鑄銅不爍❷，埋之東坂。其上馬箠❸，句踐遣使者取於南社，徙種六山，飾治為馬箠，獻之吳，去縣三十五里。

【注釋】❶六山　今名六峰山。山麓以產楊梅聞名。❷不爍　質量不好，不閃光。❸馬箠　馬鞭。

【語譯】六峰山是句踐鑄銅的地方，有些銅鑄的質量不好，工人把它們埋在東面山坡上。山上出產馬鞭，本來馬鞭產於南社，句踐叫人從南社移栽到六峰山，加以修飾後獻給吳王夫差，距山陰城三十五里。

江東中巫葬者，越神巫無杜❶子孫也。死，句踐於中江❷而葬之。巫神❸，欲使覆禍吳人船。去縣三十里。

【注釋】❶無杜　無考。❷中江　江中心。❸巫神　巫很有神通。

【語譯】江東中所葬的一個神巫，是越國著名神巫無杜的子孫。死了以後，句踐將他葬在江中。這個巫神通廣大，句踐希望他能把吳國來往江中的船弄翻。巫墳距山陰城三十里。

石塘❶者，越所害軍船也。塘廣六十五步，長三百五十三步，去縣四十里。防塢❷者，越所以遏吳軍也，去縣四十里。杭塢❸者，句踐杭也，二百石❹長，員卒七士人❺，度之會夷❻，去縣四十里。

【注釋】❶石塘　菁江石塘。在紹興市東六十里。❷防塢　防兵的城堡。❸杭塢　山名。在蕭山縣東四十里。❹二百石　應為二百尺或二百丈之誤。❺七士人　疑為「七千人」。❻會夷　會稽之別名。

【語譯】石塘是越人防礙敵人兵船的地方，塘寬六十五步，長三百五十三步，距山陰城四十里。防塢是防禦敵人的城堡，是越國用以阻止吳軍的，距山陰城四十里。杭塢，是越王句踐停放渡船處，有兩百尺長，句踐動員了七千士兵，可以渡往會稽，距山陰四十里。

塗山❶者，禹所娶妻之山❷也，去縣五十里。

【注釋】❶塗山　在紹興西北四十五里。相傳是禹會萬國諸侯之所，山麓有斬將臺。❷禹所娶妻之山　據蘇鶚《演義》云：「塗山有四，一會稽，二渝州，三濠州，四當塗。」一般都認為禹娶妻之塗山應在渝州。因禹到晚年才來會稽，年輕時在治水，在各地漂流。

【語譯】塗山是夏禹娶妻的山，距山陰城五十里。

朱餘❶者，越鹽官❷也，越人謂鹽曰「餘」，去縣三十五里。

【注釋】❶朱餘　不詳。❷鹽官　產銷食鹽的機構。

【語譯】朱餘是越生產和銷售食鹽機構的所在地，越國人將鹽叫做「餘」，距山陰縣三十五里。

句踐已滅吳，使吳人築吳塘❶，東西千步，名辟首❷，後因以為名曰塘。

【注　釋】❶吳塘　在紹興西三十五里。❷辟首　句踐恨吳王夫差，兼及吳人，要將「吳」字的頭去掉，「吳」字去了「口」便成了「天」字。

【語　譯】越王句踐滅了吳國以後，派吳國人給他修塘，從東到西修一千步長，取名辟首，意思是要把「吳」字的頭去掉，可是後人還是稱之為「吳塘」。

獨婦山❶者，句踐將伐吳，徙寡婦致獨山上，以為死士示❷，得專一也。去縣四十里。後說之者，蓋句踐所以遊軍士也。

【注　釋】❶獨婦山　《吳越春秋》作「濁女山」。今名蜀阜山，在紹興西北四十五里。❷以為死士示　把將寡婦集中的事給敢死隊員看，告訴他們，即使你打仗死了，也沒人能欺負你妻子。

【語　譯】紹興西北有座獨婦山。句踐將要討伐吳國，把寡婦們遷到一座單獨的山上，讓敢死隊員看了放心，能專心專意打仗。獨婦山離紹興四十里。後來人家談到這件事時，說這獨婦山是句踐讓軍士們尋開心的地方。

馬嘷❶者，吳伐越，道逢大風，車敗馬失，騎士墮死，疋馬啼嘷，事見吳矣❷。

【注釋】❶馬嘷　在海鹽縣城東南三百步。❷吳矣　吳琯本作「吳史」。

【語譯】海鹽城邊有個小地方叫馬嘷。有一次，吳軍攻討越國，路上碰到大風，兵車翻了，馬跑失了，騎士摔死了，有一匹馬在城邊大聲哀嘷，人們就把這地方叫馬嘷，吳史記載了這件事情。

浙江南路西城❶者，范蠡敦兵❷城也。其陵固可守，故謂之固陵。所以然者，以其大船軍所置也。

【注釋】❶西城　在蕭山市西十餘里。該處有西陵湖，亦名西城湖，湖西有湖城山，湖水下注錢塘江，當吳越間交通要道。❷敦兵　屯兵；駐兵。

【語譯】浙江南路有座西城，是范蠡屯兵的城池。那座山陵險固便於防守，因此叫做固陵。其所以這樣險固，是因山陵背靠大湖，湖中安置有大船，可以水陸呼應。

山陰古故陸道，出東郭，隨直瀆陽春亭❶；山陰故水道，出東郭，從郡陽春亭❷。去縣五十里。

【注　釋】❶隨直瀆陽春亭　應為「隨直瀆抵陽春亭」。陽春亭應在紹興市西北錢清鎮附近。❷從郡陽春亭　應為「從郡河抵陽春亭」。

【語　譯】山陰古時的陸路，從東城外郭出發，沿著直瀆直達陽春亭。山陰原來的水路也是從東城外郭出發，經過郡河直達陽春亭。陽春亭離山陰縣城五十里。

語兒鄉❶，故越界，名曰就李。吳疆越地以為戰地，至於柴辟亭❷。

【注　釋】❶語兒鄉　在嘉興西南四十五里。原為越地，是吳越間的古戰場，原名就李。吳王闔廬於此戰敗傷指而死，後來夫差打敗句踐，句踐夫婦入吳服役，夫人產女於此。句踐既滅吳，更就李鄉之名為語兒鄉。現屬桐鄉縣，名濮院鎮。❷柴辟亭　在嘉興城西南。

【語　譯】語兒鄉原本在越國境內，名叫就李。吳國強占越國的土地作戰場，從就李一直到柴辟亭。

女陽亭❶者，句踐入官❷於吳，夫人從，道產女此亭，養於李鄉❸，句踐勝吳，更名女陽，更就李為語兒鄉。

【注　釋】❶女陽亭　即就李的一座亭子。句踐為紀念女兒的出生取名女陽亭。❷入官　到吳服勞役的美稱。❸李鄉　即就李鄉。

【語　譯】就李鄉有座女陽亭。越王句踐到吳國給夫差服勞役，夫人跟著同往，在這個亭子裡生了一個女兒，就寄養在就李鄉。句踐滅吳以後，給亭子取名為女陽亭，把就李鄉改名為語兒鄉。

吳王夫差伐越，有其邦。句踐服為臣，三年，吳王復還封句踐於越，東西百里，北鄉❶臣事吳，東為右，西為左。大越故界，浙江至就李，南姑末❷、寫干❸、覲鄉❹，北有武原❺。武原，今海鹽。姑末，今大末。寫干，今屬豫章❻。

【注　釋】❶北鄉　北向；向北。❷姑末　又名大末、姑蔑。在浙江省龍遊縣北。❸寫干　在今江西。❹覲鄉　可能是鄞縣之誤。❺武原　今浙江海鹽。❻豫章　郡名。秦置，郡城設今南昌市。南昌也叫豫章。

【語　譯】吳王夫差打敗越國，占有越國的土地。句踐投降做他的臣子，三年以後，吳王夫差再次把句踐封回越國，給他從東到西一百里的地區，向北方臣服於吳國，以東方為右，以西方為左。大越原來的疆界，向北越過錢塘江一直到就李，南到姑末、寫干、鄞縣，北有武原。武原是現在的海鹽，姑末是現在的大末，寫干現在屬豫章郡。

自無餘初封於越以來，傳聞越王子孫，在丹陽皋鄉❶，更姓梅，梅里是也。

【注釋】❶皋鄉　無考。

【語譯】自從無餘當初封到越國以來，子孫遍布各地，傳說在丹陽皋鄉的一個支派，改姓梅，皋鄉就有一個地方叫梅里。

自秦以來，至秦元王❶不絕年❷。元王立二十年；平王❸立二十三年；惠文王❹立二十七年；武王❺立四年；昭襄王❻亦立五十六年，而滅周赧王❼，周絕於此❽；孝文王❾立一年；莊襄王❿更號太上皇帝⓫，立三年；秦始皇帝立三十七年，號曰趙政⓬，政，趙外孫；胡亥⓭立二年；子嬰⓮立六月。秦元王至子嬰，凡十王，百七十歲。漢高帝滅之，治咸陽⓯，壹天下⓰。

【注釋】❶秦元王　秦無元王之號。按世系應為秦獻公，名師隰。❷不絕年　應為「不紀年」。因獻公前四任秦君不是按父子關係承傳的，君臣關係混亂。❸平王　為「孝公」之誤。孝公名渠梁，任命商鞅，改革舊的法制，鼓勵發展農業生產和殺敵立功，限制貴族某些特權，因而生產發展，法令嚴明，累挫強敵，使秦成為最強大的國家。❹惠文王　名駟。殺商鞅而繼續推行其鼓勵耕戰的政策，任命張儀為相，推行其連橫政策，破壞齊楚聯盟。❺武王　名蕩，繼續向外擴張，在位四年，卒。❻昭襄王　名則。武王異母弟，惠文王庶子。在位五十六年。繼續向東發展，任范雎為相，白起為將，攻占了韓、魏、楚等國大片土地，使秦在實力上形成了壓倒優勢。❼周赧王　姬誕。周朝最後一個君主，在位五十九年，完全是秦的附庸，周名存實亡，他死後，連名分也沒了。❽周絕於此　周滅亡於這個時候。❾孝文王　名柱，立一年而卒。❿莊襄王　名子楚。在位三年卒，傳位於秦始皇。⓫太上皇帝　皇帝的父親，不具體管國政，稱太上皇。⓬趙政　因出生在趙國，母親又是趙人，故名趙政。其實並不真姓趙，真名應為嬴政。⓭胡亥　秦二世，秦始皇少子。秦始皇死於周遊天下的途中，宦官中車府令趙高為了把持政權，和丞相李斯合謀，立胡亥為太子，讓他繼承皇位，在位期間，趙高專權，濫用民力，大修馳道、宮室，引發了各地英雄豪傑紛紛起義，趙高見局面不好收拾，逼他自殺。⓮子嬰　趙高逼死二世，扶子嬰登位，企圖長期掌權。子嬰誅滅趙高，然各地英雄豪傑紛紛起義，已成燎原之勢。劉邦攻入咸陽，子嬰投降義軍，為項羽所殺。⓯治咸陽　定都咸陽。咸陽在西安邊上，是西周和秦的都城，漢高祖繼續定都咸陽。⓰壹天下　統一天下。

【語　譯】自從秦立國以來，在秦獻公以前承傳關係混亂，不便於紀年。獻公在位二十年；秦孝公在位二十三年；惠文王在位二十七年；武王在位四年；昭襄王在位五十六年，他滅了周赧王，周朝在這時正式結束；孝文王在位一年；莊襄王改稱太上皇帝，在位三年；秦始皇帝在位三十七年，名叫趙政，趙政是趙國人的外孫；胡亥在位二年；子嬰在位六個月。從秦獻公到子嬰，共十個君王，一百七十年。漢高帝滅了秦朝，定都咸陽，統一天下。

政使將魏舍、內史教❶攻韓❷，得韓王安❸。政使將王賁❹攻魏❺，得魏王歇❻。政使將王涉❼攻趙❽，得趙王尚❾。政使將王賁❿攻楚，得楚王成⓫。政使將史敖⓬攻燕⓭，得燕王喜⓮。政使將王涉⓯攻齊，得齊王建⓰。政更號為秦始皇帝。以其三十七年，東遊之⓱會稽。道度牛渚⓲，奏⓳東安，東安，今富春⓴，丹陽㉑、溧陽㉒、鄣故㉓、餘杭㉔軻亭㉕南。東奏槿頭㉖，道度諸暨㉗、大越。以正月甲戌到大越，留舍都亭㉘。取錢塘浙江㉙「岑石」，石長丈四尺，南北面廣六尺，西面廣尺六寸。刻文六㉚於越東山上，其道九曲，去縣二十一里。是時，徙大越民置餘杭、伊攻㉛、故鄣。因徙天下有罪適㉜吏民，置海南㉝故大越處，以備東海㉞外越，乃更名大越曰山陰。已去，奏諸暨、錢塘，因奏吳，上姑蘇臺，則治射防㉟於宅亭、賈亭㊱北。年至靈㊲，不射，去。奏曲阿、句容㊳，度牛渚，西到咸陽，崩。

【注釋】❶內史教 《史記・秦始皇本紀》作「內史騰」。秦稱京師長官為內史。❷韓 戰國七雄之一。盛時占有今陝西東部及河南西北部。❸韓王安 韓末代君主，在位九年，為秦所虜。❹王賁 秦將軍。王翦之子，率軍平定魏、燕、齊諸國，為始皇統一中國立功很大。❺魏 戰國七雄之一。都開封，占有今河南大部、山東西部。❻魏王歇 魏末代君主為魏王假，在位三年，為秦所虜。❼王涉 「王翦」之誤。翦為戰國名將，親與士卒同食，深得軍心，他統軍滅趙、燕、楚諸國，以功封武成侯。❽趙 七雄之一。占有今河北南部、河南北部、山西東北部、寧夏、甘肅、陝西各一部。❾趙王尚 趙末代君主為趙王遷。在位八年，為王翦所虜。❿王賁 「王翦」之誤。⓫楚王成 楚王負芻之誤。負芻殺弟哀王郝自立，在位五年，為秦將王翦所虜。⓬史敖 攻滅燕國的統軍大將為王賁。⓭燕 七雄之一。占有今河北北部、遼寧大部及朝鮮北部。⓮燕王喜 燕末代君主。在位三十三年，為秦將王賁所虜。⓯王涉 「王賁」之誤。⓰齊王建 齊末代君主。在位四十四年，秦始皇攻滅其他五國時擁兵自重，終為秦之俘虜，昏愚之至也。⓱之 到。⓲牛渚 山名。在安徽當塗西北，突入長江，名采石磯，形勢險要，為兵家必爭之地。⓳奏 通「走」。趨向。⓴富春 漢置縣。今浙江富陽。㉑丹陽 漢置縣。今江蘇丹陽。㉒溧陽 秦置縣。今江蘇溧陽。㉓鄣故 應為「故鄣」，或「鄣郡」。故鄣，秦置縣，今浙江長興西南有故鄣城。㉔餘杭 秦置縣。今浙江餘杭。㉕軻亭 無考。㉖槿頭 無考。㉗諸暨 秦置縣。今浙江諸暨。㉘留舍都亭 留宿在都亭（城內的亭子）裡。㉙錢塘浙江 錢塘縣的錢塘江。古人稱錢塘江為浙江。㉚丈六 疑為「文六」之誤。㉛伊攻 無考。㉜罪適 罪謫。有罪充軍。㉝海南 泛指福建廣東一帶南邊靠海的地區。㉞東海 泛指現在的黃海、東海、南海一帶。㉟治射防 當為「治射」。「防」是多出的字。㊱宅亭賈亭 俱在西湖附近。㊲至靈 「靈」之下疑漏一「口」字。㊳句容 漢置縣。在南京東南。

【語譯】秦王政派遣將軍魏舍、內史騰討伐韓國，捉住了韓王安。又派將軍王賁攻取魏國，捉住了魏王假。又派將軍王翦攻取趙國，捉住了趙王遷。又派將軍王翦攻取楚國，捉住了楚王負芻。

又派將軍王賁攻取燕國，捉住了燕王喜。又派將軍王賁攻取齊國，捉住了齊王建。統一中國以後，他改稱號為秦始皇帝。始皇三十七年，東遊到會稽。途中渡江到牛渚，向東安，東安就是現在的富春，再向丹陽、溧陽、故鄣、餘杭的軻亭而南行。又東向槿頭，渡過錢塘江到諸暨、紹興，在正月甲戌日那天正式到了紹興，就留宿在紹興城內的都亭裡面。搬出從杭州錢塘江中取出的「岑石」——石長一丈四尺，南北面寬六尺，西面寬一尺六寸。刻文六行樹立在紹興東邊的會稽山上，為樹碑石，修了一條九曲的上山路，距離紹興二十一里。那時，還把大越的百姓分散安置到餘杭、伊攻、故鄣等地，把天下犯罪充軍的官吏和百姓放在南方靠近大海的大越民族原先居住的地方，用以防守大海東面的外族入侵，並把大越改名為山陰。離開大越以後，轉向諸暨、錢塘，因轉向吳縣，登上了姑蘇臺，原來準備在宅亭和賈亭去射獵取樂，到了靈口，臨時改變了主意，不射就走了。向曲阿、句容，從牛渚渡江，西到咸陽，便去世了。

卷九

越絕外傳計倪第十一

【題解】本篇記錄了計倪與越王句踐一次比較重要的對話。這篇對話所以重要，並不是因為他們談的道理如何高深，而在於通過這次談話，改變了當時越王句踐不健康的心態，從而協調了越國君臣之間的關係。

幾年以前，年輕氣盛的越王句踐輕率地發動了對吳的戰爭，由於國力不足，吃了大敗仗，只得率領文武大臣和五千護衛部隊死守會稽山。後來暗中用重金賄賂吳太宰伯嚭，吳國才允許他簽訂投降條約。為了保住越國的宗廟，他和夫人只得含羞忍辱給吳王夫差做了三年馬伕。

句踐以諸侯之尊，當壯盛之年，長期忍受著這種難堪的屈辱，一旦從吳國回到會稽，這種受壓抑的心靈表現出某種變態是完全可以理解的。威脅群臣向他發誓，一同伐吳報仇，就是在這種不正常的心態之下所做出的蠢事。

的作用。

當時越國最需要的是：精誠團結，艱苦奮鬥，恢復生產，加強國防。伐吳報仇只能在民心高度團結，國力非常富強以後才能進行。句踐當時的精神狀態和狂躁行為，只會叫大臣離心，萬民失望。計倪適時地抑制了句踐的暴怒，並提出以仁義為治國之門，以士民為立國之本，正心修身、優禮賢臣等要務，終於改變了越王句踐的心態。計倪的這次談話，可以說是發揮了「一言興邦」的作用。

昔者，越王句踐近侵於彊吳，遠媿於諸侯，兵革散空❶，國且滅亡，乃脅諸臣而與之盟❷：「吾欲伐吳，奈何有功？」群臣默然而無對。王曰：「夫主憂臣辱❸，主辱臣死。何大夫易見而難使❹也？」

計倪官卑年少，其居❺在後。舉首而起曰：「殆哉！非大夫易見難使，大王不能使臣❻也。」

王曰：「何謂也？」

計倪對曰：「夫官位財幣，王之所輕，死者是士之所重也，王愛所輕❼，責士所重❽，豈不艱哉！」

【章　旨】本章記述了越王句踐急於伐吳報仇，要挾群臣和他盟誓，計倪勇敢地起來制止了句踐的狂暴舉動。

【注　釋】❶兵革散空　兵器盔甲大量散失，庫藏空虛。❷盟　誓約。❸主憂臣辱　君主為國事憂懼，群臣應該感到羞恥。❹易見而難使　平時朝夕相見，卻不願接受任務。❺居　所處的位置。❻不能使臣　不善於給群臣分配恰當的任務。指不了解各人具體情況。❼愛所輕　指捨不得官爵財帛。❽責士所重　要求士大夫貢獻身家性命。

【語　譯】從前，越王句踐受到鄰近強大的吳國的侵略，在遠方的諸侯面前抬不起頭來。軍器盔甲流散，武庫空虛，面臨著亡國的危機。於是要挾群臣對他發誓，他向大家說：「我要討伐吳國，應該怎樣才能成功呢？」群臣一片靜默，沒人回答句踐的問話。句踐又說：「在君主為國家感到憂懼時，群臣應該感到羞恥。在君主受到敵人的侮辱時，群臣應該勇於獻出生命。為什麼我和大家朝夕見面，而大家接受任務卻這麼為難呢？」

　計倪當時官位很低，年齡很小，坐在群臣的最後面，看到大家都不作聲，便抬頭站起來說：「大王的想法太危險啦！不是大夫們朝夕相見卻不樂意接受任務，問題在於大王不善於給每個人分配恰當的任務。」

　越王句踐說：「你指的是哪方面的事呢？」

　計倪回答說：「官爵和錢財對於大王並不稀罕，而奉獻生命卻是士大夫們很難做到的，大王很愛惜官爵和錢財，卻又要求士大夫給您賣命，這豈不是太困難了！」

王自揖進❶計倪而問焉。計倪對曰：「夫仁義者，治之門❷，士民者，君之根本❸也。闓門固根❹，莫如正身❺。正身之道，謹選左右。左右選則孔主❻日益上，不選則孔主日益下，二者貴質浸之漸❼也。願君王公選於眾，精鍊❽左右，非君子至誠之士無與居家，使邪僻之氣無漸以生。仁義之行有階❾，人知其能，官知其治，爵賞刑罰一由君出，則臣下不敢毀譽以言，無功者不敢干治❿。故明主用人，不由所從⓫，不問其先⓬，說⓭取⓮一焉。是故周文、齊桓躬於任賢⓯，太公、管仲明於知人，今則不然，臣故曰殆哉！」

【章旨】本章簡要介紹了計倪的治國綱領：以仁義為治國之門，以臣民為君王之本，以正心修身、優禮賢士為君王之要務。

【注釋】❶揖進 行著禮走過來。❷治之門 治理國家的門徑。❸根本 根基；基礎。❹闓門固根 打開大門，加固根基。意為大行仁義，團結臣民。❺正身 修身。意為立身行事遵循仁義之道。❻孔主 思想面貌；精神境界。❼質浸之漸 漸漸地對人的精神思想進行滲透。❽精鍊 精心選用。❾階 階級；階段。❿干治 干擾國家的政治。⓫不由所從 不因他有來頭就給以照顧。⓬不問其先 不管他的祖父、父親是什麼人物。

⓭說　同「悅」。信任。⓮取　收錄；錄用。⓯躬於任賢　親自選用賢才。

【語譯】越王句踐一邊作揖一邊走向計倪，問他治國安邦的大計。計倪回答說：「仁義是治國的門戶，士大夫和老百姓是君王立國的根基。要想打開大門，施行仁義，團結臣民，牢固根基，最重要的莫過於修身。修身的辦法，主要在於慎重地選擇身邊的辦事人員。辦事人員選用得當，君王的精神境界一天比一天高尚；選擇不當，精神境界將一天比一天下降，高尚和下降都是精神思想逐漸變化的結果。希望君王公開地在士大夫中精心選用辦事人員，不是正人君子和最忠誠的人不讓他住進家中，使奸邪怪僻的氣質無法形成。仁義的行為是分階段逐步發展的，到了一定階段，您就能看清每個人的能力，知道每個機關的治理情況，於是官爵的封賞，刑罰的處置，一切都由您作出決定，這樣群臣就不敢利用輿論對大臣進行褒揚或詆毀來影響君主行使權威，工作中沒有成績的不敢造謠生事干擾國家的政治。所以英明的君主選用人才不因他出自誰的推薦就加以重用，也不管他是哪一位先賢的子孫便加以照顧，重不重視、提不提拔都以現在的表現為唯一標準。周文王和齊桓公都親自任用賢臣，而姜太公和管仲都能明智地選擇君王，所以各自成就了偉大的功業，現在大王卻不能像他們那樣，我所以說局面非常危險！」

越王勃然曰：「孤聞齊威❶淫泆，九合諸侯，一匡天下，蓋管仲之力也。寡人雖愚，唯在大夫❷。」

計倪對曰：「齊威除管仲罪❸，大責任之至易❹，此故南陽蒼句❺。太公九十而不伐❻，磻溪❼之餓人也，聖主❽不計其辱，以為賢者。一乎仲、二乎仲❾，斯可致王，但霸何足道。桓稱仲父❿，文稱太公⓫。計此二人，曾無跬步之勞⓬，大呼之功，乃忘弓矢之怨⓭，授以上卿。傳曰：『直能三公⓮。』今置臣⓯而不尊，使賢而不用，譬如門戶像設⓰，倚而相欺，蓋智士之所恥，賢者之所羞，君王察之。」

【章　旨】本章記計倪舉桓公與管仲、文王與姜太公的故事，勸越王句踐尊禮賢臣。

【注　釋】❶齊威　戰國時齊君，重用鄒忌、田忌、孫臏等，大敗魏軍，稱雄諸侯。並在臨淄稷下，招納各國學者，開展百家爭鳴，使齊國文治武功，盛極一時。此處齊威為齊桓之誤寫，因齊威後於句踐百來年。❷唯在大夫　只有依靠各位大夫。❸除管仲罪　不計較管仲曾經射中他的帶鉤的罪過。❹至易　極其簡單容易。❺南陽蒼句　無可查考。❻不伐　不遇。❼磻溪　在陝西省寶雞市東南，源出於南山，北流入渭水，相傳為姜尚垂釣之處。❽聖主　指周文王。❾一乎仲二乎仲　一而再地重用管仲。❿仲父　管仲，名夷吾，字仲，桓公待他如父，故稱仲父。⓫太公　對年高者的尊稱。⓬跬步之勞　奔走一步半步的功勞。⓭弓矢之怨　指管仲曾用弓箭射過齊桓公。⓮三公　周代以太師、太傅、太保為三公，為輔佐天子之最高官。⓯置臣　安排了大臣的位置。⓰門戶像設　把安裝著的門戶看成擺樣子的。

【語　譯】越王句踐怒氣沖沖地說：「我聽說齊桓公不過是個驕奢淫逸的諸侯罷了。他能多次集合諸侯，尊崇周室，打退夷狄，匡救天下，完全是管仲的功勞。我雖然稱不上英明，總不比齊桓公差到哪裡去，越國能否振興，那就看大夫們能否有所作為了。」

計倪回答說：「齊桓公能不計較管仲射中他的帶鉤的罪責，非常大度地把管理國家的重任交付管仲，表現了何種寬廣的胸懷啊。姜太公九十歲了還沒有顯達，不過是在磻溪上垂釣的一個挨餓的老頭子，周文王不計較他是個窮老漢，認定他是一個賢者，這又是何等驚人的眼光。齊桓公一而再、再而三地重用提拔管仲，這種尊賢的精神必然可以成就王業，完成霸業又算什麼呢！齊桓公稱管仲為仲父，周文王尊姜尚為太公。他們二人在受重任之前，並沒有給齊國和周朝的霸王之業做過一丁點兒奔走的功勞、大聲疾呼的努力，齊桓公甚至毫不計較管仲用弓箭射他的仇怨，而給他上卿的地位，書上稱贊：『齊桓的氣度，簡直能趕上周王室的三公。』現在您雖任命了很多大臣，卻一點也不予尊重，弄得賢人得不到重任。就像把別人的門戶不放在眼裡，甚至靠著別人的大門進行謾罵，這正使智能之士感到羞恥，讓賢德的人氣憤羞慚，希望君王冷靜地考慮一下我的意見。」

越王曰：「誠者不能匿其辭❶，大夫既在，何須言哉！」

計倪對曰：「臣聞智者不妄言❷以成其勞，賢者始於難動，終於有成。傳曰：『《易》之〈謙〉，遜對過問❸，抑威權勢❹，利器❺不可示人。』言賞罰由君，此之謂也。故賢君用臣，略責於絕施之職❻，而成其功；遠使❼以效其誠；內告❽以匿，以知其信；與之講事，以觀其智；飲之以酒，以觀其態。選士以備❾，不肖者無所置❿。」

越王大媿，乃壞池填塹⓫，開倉穀，貸貧乏。乃使群臣，身問疾病，躬視死喪，不厄窮僻⓬。尊有德，與民同苦樂，激河泉井⓭，示不獨食。行之六年，士民一心，不謀同辭，不呼自來，皆欲伐吳。遂有大功而霸諸侯。孔子曰：「寬則得眾。」此之謂也。

【章旨】此章簡述計倪和句踐談論怎樣考察和使用大臣，句踐在計倪的幫助下終於改變作風，發動和團結了越國臣民，取得伐吳的勝利。

【注釋】❶匿其辭　隱瞞自己的意見。❷妄言　沒有依據而任意亂說。❸遜對過問　以謙遜的態度答覆過激的責問。❹抑威權勢　自覺地壓抑自己的威風和權勢。❺利器　指軍事和刑賞的大權。❻絕施之職　需要採取特別行為的工作。❼遠使　派遣到遠方。❽內告　私下祕密地告知。❾備　多方面而又周密地。❿無所置　無處安插。⓫壞池填塹　把護城河毀壞，把戰壕填平，向吳國表示不設防。⓬不厄窮僻　應為「不遺窮僻」。意思是連窮鄉僻壤也不遺漏。⑬激河泉井　應為「激河泉酒」之誤。句踐訓練水軍於江上，居人以美酒慰勞句踐，句踐傾注於江，與戰士同勺江水而飲之。

【語　譯】越王句踐說：「忠誠的人心裡有話是藏不住的。你早晚都在這裡，你的心事不說我也知道啊！」

計倪回答說：「我聽說聰明的人不會用假話、大話、空話去騙取功勞；賢德的人開始不容易發動，但最後卻能取得成功。書傳上說：『《易經．謙卦》要求人們謙遜地回答即使是過火的責問，要求權勢者待人接物壓抑自己的威勢，不可隨意向人顯示軍政刑賞的大權。』這是說君主要審慎地掌握和運用刑賞的大權。故賢明的君主使用大臣要掌握一些要領：對執行特別任務的大臣不要多加干預，只要能出色完成任務就可以了；派到遠方，以觀察他的忠誠；私下把機密告訴他，以考察他是否可信賴；和他討論國家大事，以觀察他的才智；同他一塊飲酒，以觀察他的儀態。全面地對士大夫進行考察，使無德無才的人在朝廷沒有存身之地。」

越王句踐大為慚愧，於是毀壞城壕，填平溝塹，向吳表示越國不設防。打開糧倉，賑濟貧窮困乏的百姓。並派遣群臣深入民間慰問重病患者，親自弔唁死者，連窮鄉僻壤也不遺漏。尊崇表彰有道德聲望的人，和百姓同甘共苦。把人家獻給他的美酒倒進江中，然後和士兵們共飲江水，以表示他不私自享受。他的德政推行了六年，士大夫和老百姓都和句踐一條心，他們不經商量就說出相同的意見，不待招呼就自動集合起來，一致要求討伐吳國，終於建立了滅吳的大功，稱霸於諸侯。孔子說：「為政寬大就能得到民心。」說的就是這個道理。

夫有勇見於外，必有仁於內。子胥戰於就李，闔廬傷焉，軍敗而還。是時死傷者不可稱數❶，所以然者，罷頓❷不得已。子胥內憂：為人臣，上不能令主❸，下令百姓被兵刃之咎❹。自責內傷❺，莫能知者。故身操死持傷❻及被兵者，莫不悉於子胥之手，垂涕啼哭，欲伐而死。三年自咎❼，不親妻子。饑不飽食，寒不重綵❽，結心❾於越，欲復其仇。師事越公❿，錄其述，印天之兆⓫，牽牛⓬南斗⓭，赫赫⓮斯怒，與天俱起。發令告民，歸如父母。當胥之言，唯恐為後。師眾同心，得天之中⓯。

越乃興師，與戰西江⓰。二國爭彊，未知存亡。子胥知時變⓱，為詐兵⓲，為兩翼⓳，夜火相應。句踐大恐，振旅服降⓴。進兵圍越會稽填山㉑。子胥微策㉒可謂神，守戰數年，句踐行成。子胥爭諫㉓，以是不容。宰嚭許之，引兵而還。夫差聽嚭，不殺仇人。興師十萬，與不敵同。聖人譏之，是以《春秋》不差㉔其文。故傳曰：「子胥賢者，尚有就李之恥。」此之謂也。

【章旨】本章簡敘伍子胥在就李之戰失敗後，救死扶傷，謀國忘家，終於團結吳人，伐越報仇。可惜夫差聽信伯嚭，放過了越王句踐，使功敗垂成。但本章以下與計倪句踐無關，而與〈紀策考第七〉的內容十分接近，疑是從〈紀策考〉中錯簡而來。

【注釋】❶稱數　同「計數」。即算計。❷罷頓　疲勞委頓。❸令主　應為「全主」之誤。即保全闔廬。❹咎　傷害。❺內傷　心傷。❻操死持傷　操持處理埋葬死人和治療受傷者。❼自咎　自責。❽重綵　重重疊疊的絲衣。❾結心　集中心思。❿越公　無可查考。⓫印天之兆　表示天意的徵兆。古人以為日月星辰的特異現象都是老天向人發出警告。⓬牽牛　星宿名。又叫河鼓，俗稱牛郎星，隔天河與織女星相對。神話稱牛郎同織女私自結為夫婦，為天帝所不容，每年舊曆七月七日晚才許見面一次。⓭南斗　又叫斗宿。包括南斗六星。⓮赫赫　聲威極盛。指光度特強。⓯得天之中　獲得上天的同意。⓰西江　夫差伐越戰地不可考，《史記》以為夫椒，夫椒之地亦不可確考，或以為是太湖中的洞庭西山，然湖中小山實非軍事要地。⓱時變　指審時度勢，臨機應變。⓲詐兵　即疑兵。言虛實莫測的軍隊。⓳兩翼　將全軍展開，分為一主兩翼，左中右互相呼應，造成巨大聲勢。⓴振旅服降　集合軍隊，向吳軍投降。㉑填山　無可查考。㉒微策　猶妙計。㉓爭諫　反對；勸阻。㉔不差　即不擇、不選用。

【語譯】一個人外在的氣概上如果表現得非常勇敢，他的內心深處一定充滿仁愛。伍子胥在就李和越軍作戰時，吳王闔廬中箭受傷，吳軍大敗而還。這時吳軍死傷的人不可數計，所以會弄成這樣，是因為太疲勞了，沒有辦法。伍子胥心裡非常痛苦：作為一個主事的大臣，對上沒能保全君主，對下讓百姓們遭到刀兵的傷殘，他傷心自責，沒人能夠理解。他親自安埋死者，治療傷病人員，每一個死傷的戰士的安葬治療都經過伍子胥的安置，伍子胥面對死傷的人痛哭流涕，恨不能自己戰死沙場。一連三年，都不和妻子家人親近。餓了顧不上吃飽肚皮，冷了也顧不上多添衣服，把整個心思都用在對越復仇的事情上面。他拜越公為師，詳細記錄了他講述的天意徵兆的各種表現。當牽牛和南斗光耀非常明亮，表示上天震怒時，便迎合天意，起兵報仇。他發布命令，動員民眾，而廣大群眾也像聽到父母的吩咐一樣，響應號召，唯恐落後。前方的軍隊和後方的百姓同心同德，體現了上天的意志。

越國也同時興師，和吳軍在西江大打出手。兩個國家爭強比勝，一時分不出誰弱誰強、誰興誰亡。伍子胥在這場戰爭中充分顯示了他高明的指揮能力，他善於審時度勢，隨機應變，他虛虛實實地使用疑兵，將全軍充分展開為一主兩翼，一到夜晚，四處舉火，互相呼應，把句踐和越軍弄得日夜不安。句踐非常恐慌，收兵逃走，伍子胥引兵追趕，把越兵圍困在會稽的填山上。他用兵可說是出神入化，打了幾年以後，句踐簽訂了投降和約。伍子胥百般勸阻反對，使得吳王夫差很不高興。夫差通過伯嚭答應了越國的投降條件，把軍隊帶回了吳國。夫差聽信了伯嚭，放過了自己的仇人，興兵十萬來報仇雪恨，結果卻空著兩手回來，就像沒打仗一樣，聖人都譏笑他，在《春秋》中根本不提這件事情。後來人們說：「伍子胥雖是一個賢人，還不免發生就李戰敗的恥辱。」說的就是上面的事情。

哀哉！夫差不信伍子胥，而任太宰嚭，此乃禍晉之驪姬❶，亡周之褒姒❷。盡妖姸❸於圖畫，極凶悖❹於人理。傾城傾國❺，思昭示❻於後王，麗質冶容❼，宜求監❽於前史。古人云：「苦藥利病，苦言❾利行。」伏念❿居安思危⓫，日謹一日⓬。《易》曰：「知進而不知退，知存而不知亡，知得而不知喪。」又曰：「進退存亡⓭，不失其正⓮者，唯聖人乎？」由此而言，進有退之義⓯，存有亡之幾⓰，得有喪之理。愛之如父母，仰之⓱如日月，敬之如神明，畏之如雷霆，此其可以卜祚遐長⓲，而禍亂不作也。

【章旨】本章從夫差信任伯嚭而不聽信伍子胥之忠言，終於亡國的事實，說明進退存亡、死生禍福互相依倚，為君者必須居安思危。

【注釋】❶驪姬　春秋驪戎國君之女。晉獻公滅驪戎，納為夫人，生奚齊，她讒殺太子申生。公子重耳、夷吾等出奔國外，獻公死，晉國長期內亂，大夫里克等在亂中把驪姬殺死。❷褒姒　西周末褒國女子，姒姓。周幽王伐褒，褒侯進褒姒以請和。幽王寵之，性不好笑，挑逗萬般，難博一笑。乃舉烽火以召諸侯，終乃大笑，遂數舉烽火以娛之。後申侯與犬戎攻周，幽王舉烽火以召諸侯，諸侯不至，幽王被殺，褒姒被擄而去。❸妖妍　妖嬈妍麗。❹凶悖　凶殘逆亂。❺傾城傾國　美人仙姿使全城全國傾倒。❻昭示　鮮明地予以顯示。❼冶容　妖冶的容顏。❽求監　尋求借鑑。❾苦言　聽來不順心意的難受的忠言。❿伏念　認真地思考。⓫居安思危　處在暫時安定的環境裡，應該考慮長遠可能發生的危險。⓬日謹一日　每日每時都保持小心謹慎。⓭進退存亡升遷或貶斥，獲得或喪失。⑭不失其正　心神狀態保持正常。⑮義　因素。⑯幾　徵兆。⑰仰之　敬慕尊崇。⑱卜祚遐長　預期國運長久。

【語　譯】那夫差真是蠢得叫人傷心！他不相信忠直的伍子胥，卻信任太宰伯嚭。那伯嚭實在就像是禍亂晉國的驪姬，滅亡西周的褒姒。從圖畫中看確實非常妖冶妍麗，但在人理上卻異常凶殘悖逆。對於美人傾陷城池和國家的教訓一定要大力宣傳，讓後世君王知道警惕；應該怎樣對待美麗妖冶的女人，一定要從前代的歷史中尋求借鑑。古人說：「苦口的良藥有利於治病，難聽的忠言有利於施行。」應該在安定時考慮日後可能發生的危險，每日每時都保持小心謹慎。《易經》中說：「人們順利時，常只想到前進而不想到後退；只設想興旺發達而不顧慮衰敗滅亡；只考慮索取而不考慮付出。」又說：「不管升遷還是貶斥，不管面臨興旺還是衰亡，心神永遠保持常態，恐怕只有聖人才能辦到？」從這可以看出：前進當中存在後退的因素，興旺中包含著衰亡的徵兆，獲取時含有喪失的危險。除非能使百姓對你像對父母一樣的愛戴，像對日月那樣的敬仰，像對神明那樣的尊敬，像對雷霆那樣的畏懼。這樣大概可以做到國運長久而不產生禍亂吧。

卷一〇

越絕外傳記吳王占夢第十二

【題解】占夢無疑是一種可笑的愚昧行為，可是在科學不發達的古代，人們思想上存在一些迷信觀念是不足為奇的。而且本篇記夫差處理占夢事件的荒唐，主要問題不在愚昧和迷信，而在於顛狂拒諫、亂殺無辜，把直言解夢、勸阻伐齊的公孫聖殘酷殺害。如何對待正直之臣向來就是區分明君和昏君的重要依據。明君並非事事高明，他們的長處在於能認真聽取逆耳的忠言，而吳王夫差則是專愛奉承，聽到反對意見就發火，甚至殺人泄憤，夫差殺了提意見的伍子胥和公孫聖以後，朝廷上再也聽不到不同意見了，使得夫差更加荒淫而驕橫，伯嚭更加明目張膽地貪贓枉法，內政日趨腐敗，外交日趨孤立，民心日趨離散，終於走向滅亡。

〈吳王占夢〉這篇作品雖未能深入全面論述以上問題，但強烈地指斥了伯嚭巧言令色、逢迎夫差、殃民禍國的罪行，批判了夫差的驕橫愚昧、不明是非的惡德，褒揚了公孫聖的憂國忘身、極言苦諫、不畏犧牲的高尚人格，是一篇宣揚愛國精神的好教材。

昔者，吳王夫差之時，其民殷眾❶，禾稼登熟❷，兵革堅利❸，其民習於鬥戰。闔廬卒，剬❹子胥之教：行有日，發有時。道❺於姑胥之門，晝臥姑胥之臺。覺寤❻而起，其心惆悵，如有所悔。即召太宰❼而占之，曰：「向者❽晝臥，夢入章明之宮。入門，見兩鑊炊而不蒸❾；見兩黑犬嗥❿以北，嗥以南；見兩鏵⓫倚吾宮堂；見流水湯湯⓬，越吾宮牆；見前園橫索生樹桐⓭；見後房鍛者扶挾⓮鼓小震。子為寡人精占之，吉則言吉，凶則言凶，無諛寡人之心所從⓯。」太宰嚭對曰：「善哉！大王興師伐齊。夫章明者，伐齊克⓰，天下顯明⓱也。見兩鑊炊而不蒸者，大王聖氣⓲有餘也。見兩黑犬嗥以北、嗥以南者，四夷已服，朝諸侯也。兩鏵倚吾宮堂，夾田夫⓳也。見流水湯湯越吾宮牆，獻物已至，則有餘也。見前園橫索生樹桐，樂府⓴吹巧也。見後房鍛者扶挾鼓小震者，宮女鼓樂也。」吳王大悅，而賜太宰嚭雜繒㉑四十匹。

【章　旨】本章是占夢事件的開頭，敘述夫差晝臥得夢，以為不祥，請求伯嚭占夢，伯嚭大灌迷魂湯，把夫差弄得昏頭昏腦的。

【注　釋】❶殷眾　富裕而眾多。❷登熟　豐收。❸兵革堅利　兵器銳利，甲冑堅牢。❹峁　斷絕；背離。❺道　路過。❻寤　醒來。❼太宰　即伯嚭。他官封太宰，總管政府日常事務。❽向者　剛才。❾鑺炊而不蒸　鍋底下燒著火但不冒蒸氣。❿嗥　嚎叫。⓫鏵　犁鏵。耕地的農具。⓬湯湯　大水急流狀。⓭橫索生樹桐　《吳越春秋》作「橫生梧桐」。⓮扶挾　應為「扶鋏」。意為把住鐵鉗。⓯心所從　從心中所希望的。⓰克　克服；戰勝。⓱顯明　顯赫。⓲聖氣　聖明的精氣。⓳夾田夫　接近於農夫，沒有架子。⓴樂府　掌管收集、整理、演奏樂曲的專門機構，始立於漢武帝。這裡是藉漢制來杜撰古事。㉑雜繒　各種絲織品。

【語　譯】從前，吳王夫差在位時，吳國人民生活富裕，人口眾多。糧食年年豐收，兵器銳利，甲冑堅牢，老百姓都慣於行軍打仗。吳王闔廬死後，夫差背離了伍子胥的教導，伍子胥要求出行一定要選吉日，出發一定要選良時。一天，夫差隨意出行，路過姑蘇門，大白天就睡在姑蘇臺上。睡醒後爬起身來，心中非常煩悶，好像有些悔悟。馬上叫太宰伯嚭替他占夢。他說：「我剛才白天睡覺，夢見自己走進一所署名章明的宮殿，進門就看到兩口鐵鍋，下面不斷燒火，卻總也不冒蒸氣。又看兩條黑狗不斷嚎叫著，一下跑向北邊，又一下跑向南邊。還看見兩部犁鏵，靠著宮庭的廳堂。還看見浩浩蕩蕩的流水，流過王宮的高牆。又看見前面的花園裡橫長著一株梧桐樹，又看見後房的鐵匠握著鐵鉗，敲得鼓輕輕震動。你給我把這夢中的景象認真地解說一下，吉利就說吉利，凶險就直說凶險，不要根據我的願望來奉承我。」太宰伯嚭回答說：「大王的夢真好哇！您不是正準備興兵伐齊嗎？您夢見走進署名章明的宮中，就說明伐齊將打大勝仗，聲名將要顯赫於天下。看見兩鐵鍋下面不斷燒火而不冒蒸氣，說明大王神聖的精氣用也用不完。看見兩隻黑狗時而跑向北邊，時而跑向南邊，不停地狂叫，說明四方的夷狄都已臣服，天下諸侯都要來朝拜吳國。兩部犁鏵靠在王宮的大堂上，說明您不擺架子，農民都樂於和您親近。看見浩浩蕩蕩的洪水流過宮牆，說明向您進貢的使臣快要來了，您的東西用也用不完。夢見前面花園有橫生的梧桐，是預示樂府將給您吹奏新巧的樂曲。夢見後房鐵匠握著鐵鉗敲得鼓輕輕地震動，這是宮女給您奏樂呀。」吳王夫差聽得高興極了，馬上賞給太宰伯嚭四十匹各種花色的絲織品。

王心不已❶，召王孫駱❷而告之。對曰：「臣智淺能薄，無方術❸之事，不能占大王夢。臣知有東掖門亭長❹越公弟子公孫聖❺，為人幼而好學，長而憙❻遊，博聞彊識，通❼於方來之事❽，可占大王所夢。臣請召之。」吳王曰：「諾。」王孫駱移記❾曰：「今日壬午❿，左校司馬⓫王孫駱，受教⓬告東掖門亭長公孫聖：吳王晝臥，覺寤而心中惆悵也，如有悔。記到，車馳詣姑胥之臺。」

聖得記，發⑬而讀之，伏地而泣，有頃⑭不起。其妻大君從旁接⑮而起之，曰：「何若子性之大⑯也！希見人主，卒⑰得急記，流涕不止。」公孫聖仰天歎曰：「嗚呼，悲哉！此固非子之所能知也。今日壬午，時加南方⑱，命屬⑲蒼天，不可逃亡。伏地而泣者，不能自惜⑳，但吳王諛心而言㉑，師道不明㉒；正言直諫，身死無功。」大君曰：「汝彊食自愛㉓，慎勿相忘。」伏地而書，既成篇，即與妻把臂而決㉔，涕泣如雨。上車不顧㉕，遂至姑胥之臺，謁見吳王。

【章　旨】本章記述占夢事件的第二階段。夫差再請王孫駱占夢，王孫駱介紹公孫聖，公孫聖心知直言解夢則身死而無功，諛言則叛師而誤國，權衡利害之後，泣別妻子，決心為國獻身，直陳利害。

【注　釋】❶不已　不止；不定。❷王孫駱　吳大夫。為左校司馬，依違於伍子胥與伯嚭之間，為夫差所信任。❸方術　方士神仙之術。❹亭長　古制每十里一亭，置亭長，掌管捕治盜賊。❺公孫聖　越公弟子。博聞多識，為東掖門亭長，夫差召為占夢，極言強諫，觸怒夫差，被殺。❻憙　同「喜」。愛好。❼通　熟悉。❽方來之

事　將要發生的事。❾移記　傳書信。❿壬午　六十甲子周期中的第十九位。壬代表北方，屬水，午代表南方，屬火，因此壬午南北水火互不相調，被認作不吉利的日子。⓫左校司馬　吳國的高級統軍將領。⓬受教　受命。接受吳王夫差的命令。⓭發　打開。⓮有頃　過了好一會。⓯接　用力拉。⓰何若子性之大　意指不過是收到一封召見的信而已，怎麼高興成這樣。⓱卒　同「猝」。倉猝間。⓲時加南方　時命碰上南方。⓳屬　交付。⓴自惜　愛惜自己的生命。㉑諛心而言　用阿諛手段說些討人喜歡的話。㉒師道不明　使師父越公的道術不為人知。㉓彊食自愛　勉強吃些東西，好好保重自己。㉔把臂而決　抓住對方手臂心情沉重地告別。㉕不顧　不回頭。表示決心。

【語　譯】吳王夫差聽了伯嚭的話儘管高興，但心裡還是不踏實，又把王孫駱找來並把夢中的情形告訴他。王孫駱回答說：「我知識淺薄，能力有限，不懂得算命占夢這類事情，不能給您這個夢占出吉凶禍福來。我認識東掖門亭長公孫聖，他是越公的弟子，年輕時就好學上進，成年後又喜歡遊覽四方，見聞廣博，記性又特好，通曉過去未來的事情，一定可以占知大王怪夢的吉凶禍福。我就把他找來見您。」吳王夫差說：「那好。」王孫駱便派人給公孫聖送去一封短信，上面寫道：「今天是壬午日，左校司馬王孫駱接到吳王的命令，通知東掖門亭長公孫聖：大王今天睡覺時做了一個怪夢，醒後心裡很不平靜，好像很有心事。你收到便條後，請飛車直奔姑蘇臺。」

公孫聖得到王孫駱的通知，打開讀了以後，俯伏在地上不停地抽泣，好一會都沒起來。他的妻子大君在旁邊伸手拉他起來說：「你怎麼高興成那個樣子！那麼想見君王，倉猝間收到一封召見的急信，就興奮得眼淚都流不完了。」公孫聖仰面向天痛苦地嘆息著說：「哎呀！真傷心啦！這根本不是你能想像得到的。今天是很不吉利的壬午日，壬居北方屬水，午在南方屬火，南北水火，互不調和，時命碰上南方，我只有把生命交付給蒼天，想逃也逃不掉的。我剛才伏地痛哭，是因為不能保全和愛惜自己。假如欺騙吳王，向他說些阿諛討好的話，那就玷污和蒙蔽了老師越公玄妙的聖道。如果堂堂正正實話直說，對他進行勸阻，把命丟了還起不到作用。」妻子大君勸他說：「你還是勉強吃飽肚子，好好愛惜自己，千萬不要忘記這個家。」公孫聖伏在地上把自己的想法寫成文章，寫完以後，站起來緊緊地和妻子互相抓住手臂，激動地互相告別。眼淚和鼻涕如雨而下。然後爬上馬車，頭也不回，直奔姑蘇臺，去進見吳王夫差。

吳王勞❶曰：「越公弟子公孫聖也。寡人晝臥姑胥之臺，夢入章明之宮，入門，見兩鑪炊而不蒸；見兩黑犬嘷以北，嘷以南；見兩鏵倚吾宮堂；見流水湯湯，越吾宮牆；見前園橫索生樹桐；見後房鍛者扶挾鼓小震。子為寡人精占之，吉則言吉，凶則言凶，無諛寡人心所從。」

公孫聖伏地，有頃而起，仰天歎曰：「悲哉！夫好船者溺❷，好騎者墮❸，君子各以所好為禍。諛讒申❹者，師道不明。正言切諫❺，身死無功。伏地而泣者，非自惜，因悲大王。夫章者，戰不勝，走傽傽❻；

明者，去昭昭❼，就冥冥❽。見兩鑩炊而不蒸者，王且❾不得火食❿。見兩黑犬嗥以北，嗥以南者，大王身死，魂魄惑⓫也。見兩鏵倚吾宮堂者，越人入吳邦，伐宗廟⓬，掘社稷也。見流水湯湯，越吾宮牆者，大王宮堂虛也。前園橫索生樹桐者，桐不為器用⓭，但為甬⓮，當與人俱葬⓯。後房鍛者鼓小震者，大息⓰也。王毋自行，使臣下可矣。」

太宰嚭、王孫駱惶怖⓱，解冠幘⓲，肉袒⓳而謝。吳王忿聖言不祥，乃使其身自受其殃。王乃使力士石番，以鐵杖擊聖，中斷之為兩頭。聖仰天歎曰：「蒼天知冤乎？直言正諫，身死無功！令吾家無葬我，提⓴我山中，後世為聲響㉑。」吳王使人提於秦餘杭之山㉒：「虎狼食其肉，野火燒其骨，東風至，飛揚汝灰，汝更能為聲哉！」

太宰嚭前再拜，曰：「逆言㉓已滅，讒諛已亡，因酌行觴㉔，時可以行矣。」吳王曰：「諾。」

【章　旨】本章記述公孫聖直言占夢的經過和結果。公孫聖把夫差怪夢預示的凶險徵兆直言稟告夫差，勸阻其親征齊國，夫差大怒，命力士將他打死，拋屍於秦餘杭山。

【注　釋】❶勞　慰勞；慰問。❷溺　淹在水中。❸墮　墮馬。從馬背上墜下來。❹諛讒中　靠阿諛奉承以求個人發展。❺切諫　懇切地提意見。❻傽傽　驚慌失措。《吳越春秋》作「傽徨」。❼昭昭　光明。❽就冥冥　走向黑暗。❾且　將要。❿火食　熟食。⓫魂魄惑　神魂迷亂。⓬伐宗廟　毀壞祖廟。⓭器用　有用的器具。⓮甬　木俑。⓯與人俱葬　給人陪葬。⓰大息　同「太息」。嘆息。⓱惶怖　驚惶恐懼。⓲解冠幘　取下帽子和頭巾。表示請罪。⓳肉袒　脫下上衣，讓上身裸露。表示請求處罰。⓴提　投擲；拋棄。㉑聲響　回聲。㉒秦餘杭之山　今名陽山。又名萬安山，在蘇州城西北三十里。為夫差被擒處。㉓逆言　觸犯君主尊嚴的語言。㉔行觴　行酒。酌酒相互勸飲。

【語　譯】公孫聖一進姑蘇臺，吳王夫差連忙上前表示慰勞，熱情地說：「你就是越公的弟子公孫聖吧，我正要找你占一個夢。我今天睡在姑蘇臺上，睡夢中走進了署名章明的王宮。一進門就看見兩口鍋，下面生著火，上面卻總也不冒熱氣。又看見兩條黑狗，一下子大聲嚎叫著跑向北邊，一下又叫著跑向南邊。又看見兩部犁鏵靠在宮殿的大堂上，還看見浩浩蕩蕩的流水在宮牆邊上流過。又看見前面的花園裡橫長著梧桐樹，還看見後房有個鐵匠手握鐵鉗敲得鼓輕輕地震動。你替我仔細推斷一下夢的吉凶禍福，吉祥就說吉祥，凶險就說凶險，不要編些好話來順從我的情緒。」

公孫聖聽了連忙俯伏在地上，過了好一會才爬起來，仰面向天長嘆著說：「傷心啊！愛好駕船的常遭水淹，愛好騎馬的常從馬背上顛下來，君子所喜歡玩的東西常常給他們製造災禍。我如果用阿諛討好的話蒙騙您，先師越公傳下的妙道就會受蒙蔽和玷污。我如果用直話懇切地勸您，卻又起不到好作用，反會招來殺身大禍。我剛才伏地哭泣，並不是愛惜自己的生命，而是傷心大王的前途。宮門上的『章』字預示著您將吃敗仗，倉皇地逃跑；那『明』字暗示您將離開天日昭昭的人間，投向暗無天日的幽冥之路。那兩口老也燒不出熱氣的大鍋，預示著您將碰到吃不上熟食的那一天。那兩條黑狗從北叫到南，又從南叫到北，預示著大王死後，魂魄迷亂。那兩部靠在廳堂的犁鏵，預示著越人將入侵吳國，拆毀我們的宗廟，挖壞我們的社稷神壇。浩浩蕩蕩的流水流過宮牆，預示著宮室將會人散樓空。宮前的花園裡那橫向生長的梧桐也不是好兆頭，梧桐的木料是不能做家具的，只能做木俑給人陪葬。後房的鐵匠敲得鼓微微震動，這微微的震動聲是鬼神對吳國即將發生不幸的嘆息聲。要避免這一切，只有請大王不要親自帶兵伐齊，讓將軍們代您統軍，只要您坐鎮國內，什麼不祥的事都不會發生。」

公孫聖的長篇大論把太宰嚭和王孫駱嚇得渾身發抖，兩人取下帽子，解了頭巾，脫光上身，叩頭請罪。吳王夫差恨公孫聖出言不遜，要讓他自己先吃苦頭，派大力士石番用鐵棍狠狠地打他，石番把鐵棍都打斷成兩截。公孫聖仰天嘆息道：「蒼天明白我的冤枉嗎？我用直言勸諫君王，沒發揮作用還把命丟了！我死後叫家人不要埋我，把我拋到大山裡去，將來變作回聲。」吳王夫差派人把公孫聖的屍首拋到秦餘杭山，還詛咒他說：「讓虎狼去吃你的肉，野火把你的骨頭燒成灰，東風起時，大風把你的骨灰吹得滿天都是，看你還能不能變作回聲！」

太宰伯嚭又一次跪在吳王面前說：「悖逆的言論已經清除了，說壞話毀謗您的人已經死了，現在讓我們喝酒吧，喝完酒，大軍就可以啟程了。」吳王夫差說：「行，就這麼辦。」

王孫駱為左校司馬，太宰嚭為右校司馬，王從騎❶三千，旌旗羽蓋❷，自處中軍❸。伐齊，大剋。師兵三月不去，過伐晉。晉知其兵革之罷倦❹，糧食盡索❺，興師擊之，大敗吳師。涉江，流血浮尸者，不可勝數❻，吳王不忍，率其餘兵，相將❼至秦餘杭之山。饑餓，足行乏糧，視瞻❽不明。據地❾飲水，持籠稻❿而飡⓫之。顧謂左右曰：「此何名？」群臣對曰：「是籠稻也。」吳王曰：「悲哉！此公孫聖所言：王且不得火食。」太宰嚭曰：「秦餘杭山西坂⓬閒燕⓭，可以休息，大王亟⓮飡而去，尚有十數里耳。」吳王曰：「吾嘗戮公孫聖於斯山，子試為寡人前呼之，即尚在耶，當有聲響。」太宰嚭即上山三呼，聖三應。吳王大怖，足行屬腐⓯，面如死灰色⓰，曰：「公孫聖，今寡人得邦，誠世世相事⓱。」言未畢，越王追至。兵三圍吳，大夫種處中，范蠡數⓲吳王曰：「王有過者五，寧⓳知之乎？殺忠臣伍子胥、公孫聖。胥為人先知⓴，忠信，中斷之㉑入江；聖正言直諫，身死無功。此非大過者二乎？夫齊無罪㉒，空復㉓伐之，使鬼神不血食㉔，社稷廢蕪㉕，父子離散，兄弟異居。此非大過者三乎？夫越王句踐，雖東僻㉖，亦得繫於天皇之位㉗，無罪，而王恆使其芻莖秩馬㉘，比於奴虜㉙。此非大過者四乎？太宰嚭讒諛佞諂㉚，斷絕王世㉛，聽而用之。此非大過者五乎？」吳王曰：「今日聞命㉜矣。」

越王撫步光之劍㉝，杖㉞屈盧之弓㉟，瞋目㊱謂范蠡曰：「子何不早圖之㊲乎？」范蠡曰：「臣不敢殺主。臣存主若亡㊳，今日遜敬㊴，天報微功㊵。」越王謂吳王曰：「世無千歲之人，死一耳㊶。」范蠡左手持鼓，右手操枹㊷而鼓之，曰：「上天蒼蒼，若存若亡㊸，何須軍士，斷子之頭，挫㊹子之骸，不亦繆乎㊺？」吳王曰：「聞命矣！以三寸之帛，冥㊻吾兩目，使㊼死者有知，吾慚㊽見伍子胥、公孫聖，以為無知，吾恥生。」越王則解綬㊾以冥其目，遂伏劍㊿而死。越王殺太宰嚭，戮其妻子。以其不忠信，斷絕吳之世。

【章　旨】本章敘寫占夢事件的結尾。吳王夫差窮兵黷武，多次北征齊晉，越國君臣乘其兵疲民困，攻而滅之。夫差兵敗，想到了伍子胥和公孫聖的忠言，羞愧自殺，完全應驗了公孫聖占夢的預言。

【注　釋】❶從騎　隨從的騎兵。❷羽蓋　王侯出行，用翠色羽毛插在車棚頂上。❸中軍　古代分部隊為左中右三軍，中軍為主帥所親自率領，是部隊主力。❹罷倦　同「疲倦」。❺盡索　徹底乾淨。❻不可勝數　無法計算。❼相將　相隨；相共；一同。❽視瞻　近看為視，遠望為瞻。❾據地　手扒在地上。❿籠稻　嫩稻。尚未完全成熟的稻子。《吳越春秋》作「生稻」。⓫飡　同「餐」。吞食。⓬西坂　西面的山坡。⓭閒燕　清靜。⓮亟　趕快。⓯足行屬腐　兩腳走得起泡流血潰爛。⓰死灰色　燒過的草木灰的顏色。⓱相事　相事奉。指立廟祭掃。⓲數　數落；責問。⓳寧　豈。⓴先知　有預見。㉑中斷之　屍與首分開。古人認為身體是父母所生，毀傷都是罪過，頭和身子被砍斷是極大的不幸。㉒無罪　沒有做過需要懲罰的重大罪行。㉓空復　應為「反復」之誤。因吳王夫差曾兩度伐齊。㉔鬼神不血食　古人定時殺六畜祭祀先人，遭受戰禍，祭祀不能舉行，鬼神自然無法享用犧牲。㉕社稷廢蕪　社稷神壇是國君祭天地的地方，打起仗來，祭祀停了，神壇自然也荒廢了。㉖東僻　東海邊上偏僻的地方。春秋時以晉、鄭、衛、齊、魯等中原諸國政治、文化、經濟、交通為發達地區，南面的楚、吳、越都被看成蠻夷。㉗天皇之位　受命於天的諸侯之列。㉘芻莖秩馬　砍草餵馬。㉙比於奴虜　同於奴僕俘虜。因餵馬是奴隸們的工作，連士大夫做了都有失身分，讓句踐餵馬駕車無疑是一種淩辱。㉚讒諛佞諂　說人壞話，阿諛討好，巧言令色。㉛王世　王位的繼承。㉜聞命　聽到您的教誨。㉝步光之劍　古越國的寶劍。㉞杖　拄為手杖。㉟屈盧之弓　《吳越春秋》作「屈盧之矛」。即屈盧製作的戈矛。㊱瞋目　發怒中睜大眼睛。㊲圖之　下手除掉。㊳臣存主若亡　意指如果在生時把外國的君主殺了，就會一輩子背上「弒君」的罪名。㊴遜敬　謙和恭敬。㊵天報微功　老天也許會記住這點小功德。㊶死一耳　早死遲死不是一樣嗎。㊷操

枹　拿著鼓槌。㊸若存若亡　或存或亡；有興有亡。㊹挫　摧殘。㊺不亦繆乎　豈不太荒唐、太糟糕了嗎。㊻冥遮住；掩蓋住。㊼使　假如。㊽慚　同「慚」。㊾綬　絲帶。㊿伏劍　用劍自殺。

【語　譯】吳王夫差任命王孫駱為左校司馬，太宰伯嚭為右校司馬，自己親自率領三千精銳的騎兵為中軍，一路旌旗招展，羽蓋鮮明。征伐齊國，取得輝煌的勝利。大隊人馬在齊國逗留了三個月，遲遲不願離開，回兵的路上又去征伐晉國。晉國知道吳軍兵甲凋殘，士氣不振，糧草匱乏，便興兵反擊，把吳軍打得大敗。在渡過長江時，負傷流血的、失足落水的不計其數。吳王夫差心中非常難受，率領殘兵，相互照應，一同來到秦餘杭山。路又難走，肚子又沒吃飽，餓得眼睛發花，看不清東西，只好兩手扒在地上，低頭彎腰去喝溪邊的流水，將尚未成熟的稻子生吞亂嚼起來。夫差回頭問身邊的人說：「這叫什麼東西呀？」群臣回答說：「這是沒熟的嫩稻啊。」吳王夫差說：「痛心啊！這下可真應驗了公孫聖的話了，他說我有一天將會吃不上熟飯。」太宰伯嚭連忙打岔說：「秦餘杭山西邊的山坡上比較清靜，我們不如到那裡去休息，大王快點吃完上路，只要走十多里路就到了。」吳王夫差說：「我曾把公孫聖處死在這座山上，你代我到前面大喊幾聲看看，如果他還有靈，肯定會有回聲的。」太宰伯嚭便爬上山頭，大喊了三聲：「公孫聖！」果然回應了三聲。吳王夫差簡直嚇壞了，雙腳本來就走得起泡流血，現在臉色也變成灰白了。連忙向天祈禱：「公孫聖啊，你庇佑我保住吳國吧，我一定為你立廟，世代祭祀你。」話還沒有說完，越王帶著部隊追上山來了。把吳國的殘兵包圍了好幾層，大夫文種站在正中間，范蠡上前數落吳王夫差說：「大王有五條大罪，您難道還不知道嗎？首先是殘殺了忠臣伍子胥和公孫聖，伍子胥最有先見之明，又最忠誠可靠，您卻將他砍成兩段，投進大江。公孫聖用堂堂正正的道理勸諫您，您聽不進去還把他殺了，這不是兩條大罪過嗎？齊國朝廷並沒有什麼重大罪行，您卻一而再地討伐它，使得鬼神享受不到子孫的祭祀，社稷神壇變成一片荒蕪，父子兄弟逃散四面八方，不能團聚，這不是第三條大罪嗎？越王句踐雖然立國在荒僻的東海邊上，但畢竟也是一國之君，他又沒犯大罪，而您卻派他切草餵馬，當奴隸使喚，這不是第四條罪過嗎？太宰伯嚭，巧言令色，專門毀謗別人，對您百般阿諛討好，把吳國的千秋基業都斷送了，您卻偏偏聽信他、信任他，這不是第五條大罪嗎？」吳王夫差說：「今天多承教誨，我知罪了。」

越王句踐聽了范蠡和夫差的對話，很不耐煩，一手拿著步光寶劍，一手拄著屈盧製作的長矛，瞪著范蠡說：「你同他囉唆什麼，怎麼還不下手殺了他呢？」范蠡回答說：「我不敢違反禮法，以臣子的身分去殺害一個諸侯，若是動手把他殺了，就會一輩子背上弒君的罪名。我今天在吳王面前保持謙和恭敬，相信老天會報償這分微薄的功德。」越王句踐見范蠡不肯下手，只好親自去逼夫差自殺，他威脅夫差說：「世人從來沒有活一千歲的人，遲早還不是一個死，我看你就痛快一些吧。」范蠡左手抱著一面大鼓，右手拿起鼓槌，一面擊鼓一面高聲唱道：「老天爺顏色蒼蒼，人生在世有存有亡，何必硬等那些兵士砍您頭顱，斷您肢體，那下場豈不更加荒唐嗎？」吳王夫差說：「多謝你的指教！但請你們給一塊綢子讓我把眼睛蒙上，如果死後還有知覺，我實在沒有面目去見伍子胥和公孫聖，如果一死就什麼都不知道，我也寧願死了乾脆。」越王句踐馬上解下一條綬帶幫夫差蒙住眼睛，吳王夫差便拿起劍來自殺而死。越王句踐接著又殺了伯嚭和他的妻兒老小，因為他不忠於吳王夫差，斷送了世代相承的吳國。

卷一一

越絕外傳記寶劍第十三

【題　解】本篇屬於雜記，記錄的是幾段有關寶劍的傳說。本篇的幾段傳說，儘管怪誕，但吳、越、楚當年冶鍊技術非常高明卻也是歷史的真實。從地下發掘考查的資料看，吳楚春秋時的冶鍊術簡直達到難以置信的水平，從湖北大冶發現的春秋銅礦冶鍊遺址看，其規模已經相當驚人。而郢都紀南城遺址出土的越王句踐所作自用劍尤其令人驚嘆，它在地下埋藏了兩千四百多年，居然依舊寒光閃閃，毫無鏽蝕。試劍時，將二十餘層紙一劃而破。經質子X螢光非真空分析測定：該劍乃由銅、錫、鉛、鐵、硫、砷諸元素組成。而且劍柄、劍脊、劍刃各部位的元素含量各不相同，說明它通過多次澆鑄，採用的是複合金屬工藝。後人在工藝失傳，而面對當年遺留的鋒利無比、寒光耀眼的寶劍，因而流傳著某些荒誕不經的傳說就不足為奇了。

特別有意思的是：本文在荒誕傳說的基礎上，卻又通過風胡子之口，有意無意之間道出了人類生產工具發展的歷史，他說：「軒轅、神農、赫胥之時，以石為兵；……黃帝之時，以玉為兵；……禹穴之時，以銅為兵；……當此之時，作為鐵兵。」風胡子這段議論與近世西方社會學者提出的「舊石器時代」、「新石器時代」、「青銅時代」、「鐵器時代」可謂不謀而合。雖然他在具體講述中時常附會以鬼神的作用，但他對石玉銅鐵依次發展的概念卻是非常明確的。他為什麼會把從遠古到當時的生產工具的發展這麼有條不紊地依次歸類呢？在兩千多年前，產生這種進步的理念實在是一種奇蹟。

昔者，越王句踐有寶劍五，聞於天下。客有能相劍❶者，名薛燭❷。王召而問之，曰：「吾有寶劍五，請以示之。」薛燭對曰：「愚理不足以言大❸，王請，不得已。」乃召掌者❹，王使取毫曹❺。薛燭對曰：「毫曹非寶劍也。夫寶劍，五色並見❻，莫能相勝❼。毫曹已擅名❽矣，非寶劍也。」王曰：「取巨闕❾。」薛燭曰：「非寶劍也。寶劍者，金錫和銅❿而不離⓫，今巨闕已離矣，非寶劍也。」王曰：「然巨闕初成之時，吾坐於露壇⓬之上，宮人有四駕⓭白鹿而過者，車奔鹿驚，吾引劍⓮而指之，四駕上飛揚[15]，不知其絕[16]也。穿銅釜[17]，絕鐵鑗[18]，胥中決如粢米[19]，故曰巨闕。」

王取純鈞[20]，薛燭聞之，忽如敗[21]。有頃，懼如悟[22]，下階而深惟[23]，簡衣[24]而坐望之。手振拂揚[25]，其華捽[26]如芙蓉始出[27]；觀其釽[28]，爛[29]如列星之行；觀其光，渾渾[30]如水之溢於塘[31]；觀其斷，巖巖[32]如瑣石[33]；觀其才，煥煥[34]如冰釋[35]。「此所謂純鈞耶？」王曰：「是也。客有直之[36]者，有市之鄉[37]二、駿馬千匹、千戶之都[38]二，可乎？」

薛燭對曰：「不可。當造此劍之時，赤堇之山[39]破而出錫，若耶之溪[40]涸而出銅，雨師[41]掃灑[42]，雷公擊橐[43]，蛟龍捧鑪[44]，天帝[45]裝炭；太一[46]下觀，天精[47]下之。歐冶[48]乃因[49]天之精神[50]，悉其伎巧[51]，造為大刑[52]三，小刑二：一曰湛盧[53]，二曰純鈞，三曰勝邪[54]，四曰魚腸[55]，五曰巨闕。吳王闔廬之時，得其勝邪、魚腸、湛盧。闔廬無道，子女死，殺生[56]以送之，湛盧之劍去之如水。行秦過楚[57]，楚王臥而寤[58]，得吳王湛盧之劍，將首魁(59)漂(60)而存焉。秦王聞而求，不得，興師擊楚，曰：『與我湛盧之劍，還師去汝。』楚王不與。時闔廬又以魚腸之劍刺吳王僚(61)，使披腸夷之甲(62)三事，闔廬使專諸(63)為奏炙魚(64)者，引劍而刺之，遂弒(65)王僚。此其小試於敵邦(66)，未見其大用於天下也。今赤堇之山已合，若耶溪深而不測，群神不下，歐冶子即死，雖復傾城量金(67)、珠玉竭河(68)，猶不能得此一物，有市之鄉二、駿馬千匹、千戶之都二，何足言哉！」

【章旨】本章記述相劍者薛燭透過劍的顏色、特性、狀貌及冶鍊過程，對毫曹、巨闕、純鈞三劍的評論，極度誇張純鈞的冶鍊工藝和藝術品質。雖語涉荒誕，仍可使人從側面了解到歐冶子當年的鍊劍水準。

【注釋】❶相劍　鑑定寶劍。❷薛燭　齊國薛人，庸氏之子。能透過觀察顏色、性狀，而通曉寶劍利病。❸不足以言大　不能談出重大問題。❹掌者　掌管寶劍的人。❺毫曹　寶劍名。❻五色並見　青黃赤白黑五色同時顯現。❼相勝　指某種顏色蓋過其他顏色。❽擅名　揚名。❾巨闕　寶劍名。據傳能穿透銅鐵器皿。❿金錫和銅　經過冶鍊，金錫與銅相互非常調和。⓫不離　不游離於銅之外。⓬露壇　露天的神壇。⓭四駕　四匹馬駕的車子。⓮引劍　取劍。⓯飛揚　向上飄飛。⓰絕　被砍斷。⓱穿銅釜　穿透銅鍋。⓲絕鐵鑈　砍斷鐵鍋。⓳中決如粢米　從中開出缺口，鐵屑像糧食細末。⓴純鈞　寶劍名。被薛燭鑑定為火候最好、性狀最佳之劍中極品。

㉑如敗　精神頹喪，如受傷害。㉒懼如悟　如在驚恐中醒悟過來。㉓深惟　深思。㉔簡衣　整理衣冠。㉕振拂揚　震動、輕輕拂摸然後向上揮動，通過三個動作觀察寶劍各方面的特點。㉖華捽　光華搖動。㉗芙蓉始出　荷花初放。㉘釽　似為「鋌」之誤。鋒鋌。㉙爛　燦爛。㉚渾渾　水流瀰漫，水波前後相隨。㉛溏　同「塘」。㉜巖巖　巨石聳立。㉝瑣石　應為「峭石」之誤。㉞煥煥　光澤晶瑩。㉟冰釋　堅冰消融。㊱直之　估算其價值。㊲有市之鄉　有集市的鄉。周以一萬二千五百戶為鄉。㊳千戶之都　有一千戶的城市。㊴赤堇之山　在浙江紹興東南。歐冶子為越王句踐鑄劍之處。㊵若耶之溪　在紹興南若耶山下。為西施浣紗之所，又名五雲溪，歐冶曾在此鍊劍。㊶雨師　司雨之神。乃二十八宿之畢宿。㊷掃灑　灑雨以掃塵。㊸雷公擊橐　雷神拉風箱。㊹蛟龍捧鑪　龍王扶捧熔爐。㊺天帝　上帝。㊻太一　北極神君。神中之最尊貴者。㊼天精　泛指日月星辰、風雨雷電諸神。㊽歐冶　春秋末最著名之冶鍊師。曾為句踐鑄造湛盧、巨闕、純鈞、魚腸、勝邪五劍，又為楚王鑄造龍淵、太阿、工布三劍。㊾因　借助。㊿精神　指異常靈異微妙之氣質。(51)伎巧　技術和智慧。(52)大刑　即「大型」。(53)湛盧　寶劍名。(54)勝邪　寶劍名。(55)魚腸　寶劍名。屬小型劍，專諸將它藏在魚腹中，乘王僚不提防，用魚腸劍把他刺死。(56)殺生　殺害生人。事見〈吳地傳〉記闔廬子女冢。(57)行秦過楚　出行秦國路過楚國。(58)寤　睡夢中醒來。(59)首魁　頭。此指劍頭。(60)漂　「標」的假借字。作上標記。(61)吳王僚　吳國國君。吳王餘祭之子，餘祭卒，遺命立弟季札，季札不受，國人立僚為君，其堂兄光（即闔廬）遣勇士專諸將其刺死。(62)腸夷之甲　名叫腸夷的鎧甲。(63)專諸　春秋吳刺客，堂邑人。吳公子光具酒請王僚，使專諸以匕首魚腸藏炙魚腹中，遂刺殺王僚，專諸亦被王僚部下殺死。(64)炙魚　燒烤的魚。(65)弒　下殺上稱弒。(66)敵邦　應為「敵手」之誤。(67)傾城量金　裝滿一城黃金。(68)竭河　將河床堵得水都滲不過去。

【語譯】從前越王句踐有五口名聞天下的寶劍。有一天來了一位精於鑑定寶劍的人，名叫薛燭。越王句踐召見他，詢問他對這些寶劍的評價。句踐說：「我有五口寶劍，請你幫忙鑑定一下。」

薛燭回答說：「我也只懂得一些粗淺的東西，不能說出重大問題，大王既然請我說，我也不好推託。」越王於是把掌管寶劍的人找來，叫他先把毫曹寶劍拿出來，薛燭看後回答說：「毫曹不算寶劍，寶劍要求青紅黃白黑五種光芒同時顯現，哪一種光芒也不容許壓住其他光芒，毫曹雖然已經很出名了，但在這方面還有些不足，不能算是寶劍。」越王又叫掌劍人：「拿巨闕來。」薛燭看過以後又說：「這還不算寶劍，寶劍要求金錫與銅調和而不游離於外。現在巨闕的金錫游離於銅之外，還不算是真寶劍。」越王句踐說：「巨闕剛鍊成時，我拿著它坐在露壇上，有個宮人駕著四匹馬拉的車子從白鹿身邊馳過，馬車跑得飛快，把白鹿嚇得亂跑，我抽出劍向馬車一揮，馬車飛上了半空，我自己也不知道怎麼把它砍斷的。用它刺向銅鍋，砍向鐵鍋，隨手在鍋上刺開一個個缺口，鐵屑就如糧食碎末一樣，所以我就把它叫巨闕。」

越王又拿出純鈞寶劍，薛燭聽到純鈞的名字，就像受了傷害一樣，過了好一會，才好像從恐怖中清醒過來，他走下臺階認真地安下神來，然後把衣帽整理好，再坐下來靜靜地望了半天，然後拿起寶劍先用力一震，接著輕輕地用手朝劍一拂，最後拿劍向上猛然一揮，看那劍時，只見光華搖蕩，就像新開的荷花；看那劍的鋒芒，燦爛的光輝就像天上的星星在緩緩運行；看那劍的光彩，就像瀰漫的春水從水塘溢出，後面的波紋連接著前面的波紋；看被它砍開的地方，就像高高地聳立著的峭壁；看它的質地，光澤晶瑩，就像堅冰開始消融。薛燭認真鑑賞了老半天，問句踐說：「這就是純鈞寶劍嗎？」越王句踐得意地說：「是的。有個遠方客人估算它的價值，說它抵得上兩個帶有集市的鄉，加上一千匹駿馬，兩座一千戶的城池。你說它有這麼高的價值嗎？」

薛燭回答說：「那太不合算啦！在鑄造這把劍時，赤菫山崩裂了，從中採到了錫礦，若耶溪乾涸了，從中採到銅礦，雨師灑著除塵的細雨，雷神幫忙拉起了風箱，龍王捧著鍊劍的熔爐，天帝親自給爐中裝上木炭，太一星君下凡觀看，日月星辰、風雨雷電諸路神靈紛紛前來參加鑄劍的盛典。歐治子借助於眾位天神的威靈神采，拿出他全部的技術和才智，才造出三支大型寶劍，兩支小型寶劍。頭號叫湛盧，二號叫純鈞，三號叫勝邪，四號叫魚腸，五號叫巨闕。吳王闔廬在世時，得到了勝邪、魚腸、湛盧三把寶劍。闔廬殘暴不仁，他的兒女死了，他把許多百姓活活弄死給兒女陪葬，湛盧劍便像流水一樣離開吳國。要到秦國去，路過楚國時，楚王睡夢中醒來，發現了闔廬的湛盧寶劍，便在劍頭上標好記號保存起來。秦王聽到消息，向楚王索取湛盧劍，沒有要到手，便起兵攻打楚國，還公開申明：『如果將湛盧劍給我，我就領兵回國。』楚王還是不肯把湛盧劍交出來。當時吳王闔廬又用魚腸劍去行刺吳王僚，吳王僚身披三層腸夷鎧甲，一般兵器根本對付不了他。闔廬派專諸打扮成獻燒魚的廚師，把魚腸劍暗藏在魚肚裡面，魚盆靠近吳王僚時，抽出魚腸劍向吳王僚猛刺過去，終於把他殺死。這只是在敵人身上小試鋒芒，還沒有誰把這些寶劍大用於天下。現在赤堇山的缺口已經封合，若耶溪水深莫測，天帝、龍王、雷公、雨師等神靈又不肯下凡，歐治子說不定那一天就死了。哪怕是用黃金把城裝滿，用珠玉堆得讓河水斷流，還是弄不到這麼一件寶物，兩個帶有集市的鄉，加上一千匹駿馬和兩座一千戶的城池又算什麼呢！」

楚王召風胡子❶而問之曰：「寡人聞吳有干將❷，越有歐冶子，此二人甲世❸而生，天下未嘗有。精誠上通天，下為烈士❹。寡人願齎❺邦之重寶❻，皆以奉子❼，因吳王請此二人作鐵劍，可乎？」風胡子曰：「善。」於是乃令風胡子之❽吳，見歐冶子、干將，使人作鐵劍。歐冶子、干將鑿茨山❾，洩❿其溪，取鐵英⓫，作為鐵劍三枚：一曰龍淵⓬，二曰泰阿⓭，三曰工布⓮。畢成，風胡子奏之楚王。楚王見此三劍之精神，大悅風胡子。問之曰：「此三劍何物所象⓯？其名為何？」風胡子對曰：「一曰龍淵，二曰泰阿，三曰工布。」楚王曰：「何謂龍淵、泰阿、工布？」風胡子對曰：「欲知龍淵，觀其狀，如登高山，臨⓰深淵；欲知泰阿，觀其釽⓱，巍巍翼翼⓲，如流水之波；欲知工布，釽從文⓳起，至脊而止，如珠不可衽⓴，文若流水不絕。」

【章　旨】本章記述楚王派風胡子赴吳越請來鑄劍大師歐冶子、干將，鑄成龍淵、泰阿、工布三寶劍。風胡子獻上寶劍，並向楚王分別介紹三劍在光華文彩方面的各自特色。

【注　釋】❶風胡子　楚大夫。品評鑑定寶劍的大行家。❷干將　吳國著名鑄劍大師。曾鑄干將、莫邪等名劍。❸甲世　才藝絕世。❹烈士　重節義輕生死的人。❺齎　持贈。❻重寶　異常貴重的珍寶。❼奉子　交付給你。

❽之　到。❾茨山　應為「具茨山」。又名泰隗山，在河南省禹縣北。❿洩　疏通排水。⓫鐵英　鐵之精華。⓬龍淵　寶劍名。歐冶所鑄，唐人避高祖李淵名諱，改名龍泉。⓭泰阿　歐冶所鑄之寶劍。亦名太阿。⓮工布　歐冶所鑄之寶劍。亦名工市。⓯何物所象　它們的光華文采各自象徵著什麼。⓰臨　由上望下。⓱釽　「釽」之誤寫。銅鐵器物的紋彩。⓲巍巍翼翼　巍峨而嚴整。⓳文　裝飾部分。⓴衽　縫而使其固定。

【語譯】楚王召見風胡子，向他說：「我聽說吳國有一位鑄劍的名師叫干將，越國有一位鑄劍名師叫歐冶子，這兩人才藝蓋世，其他國都找不出這樣的人才。他們的神明能上通於天，都是重節義而輕死生的人物。我想把楚國的某些稀世珍寶交付給你，請你透過吳王禮聘這兩人來幫我鑄劍，好嗎？」風胡子高興地說：「這真是好主意。」於是楚王派風胡子到了吳國，求見歐冶子和干將，請他們帶人來楚國鑄造鐵劍。歐冶子和干將鑿穿具茨山，把山邊的溪水排乾，挖出精美的鐵礦石，鑄成三口寶劍，一口叫龍淵，一口叫泰阿，一口叫工布。劍鑄好後，風胡子拿去獻給楚王，楚王看到三把劍精光閃耀，神采不凡，非常欣賞風胡子的能力，問他說：「這三口寶劍這麼神異，它們的光華神采各自象徵著什麼呢？它們都叫什麼名號呢？」風胡子回答說：「一口劍叫龍淵，一口劍叫泰阿，一口劍叫工布。」楚王又問：「為什麼它們分別叫龍淵、泰阿、工布呢？」風胡子說：「您要了解它為什麼叫龍淵，您就看它的光華文彩的形狀，它就像登上千丈的高山之巔，俯視無底的深淵。您想知道它怎麼取名泰阿，您就看它的彩紋是何等的宏偉壯觀，又是何等的嚴整，就像高山下流水的奔騰波浪。您想知道它何以取名工布，就看它的紋彩從裝飾性的花紋到劍的脊背，它的光華像滾動的珍珠那麼閃爍不定，像流水那樣綿綿不絕，整個就像一幅織錦。」

晉鄭王❶聞而求之，不得，興師圍楚之城，三年不解。倉穀粟索❷，庫無兵革。左右群臣賢士，莫能禁止❸。於是楚王聞之，引泰阿之劍，登城而麾之❹。三軍破敗❺，士卒迷惑❻，流血千里，猛獸毆瞻❼，江水折揚❽，晉鄭之頭畢白❾。楚王於是大悅，曰：「此劍威耶？寡人力耶？」風胡子對曰：「劍之威也，因大王之神。」楚王曰：「夫劍，鐵耳，固能有精神若此乎？」風胡子對曰：「時各有使然❿。軒轅⓫、神農⓬、赫胥⓭之時，以石為兵，斷樹木為宮室，死而龍臧⓮，夫神聖主⓯使然。至黃帝之時，以玉為兵，以伐樹木為宮室，鑿地，夫玉亦神物也，又遇聖主使然，死而龍臧。禹穴⓰之時，以銅為兵，以鑿伊闕⓱，通龍門⓲，決江導河⓳，東注⓴於東海。天下通平，治為宮室，豈非聖主之力哉？當此之時㉑，作鐵兵㉒，威服三軍，天下聞之，莫敢不服，此亦鐵兵之神，大王有聖德㉓。」楚王曰：「寡人聞命㉔矣！」

【章　旨】本章透過虛構的晉鄭王圍城索劍，楚王麾劍退敵的故事，極度誇張地宣揚了鐵兵神劍的威力。並透過風胡子論歷代兵器，無意中道出了人類社會由石兵、玉兵向銅兵、鐵兵發展的歷史過程。

【注　釋】❶晉鄭王　出自傳說者虛構，實無其人其事。❷索　盡。❸莫能禁止　指紛紛逃開，誰也禁止不住。❹麾之　揮動。麾，通「揮」。❺破敗　指部伍混亂。❻迷惑　受了強大刺激，神經紊亂。❼歐瞻　奔逃驚視。❽折揚　改道逆流。❾畢白　全部變白。❿時各有使然　不同時代各有解決問題的方式。⓫軒轅　黃帝。⓬神農　傳說中人物。據說他發明農耕、醫藥等。⓭赫胥　傳說中人物。因其有赫然之德，使民胥附，故名赫胥。⓮龍臧　像龍一樣藏匿不出。臧，通「藏」。⓯神聖主　尊貴而不容褻瀆的帝王。⓰禹穴　應為「禹決」之誤。指夏禹疏通河道。⓱伊闕　即龍門山。在洛陽市南，兩山夾峙黃河兩岸，遙望若闕，傳為禹益開掘而成。⓲龍門　即伊闕。⓳決江導河　挖決疏通長江、黃河。⓴東注　東向流注。注，流入。㉑當此之時　指楚王和風胡子生活的時代。㉒鐵兵　鐵鍊成的刀劍。㉓聖德　聖明的功德。㉔聞命　承蒙教誨、誇獎。

【語　譯】晉鄭王聽說楚王鑄造了三口寶劍，便向他索取，楚王不給，他就興兵圍困楚的都城，一連三年不肯退兵。楚都糧倉都吃空了，武庫的兵甲也用光了。左右謀臣紛紛逃離無法禁止。楚王見晉人如此猖狂，便拿著泰阿寶劍登上城樓，向晉軍揮動寶劍，劍光和劍氣把晉軍攪得隊形散亂，士兵們神經迷惘，血流千里，山中的猛獸也奔逃驚視，江河改道，河水倒流，晉鄭王的頭髮一下全都變白了。楚王非常高興，問大家說：「這到底是劍的神威，還是我的功力呢？」風胡子回答說：「這是劍的神威，但它又依靠君王的神靈。」楚王說：「寶劍也不過是一塊鐵罷了，怎麼會有如此巨大的精氣和神靈呢？」風胡子回答說：「不同的時代各有神物以成就功業。軒轅、神農、赫胥的遠古時代，用石器作刀斧，以砍斷樹木，建設宮室，軒轅、神農等人死後，石刀、石斧便像蛟龍一樣深藏起來了，那是神聖的帝王才能使用它們。在黃帝時代，用玉作刀斧，以砍伐樹木，建造宮室，開鑿土地，那些玉刀、玉斧也都是神物，碰到聖主才能使用它們，聖主死後，也像蛟龍一樣深藏起來了。大禹疏通江河之時，以銅作為刀斧，用它們鑿開伊闕，修通龍門，疏導長江、黃河，使它們向東流進東海。天下完全太平以後，又用它們修建宮室。以上這些器物的製造使用，不都是依靠聖明的君王的神力嗎？到現在這個時代，只有製作鐵劍，才能威服三軍，天下諸侯聽了，誰也不敢不服從，這就是鐵劍的神威和大王的聖德。」楚王高興地說：「我這就多謝你的教誨和誇獎了！」

卷一二

越絕內經九術第十四

【題解】〈九術〉是句踐和文種籌劃伐吳的一次談話中，文種提出的一系列對吳策略。所謂「九術」，實際上就是打擊敵人的九種手段。雖然說是九種手段，但就其原則來說，無非是離間敵方內部團結，消耗敵方的國力，腐蝕敵方的意志，加強自己的經濟與國防實力。越國君臣的具體作法，也是按這幾條原則進行的。在離間吳國君臣方面，他們買通太宰伯嚭，讓他挑撥吳王夫差和伍子胥的關係，使吳王夫差殺害了伍子胥。在消耗吳國國力方面，透過文種將「榮楯」送給夫差，誘使其大興土木，弄得民窮財盡，吳民道死戶哭。在腐蝕夫差的意志方面，他們把美女西施、鄭旦獻給夫差，使其成天耽於歌舞昇平之中，無心於國家大計。在加強自己的經濟與國防建設方面，句踐勵行「十年生聚，十年教訓」，使越國在實力上迅速趕上和超過吳國。

當然句踐的成功和吳國的滅亡是越國君臣行使「九術」的結果，但這畢竟只是夫差亡國的外因。這些外因是通過吳王夫差的愚闇無知而發生作用的。不止吳國的情形是這樣，戰國末年六國的情形也是這樣，六國君臣面對秦國的蠶食鯨吞，連聯合對敵、抗秦圖存的道理都不明白，怎麼能夠不亡國破家呢？歷史證明，國君和謀國大臣的明智和昏昧，對於國家的興亡盛衰，關係實在非常的重大。

昔者，越王句踐問大夫種曰：「吾欲伐吳，奈何能有功乎？」大夫種對曰：「伐吳有九術❶。」王曰：「何謂九術？」對曰：「一曰尊天地，事鬼神❷；二曰重財幣，以遺其君❸；三曰貴糴粟槀❹，以空其邦；四曰遺之好美❺，以為勞其志❻；五曰遺之巧匠❼，使起宮室高臺，盡其財，疲其力❽；六曰遺其諛臣❾，使之易伐；七曰彊其諫臣❿，使之自殺；八曰邦家富而備器⓫；九曰堅厲甲兵⓬，以承其弊⓭。故曰九者勿患⓮，戒口勿傳⓯，以取天下不難，況於吳乎？」越王曰：「善！」

【章旨】本章敘述「九術」的提出過程及其具體內容和實施辦法，表現了文種慮事謀國的深遠及其精密審慎的性格。

【注　釋】❶九術　九種方法手段。❷事鬼神　恭敬地祭祀鬼神，以求其保祐。❸遺其君　奉贈給吳王夫差。❹貴糴粟槀　高價收購吳人的糧食草料。❺好美　玩好和美女。❻勞其志　分散和擾亂他的心意。❼巧匠　技術工藝水準特別高超的工匠。❽疲其力　使其民力得不到休息。❾諛臣　阿諛討好的大臣。❿諫臣　諫諍的大臣。⓫備器　器用齊備。⓬堅厲甲兵　將甲冑做得很結實，把兵器磨得很銳利。⓭承其弊　守候等待他出毛病的時機。⓮勿患　不要同時連續使用，以避免被人發現其意圖。患，此處解為「串」。⓯戒口勿傳　說話小心，不要泄漏有關的行動意圖。

【語　譯】從前，越王句踐問大夫文種說：「我想討伐吳國，怎樣做才能成功呢？」大夫文種說：「討伐吳國，必須使用九種手段才能大見成效。」句踐又問：「要使用哪九種手段呢？」文種回答說：「第一種辦法是尊崇天地，祭祀鬼神，以爭取天地鬼神的保祐。第二種辦法是用大量的金錢財物奉送給吳王，以討得他的歡心。第三種辦法是用高價把吳國的糧草買過來，使其糧庫空虛。第四種辦法是多送些玩好和美女，使他整天沉溺在歌舞聲中，不能認真考慮國家大事。第五種辦法是送給他一些能工巧匠，使其大造宮室樓臺，消耗他的資材，竭盡他的民力。第六種辦法是利用吳國的諂諛之臣不斷逢迎吹捧他，使他不作防範的準備，將來易於攻打。第七種方法是使諫諍大臣更為剛強，讓夫差自己動手把他們除掉。第八種方法是使越國家家戶戶都富裕起來，都準備充足的武器裝備。第九種方法是大量準備堅固的盔甲，隨時磨利刀劍，等到吳國一旦出了毛病就馬上動手。但是千萬注意這九種方法不要同時運用，以免引起敵人注意，尤其要嚴守機密不得外傳。只要保密工作做好了，用這套辦法取天下也並非難事，何況對付一個區區吳國呢？」越王句踐高興地說：「這真是神機妙算！」

於是作為策楯❶，嬰❷以白璧，鏤❸以黃金，類龍蛇而行者。乃使大夫種獻之於吳，曰：「東海役臣❹孤句踐，使者臣種，敢修下吏，問於左右。賴有天下之力，竊❺為小殿，有餘財❻，再拜獻之大王。」吳王大悅。申胥諫曰：「不可，王勿受。昔桀起靈門❼，紂起鹿臺❽，陰陽不和❾，五穀不時❿，天與之災，邦國空虛，遂以之亡。大王受之，是後⓫必有災。」吳王不聽，遂受之而起⓬姑胥臺。三年聚材，五年乃成。高見二百里，行路之人，道死尸哭⓭。

【章　旨】本章記述越國君臣對吳實行「九術」中的第五術所起的破壞作用：一是加深了夫差和大臣伍子胥的衝突；二是造成吳國國力的巨大消耗；三是挑起了吳國百姓對吳王夫差的憤怒。

【注　釋】❶策楯　應為「榮楯」之誤。裝飾和雕鏤著各種花紋圖案的欄杆。❷嬰　裝飾。❸鏤　雕刻。❹東海役臣　給您服役的東海邊上的小臣。❺竊　私下。❻餘財　同「餘材」。即剩下的一點材料。❼靈門　在山東省莒縣北。據說是一所豪華的大型宮殿。❽鹿臺　在河南省淇縣。為商紂王貯存財寶的地方。❾陰陽不和　古人以為萬物都由陰陽二氣所孳生，二氣不調和影響萬物成長。❿不時　不能按時令生長，或早熟或晚熟。⓫是

後　此後；以後。⓬起　修建。⓭道死尸哭　「道死戶哭」之誤。即沿路到處是死人，里巷戶戶有哭聲。《吳越春秋》作「道死巷哭」。

【語　譯】於是，越王句踐派人做了一個雕繪了許多花紋圖案的欄杆，上面鑲嵌著白玉，雕鏤著金絲，那刻繪的龍蛇就像要離地騰飛。派遣大夫文種進獻給吳王夫差。文種用討好的語氣向夫差說：「東海邊上替您服役的小臣句踐派使者文種用下僚的禮節向大王的左右大臣致以問候。本人幸賴下人的幫助，私自蓋了一座小宮殿，剩下來一點材料，叩頭再拜獻給大王。」吳王夫差看了這份精美的禮物非常高興。伍子胥連忙勸諫說：「這不是好事，大王不要收受這份禮物。從前夏桀修造靈門，商紂建築鹿臺，都是勞民傷財，弄得陰陽不能調和，五穀不能按時生長，上天給他們降下災禍，弄得國庫空虛，國家也隨之被滅亡了。大王如果收受了越國這份禮物，日後必有災禍。」吳王夫差不肯聽從伍子胥的金玉良言，收下了這份禮物，並修造起規模宏大的姑蘇臺。花了三年的時間在全國各地搜求大量珍奇的木石材料，再花了五年才把高臺修築完工。站在高大的姑蘇臺上，兩百里以內的山川風物盡收眼底。可是為修臺而奔走運輸的人往往因過度勞累死在路上，千家萬戶隨處可以聽到哀悼死者的哭聲。

越乃飾美女西施❶、鄭旦❷，使大夫種獻之於吳王，曰：「昔者，越王句踐竊有天之遺❸西施、鄭旦，越邦洿下❹貧窮，不敢當❺，使下臣種再拜獻之大王。」吳王大悅。申胥諫曰：「不可，王勿受。臣聞五色❻令人目不明，五音❼令人耳不聰。桀易湯而滅，紂易文王而亡。大王受之，後必有殃。胥聞越王句踐晝書不倦，晦誦竟旦❽，聚死臣❾數萬，是人不死，必得其願❿。胥聞越王句踐服誠⓫行仁，聽諫，進賢士⓬，是人不死，必得其名。胥聞越王句踐冬披毛裘⓭，夏披絺綌⓮，是人不死，必為利害⓯。胥聞賢士邦之寶也，美女邦之咎⓰也。夏亡於妹喜⓱，殷亡於妲己⓲，周亡於褒姒⓳。」吳王不聽，遂受其女，以申胥為不忠而殺之。

【章　旨】本章記述文種向吳王進獻美女西施的過程：西施入吳受到吳王的寵愛，伍子胥清醒地指出美女對國政的危害，吳王不聽忠言，反而將其殺害。越人利用西施，既擾亂了吳王聽政，又使他親手殺害了賢臣。

【注　釋】❶西施　春秋末著名美人。施姓，因家住浣紗村西，而被稱為西施。夫差敗越軍於會稽，越王求和不得，從范蠡計，獻西施於夫差，受到特殊寵愛。吳亡後，與范蠡駕扁舟入於太湖，後不知所終。❷鄭旦　越著名美人。與西施一同入吳，同受夫差寵信。❸天之遺　非人間所應有，乃上天所遺落下來的。❹洿下　地勢低下，濁水橫流。❺不敢當　不敢擔當。指供養不起。❻五色　青、黃、赤、白、黑。❼五音　宮、商、角、徵、羽。❽晦誦竟旦　夜晚讀書直到天亮。❾死臣　願意為他效死的臣僕。❿其願　指滅吳報仇。⓫服誠　表現得態度誠懇。⓬進賢士　重用賢人。⓭毛裘　加工粗糙的皮衣。⓮絺綌　粗細不勻的葛布。⓯利害　禍害。⓰邦之咎　國家的災禍。⓱妹喜　夏桀之妃，有施氏之女。美而無德，惑亂夏桀。⓲妲己　紂伐有蘇氏，有蘇以女妲己獻之，有寵於紂，亂紂之政。⓳褒姒　周幽王寵妃。生子伯服，幽王廢王后申氏及太子宜臼，以褒姒為王后，伯服為太子。褒姒不愛笑，幽王百計悅之，終不笑，為舉烽火以召諸侯，諸侯至而無寇，褒姒乃大笑。後犬戎入寇，幽王舉烽火以召諸侯，諸侯不至，犬戎殺幽王及太子，執褒姒而去。

【語　譯】吳王夫差修好了姑蘇臺，越王正好把美人西施和鄭旦妝物訓練好了，又派大夫文種把她們送給吳王夫差。文種對夫差說：「越王句踐竊有老天爺送給他的西施和鄭旦兩個美人，可是越國土地卑下潮濕，國家貧窮，供奉不起這樣的美人，於是派下臣文種奉獻給大王。」吳王夫差見到了西施和鄭旦，高興極了。伍子胥連忙前去勸阻，說：「不行啊，大王千萬不要收留這兩個人。我聽人說：五色變幻眩亂人的眼睛，時間長了眼睛就會看不清東西，五音嘈雜不斷刺激人的耳朵，時間長了就會聽不清聲音。夏桀輕視商湯，終於被湯所滅，商紂輕視周文王，終於被周武王所滅。大王收容了這兩個女人，以後必有大禍。我聽說越王句踐白天讀書不知疲倦，晚上背書通宵達旦。他收羅了好幾萬名願意為他效死的臣僕，這人如果不死，必定要實現他滅吳報仇的心願。我還聽說越王句踐待人熱情，處事仁義，善於聽取不同意見，接納賢才，這人不死，必定要獲得霸主的美名。我還聽說越王句踐冬天穿的是加工粗糙的皮衣，夏天穿的是簡單加工的麻布，這人如果不趁早死去，必定會成為吳國的禍害。我聽說賢人是國家的珍寶，美女是國家的災殃，夏朝就亡在妹喜身上，殷商就亡在妲己身上，西周就亡在褒姒身上。」吳王夫差聽不進伍子胥的逆耳忠言，終於接受了西施和鄭旦，反而認為伍子胥事事和自己唱反調，終於把他殺了。

越乃興師伐吳，大敗之於秦餘杭山。滅吳，禽❶夫差，而戮太宰嚭與其妻子。

【章　旨】此章簡敘吳越相爭的結局，越國君臣終於運用「九術」，完成了滅吳報仇的勳業。

【注　釋】❶禽　通「擒」。

【語　譯】越國君臣於是興兵攻打吳國，在秦餘杭山大敗吳軍，滅亡了吳國，捉住了吳王夫差，殺死了太宰伯嚭和他的老婆孩子。

越絕外傳記軍氣第十五

【題解】這是有關軍事而內容相當獨特的一篇文章，無論古今中外，獨當一面的領軍主將都要求知己知彼，要了解對方，軍事情報無疑是非常重要的，但古人同時還講究望氣。譬如《史記・項羽本紀》就有這段記載：「范增說項王曰：『沛公居山東時，……吾令人望其氣，皆為龍虎，成五彩，此天子氣也，急擊勿失。』」望氣當然很難說有什麼科學根據，但古人對此卻深信不疑。在眾多有關望氣的古籍中，〈記軍氣〉可說是最為詳盡的一篇。

篇末部分是關於戰國時代各諸侯國的疆域劃分，不但和軍氣不相干，和軍事也搭不上界，很可能原本是單獨的一篇，因為篇幅短小，傳抄過程中把它和〈記軍氣〉混成一篇了。

夫聖人行兵，上與天合德❶，下與地合明❷，中與人合心❸，義合❹乃動，見可❺乃取。小人則不然，以彊厭❻弱，取利於危❼，不知逆順，快心❽為非。故聖人獨知氣變❾之情，以明勝負之道。凡氣有五色：青、黃、赤、白、黑。色因有五變❿，人氣變⓫。

【章　旨】本章首先指出聖人用兵與小人用兵的本質區別，接著闡明軍氣的主要原理：軍氣有五色，每色有五種情況，而將、卒、兵、穀又是軍氣的決定因素。

【注　釋】❶與天合德　體現天的意志。即「恭行天伐」，實現伐叛、除暴、安民的目的。❷與地合明　指明瞭敵我情況，掌握地形、地貌、天象，不打盲目的仗。❸與人合心　想百姓之所想。❹義合　合乎道義。❺見可　看準了各方面都沒意見。❻厭　通「壓」。❼取利於危　乘人之危以謀利。❽快心　內心很痛快。❾氣變　軍氣變化。❿因有五變　因位置不同有五種變化。⓫人氣變　人（指將、卒、兵）的情況決定軍氣的變化。

【語　譯】聖人行軍打仗，對上必須符合天意，體現伐叛、除暴、安民的原則；對下必須如大地一樣明察，掌握敵我情況、地形、地貌、天時、物態；對中必須和廣大人民的想法一致，所採取的每項行動都要合乎道德仁義，無論占領土地或分配財物都要徵得大家的同意。小人就完全不同，憑藉自己的強大實力去欺壓弱小國家，乘著別人的危難去謀取暴利，不管應該不應該，做著傷天害理的事還非常得意。聖人還明白軍氣變化的情況，懂得戰爭勝敗的道理。軍氣有五色：即青氣、黃氣、赤氣、白氣、黑氣。每種氣又因方位不同而有五種變化，而將、卒、兵等人的因素又是軍氣變化的主要根據。

軍上有氣，五色相連❶，與天相抵❷，此天應❸，不可攻，攻之無後❹。其氣盛者，攻之不勝。軍上有赤色氣者，徑抵天❺，軍有應於天，攻者其誅乃身❻。軍上有青氣盛明❼，從□，其本廣末銳❽而來者，此逆兵氣❾也，為未可攻，衰去乃可攻。青氣在上，其謀未定；青氣在右，將弱兵多；青氣在後，將勇穀少，先大後小；青氣在左，將少❿卒⓫多，兵少軍罷⓬；青氣在前，將暴，其軍必來。赤氣在軍上，將謀未定。其氣本廣末銳而來者，為逆兵氣，衰去乃可攻。赤氣在右，將軍勇而兵少，卒彊，必以殺降；赤氣在後，將弱，卒彊，敵⓭少，攻之殺將，其軍可降。赤氣在右⓮，將勇，敵⓯多，兵卒彊；赤氣在前，將勇兵少，穀多卒少，謀不來。黃氣在軍上，將謀未定。其本廣末銳而來者，為逆兵氣，衰去乃可攻。黃氣在右，將智而明，兵多卒彊，穀足而不可降；黃氣在後，將智而勇，卒彊，兵少，穀少；黃氣在左，將弱卒少，兵少穀亡，攻之必傷⓰；黃氣在前，將智勇，卒多彊，穀足而有多焉，不可攻也。白氣在軍上，將賢智而明，卒威勇⓱而彊。其氣本廣末銳而來者，為逆兵氣，衰去乃可攻。白氣在右，將勇而卒彊，兵多穀亡；白氣在後，將仁而明，卒少兵多，轂少軍傷；白氣在左，將勇而彊，卒多轂少，可降。白氣在前，將弱，卒亡，轂少，攻之可降。黑氣在軍上，將謀未定。其氣本廣末銳而來者，為逆兵，去乃可攻。黑氣在右，將弱，卒少，兵亡，轂盡軍傷，可不攻自降；黑氣在後，將勇卒彊，兵少轂亡，攻之殺將，軍亡；黑氣在左，將智而勇，卒少兵少，攻之殺將，其軍自降；黑氣在前，將智而明，卒少轂盡，可不攻自降。

【章　旨】本章是〈記軍氣〉的主體部分，按天應，青、赤、黃、白、黑分述各色軍氣處於不同位置下的將、卒、兵、轂情況，儘管說得似乎若有其事，其實是出於先秦兩漢間研究陰陽五行的術士們所編造。

【注　釋】❶五色相連　青、赤、黃、白、黑五色雲氣連成一片。❷與天相抵　直通天上。相抵，相接。❸天應　與上天相互感應。❹無後　指被消滅乾淨。❺徑抵天　直接雲天。❻乃身　其自身。❼盛明　盛大昌明。❽本廣末銳　主體很龐大，尖端很銳利。❾逆兵氣　違反天道、人事的軍隊表現出那種不顧一切的兵氣。❿將少　主將很年輕。⓫卒　士；下層軍官。⓬罷　疲憊。⓭敵　「轂」的誤寫。⓮在右　「在左」之誤。⓯敵　「轂」之誤寫。⓰必傷　必能使其受到損傷。⓱威勇　勇猛而有威勢。

【語譯】軍營的上方有青、黃、赤、白、黑五色雲氣連成一片，直通雲天，這叫做「天應」，是不容許攻擊的，硬性攻擊，弄不好將被徹底消滅。即使你方軍氣很盛，還是無法取勝。對方軍營方面有大股的赤氣上通於天，說明其軍隊與上天相互呼應，攻打它的人將會自取殺身之禍。軍營上有旺盛而鮮明的青氣，自□，主體很龐大，尖端很銳利，向攻擊者迎面撲來，這是一種違反天道、人事而不顧一切的兵氣，這是不允許進攻的，必須讓這股兵氣衰退以後才可進行攻擊。青氣在軍營之上，說明對方的方略還沒有定下來；青氣在軍營的右方，說明它的主將雖較柔弱，但兵士眾多；青氣在軍營之後，說明主將雖很勇猛，但糧食不足，開始很強大，但終會轉化為弱小；青氣在軍營之左，主將很年輕，而下級軍官很多，士兵比較少而且很疲勞；青氣在軍營之前，主將很暴躁，其軍隊必將主動出擊。赤氣在軍營的上方，主將攻守的方案還沒確定。這股氣的主體很龐大而尖端又很銳利，迎面撲來，是一股違反天道、人事的逆兵氣，必須等氣勢衰退以後才可進行攻擊。赤氣在軍營右方，說明主將很勇敢而兵士卻不多，下級軍官強項而不服指揮，必將殺害主將而歸降；赤氣在軍營之後，主將柔弱，下級軍官強項，穀物短缺，我方發動進攻必可殺其主將，其部隊將會歸降。赤氣在軍營左方，主將勇敢，糧食充足，下級軍官和士兵都強項有力；赤氣在軍營之前，主將勇敢但兵力不足，糧食充足而下級軍官少，將軍有謀略，準備堅守不戰。黃氣在軍營之上，主將還沒有確定攻守計畫。這股氣的主體很龐大而尖端又很銳利的迎面撲過來，是一種違反天道、人事的兵氣，必須讓它衰退以後才可發動進攻。黃氣在兵營之右，其主將英明而多謀，兵力充足，下級軍官強項，糧食充足，不好對付；黃氣在軍營之後，主將多謀而勇敢，下級軍官強項，但兵力單薄，糧食不足；黃氣在軍營之左，主將懦弱，下級軍官少，兵力不足，糧食已經吃完，乘勢進攻必能給以重大損傷；黃氣在軍營之前，主將勇而多智，下級軍官多而且得力，糧食充足兵力也多，不可冒昧進攻。白氣在軍營之上，主將賢能智慧而英明，下級軍官勇猛有聲威而又得力。其軍氣主體龐大尖端鋒銳而迎面撲來，是一種違反天道、人事而不顧一切的兵氣，一定得任其衰退以後才可進攻。白氣在軍營右方，主將勇猛，下級軍官強項有力，兵力充足，但糧食缺乏；白氣在軍營後方，主將仁厚而明智，下級軍官缺少而兵士眾多，糧食缺乏部隊受到損傷；白氣在軍營之左，主將勇敢而強項，下級軍官很多，但糧食短缺，可以迫令投降。白氣在軍營之前，主將懦弱，下級軍官數量少，糧食短缺，發動進攻便可迫降。黑氣在軍營之上，主將攻防計畫未定。其軍氣主體龐大尖端銳利而迎面撲來，乃是違反天道、人事而不顧一切的兵氣，消散以後才可進行攻擊。黑氣在軍營之右，將軍軟弱，下級軍官不足，兵士逃亡很多，糧食吃完了，部隊損傷很大，不必進攻就會主動投降；黑氣在軍營之後，主將勇猛，下級軍官強項，兵力弱小而又糧食匱乏，乘勢進攻，可殺其主將，軍隊消亡；黑氣在軍營之左，主將智慧而勇猛，下級軍官和士兵都所剩無多，加以進攻就可殺其主將，那支軍隊也將自動投降；黑氣在軍營之前，主將智慧賢明，下級軍官所剩無多，糧食極其匱乏，不必進攻，軍隊自將主動投降。

故明將知氣變之形❶：氣在軍上，其謀未定；其在右而低者，欲為右伏兵之謀；其氣在前而低者，欲為前伏陣也；其氣在後而低者，欲為走兵陣❷也；其氣陽❸者，欲為去兵❹；其氣在左而低者，欲為左陣；其氣間❺，其軍欲有入邑❻。右子胥相氣取敵❼大數❽，其法如是。軍無氣，算於廟堂，以知彊弱。

【章　旨】本章闡述軍氣和軍陣之間的關係，其「右伏」、「前伏」、「左伏」、「走兵」諸陣具有一定實戰色彩，同前章單純主觀臆測有很大區別。

【注　釋】❶氣變之形　軍氣變化的形態。❷走兵陣　迅速逃走的陣形。❸陽　同「揚」。上揚。❹去兵　撤退的陣形。❺氣間　軍氣悠閒。❻欲有入邑　將要進駐都邑。❼相氣取敵　通過觀察敵人軍氣，制定攻取方略。❽大數　主要方法。

【語　譯】明智的將軍通曉氣變的各種形態：氣在軍營之上，說明主將的戰守方略尚未最後確定；軍氣在營右而壓得很低，說明他要把重兵埋伏在右邊；軍氣在營前而壓得很低，說明他把重兵埋伏在前方；軍氣在營後而壓得很低，說明他布的是將要迅速逃離的軍陣；軍氣上揚，說明他打算堂堂正正地撤退；軍氣在營左而壓得很低，說明他布的是左伏陣；軍氣顯得十分悠閒，說明軍隊將開進附近的城邑。上面是伍子胥觀察敵方軍氣以制定攻取敵軍方略的主要原理，大致情況就是這些。看不出敵營的兵氣，就在朝廷裡計畫籌算，盡量了解敵人強弱和虛實。

一、五、九❶，西向吉，東向敗亡，無東；二、六、十，南向吉，北向敗亡，無北；三、七、十一，東向吉，西向敗亡，無西；四、八、十二，北向吉，南向敗亡，無南。此其用兵月日數❷，吉凶所避❸也。舉兵無擊太歲❹上物，卯❺也，始出各利❻，以其四時制日❼，是之謂也。

【章　旨】本章分述月份和出兵方向的關係，認為行軍打仗的方向和月份之間乃吉凶禍福之所繫，與西方人迷信「十三」為不吉之數同樣可笑。

【注　釋】❶一五九　一月、五月、九月的簡寫。以下皆同。❷月日數　各本有作「日月數」、「月日數」者，按情理應該是專指月份，理由是：「十二」是月數，日數是三十，而且要是把期限限制到「日」，就一點活動餘地都沒有了。❸吉凶所避　正常說法是「吉凶所趨避」，即趨吉避凶。❹太歲　術數家以太歲所在為凶方，故俗人亦以太歲為凶物，呼惡人為〇〇太歲。❺卯　地支第四位。因夏桀死於乙卯日，故古人以卯為災日。❻始出各利　卯時為上午五至七時，是太陽剛出山之時，太陽普照四方，故對各方都有好處。❼四時制日　卯在春夏秋冬都控制著日出。

【語　譯】行軍打仗還要注意日期和方向的配合。每逢一月、五月、九月是西向出兵的吉期，如果東向出兵就要敗亡，千萬不要東向用兵。每逢二月、六月、十月是南向出兵的吉期，北向出兵必遭敗亡，千萬不要北向出兵。每逢三月、七月、十一月是東向用兵的吉期，西向出兵必遭失敗，千萬不要西向用兵。四月、八月、十二月是北向用兵的吉期，南向用兵必遭敗亡，千萬不能南向用兵。這就是用兵打仗的月份和方向的吉凶運數，要特別注意趨吉避凶。尤其要注意用兵時不要去觸犯太歲所在的凶物，卯時是太陽出山的時分，對四面八方都有利，因為無論春夏秋冬太陽都是從卯時出山。掌握出兵的方向和吉期的配合就是指上述內容。

韓❶故治❷今京兆郡❸，角❹、亢❺也。鄭❻故治角、亢也。燕❼故治今上漁陽❽、右北平❾、遼東❿、莫郡⓫，尾⓬、箕⓭也。越故治今大越⓮，山陰⓯，南斗⓰也。吳故治西江⓱，都牛⓲、須女⓳也。齊故治臨淄⓴，今濟北㉑、平原㉒、北海㉓郡、菑川㉔、遼東、城陽㉕，虛㉖、危㉗也。衛㉘故治濮陽㉙，今廣陽㉚、韓郡㉛，營室㉜、壁㉝也。魯故治太山㉞、東溫㉟、周固水㊱，今魏東㊲，奎㊳、婁㊴也。梁㊵故治今濟陰㊶、山陽㊷、濟北㊸、東郡㊹，畢㊺也。晉故治今代郡㊻、常山㊼、中山㊽、河間㊾、廣平㊿郡，觜(51)也。秦故治雍(52)，今內史(53)也、巴郡(54)、漢中(55)、隴西(56)、定襄(57)、太原(58)、安邑(59)，東井(60)也。周(61)故治雒(62)，今河南郡(63)，柳(64)、七星(65)、張(66)

也。楚故治郢，今南郡[67]、南陽[68]、汝南[69]、淮陽[70]、六安[71]、九江[72]、廬江[73]、豫章[74]、長沙[75]，翼[76]、軫[77]也。趙[78]故治邯鄲[79]，今遼東、隴西、北地[80]、上郡[81]、鴈門[82]、北郡[83]、清河[84]，參[85]也。

【章　旨】本章與前面的軍氣不相連屬，卻繫於篇末，顯然是傳抄之誤。本章性質和〈記吳地傳〉、〈記地傳〉比較接近，可能是單獨的一個短篇，也可能是〈記地傳〉的一部分。本章記述了戰國時代各國的疆域和所屬星野，對研究戰國史有一定參考作用。

【注　釋】❶韓　戰國七雄之一。盛時占有今陝西東部及河南西北部。❷故治　舊時治理的疆域。❸京兆郡　漢置。轄今陝西西安東南部分地區，為政治經濟文化的重鎮。❹角　角宿。二十八宿之一。古人以京兆為角宿分野。❺亢　亢宿。二十八宿之一。❻鄭　始封於陝西華州，後遷於河南新鄭，戰國時為韓所滅。❼燕　周封召公之後於燕，為戰國七雄之一。占有今遼寧大部、河北及朝鮮北部，後為秦所滅。❽上漁陽　在今河北密雲西南，轄十二縣。❾右北平　古幽州。夏商為冀州，春秋戰國屬燕，秦漢為右北平郡，轄今河北大部。❿遼東　郡名。秦置，轄今遼寧東南部，戰國時先後被燕、齊、趙、秦占領。⓫莫郡　疑為衍文，秦漢間無莫郡。⓬尾　尾宿。二十八宿之一，屬蒼龍七宿，又名龍尾，屬天蝎座。⓭箕　箕宿。二十八宿之一，屬蒼龍七宿，屬人馬座。⓮大越　指越王句踐占有之境。包括今江蘇、浙江及山東南部。⓯山陰　縣名。秦置，為春秋越王句踐前期的政治中心，今屬紹興市。⓰南斗　星名。在南方，形似斗。⓱西江　吳越以長江水自西而來，有時稱之為西江。⓲牛　牛宿。二十八宿之一，屬玄武七宿。⓳須女　即女宿。北方玄武七星的第三宿，為二十八宿之一。

又稱婺女。⑳臨淄　今山東淄博。春秋戰國齊都所在地。㉑濟北　漢置濟北國，屬泰山郡。㉒平原　郡名，漢置。今山東平原、長清、樂陵一帶。㉓北海　郡名，漢置。山東省益都縣以東一帶。㉔菑川　今山東淄川。㉕城陽　漢置城陽國，在今山東莒縣。㉖虛　虛宿。二十八宿之一，屬玄武七宿。㉗危　危宿。二十八宿之一，屬玄武七宿。㉘衛　周成王封叔父康叔於衛，封地在殷故墟。今河北南部、河南北部。㉙濮陽　縣名，秦置。原名帝丘，古顓頊帝葬於該地，為衛國都。㉚廣陽　郡名。漢置，郡治今北京市德勝門外。㉛韓郡　郡名。在今河北固安一帶。㉜營室　即室宿。二十八宿之一。㉝壁　壁宿。二十八宿之一，屬玄武七宿。古人認為它主文書，為圖書之府。㉞太山　即泰山。㉟東溫　山東無此地名，可能是「東海」之誤。漢置郡，今山東郯城一帶。㊱周固水　不詳。㊲魏東　魏郡東部。魏郡在今河北、河南、山東交界處，魏東在山東館陶一帶。㊳奎　奎宿。二十八宿之一，屬白虎七宿。古人以奎宿諸星屈曲相鉤，似文字，故以奎星主文章。㊴婁　婁宿。二十八宿之一，屬白虎七宿。㊵梁　戰國七雄之一。魏國自惠王起改都大梁（即開封），改國號為梁。㊶濟陰　郡名，漢置。在今山東定陶一帶。㊷山陽　郡名，漢置。在今山東金鄉一帶。㊸濟北　原屬魏（梁），後歸齊。見㉑。㊹東郡　郡名，秦置。轄今河北東南部、山東西北部，治濮陽。㊺畢　畢宿。屬白虎七宿。㊻代郡　古代國。趙滅代，置代郡，在今山西東北部、河北桑乾一帶。㊼常山　郡名。今山東滕縣一帶。㊽中山　郡名。在今河北定縣一帶，為古中山國故地。㊾河間　漢置河間國，在今河北河間一帶。㊿廣平　郡名。漢置，在今河北雞澤一帶。(51)觜　觜宿。屬白虎七宿，內主梁，外主巴、益州。(52)雍　春秋秦都，今陝西鳳翔。(53)內史　秦漢稱京師為內史，治京師之官亦名內史。(54)巴郡　古巴國。秦滅巴國，置巴郡，今四川東部一帶。(55)漢中　郡名。戰國楚地，秦奪後置漢中郡。轄今陝西南部、湖北西北部。(56)隴西　郡名，秦置。今甘肅東南部。(57)定襄　郡名，漢置。轄今綏遠南半部和山西相鄰一小部。(58)太原　郡名，秦置。轄今山西太原附近州縣。(59)安邑　縣名，漢置。轄今山西夏縣安邑。(60)東井　即井宿。朱鳥七宿之首。(61)周　此處指東周王室。春秋戰國以來，周天子徙擁虛名，人們早已不承認其天下共主地位。(62)雒　洛陽。始建於周公，平王東遷後為東周都城，後又為東漢都城。63河南郡 漢置。轄今洛陽、鄭州、汝州等地。64柳 柳宿。屬朱鳥七宿。65七星 即星宿。為朱鳥七宿中之第四宿。66張 張宿。屬朱鳥七宿，屬長蛇座。67南郡 郡名，秦置。轄今湖北中南部荊州附近。68南陽 郡名，秦置。轄今河南西南部、湖北北部。69汝南 郡名，漢置。轄今河南東部、安徽西北部。70淮陽 漢置淮陽王國，在今河南淮陽一帶。71六安 漢置六安王國，在今安徽六安一帶。72九江 郡名，秦置。轄今安徽鳳陽、淮安、廬州、安慶及江西九江一帶。73廬江 郡名，漢置。轄今安徽廬江、舒城、灊山等縣。74豫章 郡名，漢置。轄今江西大部分地區。75長沙 郡名，秦置。漢改長沙國，轄今湖南東半部。76翼 翼宿。朱鳥七宿之一。77軫 軫宿。朱鳥七宿之一。78趙 戰國七雄之一。占有今河北南部、河南北部、山西東部，被秦所滅。79邯鄲 春秋衛邑。後屬晉，戰國時屬趙，趙敬侯建都於此，今河北邯鄲。80北地 郡名，秦置。今寧夏大部、甘肅東北部。81上郡 郡名，秦置。今陝西北部、綏遠東南部。82鴈門 郡名。戰國趙置，今山西北部大同、寧武、代縣一帶。83北郡 秦漢州郡中無北郡之名，應為衍文。84清河 郡名，漢置。轄今河北清河、棗強，山東清平、高塘等縣。85參 參宿。屬北虎七宿，獵戶座。古人以為參主戰爭。

【語譯】韓國從前管轄著京兆郡，它的星野是角宿、亢宿。鄭國從前管轄的地區，它的星野也是角宿、亢宿。燕國從前管轄著上漁陽、右北平、遼東、莫郡，它的星野是尾宿、箕宿。越國從前管轄整個大越，首府在山陰，它的星野是南斗。吳國從前管轄大越在長江南北兩岸土地，它的星野是牛宿、須女。齊國從前管轄濟北、平原、北海、菑川、遼東、城陽諸郡，首府在臨淄，星野是虛宿、危宿。衛國從前管轄廣陽、韓郡，首府是濮陽，星野是營室、壁宿。魯國從前管轄泰山、東海、周固水及現今的魏東，星野是奎宿、婁宿。魏國從前管轄濟陰、山陽、濟北、東郡，星野是畢宿。晉國從前管轄代郡、常山、中山、河間、廣平郡，星野是觜宿。秦國從前管轄內史、巴郡、漢中、隴西、定襄、太原、安邑，首府在雍，星野是東井。周王室管轄今河南郡，王府設在雒，星野是柳宿、七星、張宿。楚國從前管轄南郡、南陽、汝南、淮陽、六安、九江、廬江、豫章、長沙，首府設在郢，星野是翼宿、軫宿。趙國從前管轄遼東、隴西、北地、上郡、鴈門、清河，首府在邯鄲，星野是參宿。

卷一三

越絕外傳枕中第十六

【題解】本篇記述了越王句踐和范蠡先後幾次重要的談話。第一次最為重要，討論的問題也最多，包括「道」和「術」、「名」和「實」、「執中和」、「保穀」、「魂、魄、神」和「陰陽」等，第二次主要是范蠡介紹他的「天地圖」，第三次談「預見」問題。從表面上看似乎問題多而分散，事實上諸多問題都是圍繞著以糧食生產為核心的富國裕民問題展開的。

現代農業生產是一門非常複雜的科學，可是在越王句踐時代的農業生產還處在初級階段，當時的農業基本上還得看老天爺的臉色，因此范蠡和越王句踐談的「保穀」問題、「陰陽」問題、「魂魄神」問題、「天地圖」問題、「預見」問題，基本上都沒有離開天時、氣候、年成的推算和預測，只是常常採用迷信色彩的手段，很顯然是秦漢間方士們的把戲。

明哲的賢者常是群眾喜愛的人物，人們喜歡把這類人物加以神化，「天地圖」這類術士的把戲，很可能就是人們在將范蠡神化的過程中加到他身上去的。當然不能排除范蠡本人也受過術士的影響，但至少在《史記》等正史中看不到這類影響。所以，范蠡即使有那麼一點術士的氣味，他也仍不失為一位可愛的賢哲之士。他和句踐的那些談話也仍不失為有重要價值的談話，因為某些內容儘管不那麼科學，他反覆強調糧食生產的重要性是永遠不會錯的，鼓勵越王句踐向神農、堯、舜等聖君學習是永遠不會錯的，要求句踐舉賢用能、重實際、輕虛名也是永遠不會錯的。

昔者，越王句踐問范子曰：「古之賢主、聖王之治，何左❶？何右❷？何去❸？何取❹？」范子對曰：「臣聞聖主之治，左道❺右術❻，去末❼取實❽。」越王曰：「何謂道？何謂術？何謂末？何謂實？」范子對曰：「道者，天地先生❾，不知老；曲成❿萬物，不名巧⓫，故謂之道。道生氣⓬，氣生陰，陰生陽，陽生天地。天地立⓭，然後有寒暑、燥濕、日月、星辰⓮、四時⓯，而萬物備。術者，天意⓰也。盛夏⓱之時，萬物遂長⓲，聖人緣⓳天心，助天喜，樂萬物之長。故舜彈五弦之琴⓴，歌〈南風〉之詩㉑，而天下治，言其樂與天下同也。當是之時，頌聲作㉒。所謂末者，名也。故名過實，則百姓不附親㉓，賢士不為用，而外□㉔諸侯，聖主不為也。所謂實者，穀□㉕也，得人心，任賢士也，凡此四者㉖，邦之寶也。」

【章　旨】本章是句踐與范蠡談話的開始部分。范蠡向越王陳述治國的基本原則：「左道右術，去末取實」，表現了越國君臣勤政愛民、求實進取的精神。

【注　釋】❶何左　什麼是輔佐性的。❷右　主要的；根本性的。❸去　放棄。❹取　抓緊不放。❺左道　以大道作輔佐。❻右術　以具體的措施作根本。❼去末　放棄細微末節的東西。❽取實　抓緊實質性的東西。❾天地先生　應為「先天地生」。其產生在天地誕生之前。❿曲成　經過各種曲折變化以形成。⓫不名巧　不炫耀其工巧。⓬氣　元氣。萬物生長的根源。⓭立　確立。站定了腳跟。⓮星辰　星斗。⓯四時　春、夏、秋、冬。⓰天意　上天的意圖。古人認為天是人的保護神，因此天意代表的是民心。⓱盛夏　生氣蓬勃的夏天。⓲遂長　順利地成長。⓳緣　按照；遵從。⓴五弦之琴　有宮、商、角、徵、羽五根弦的琴。㉑南風之詩　相傳為舜所作。詞為：「南風之熏兮，可以解吾民之慍兮；南風之時兮，可以阜吾民之財兮。」㉒頌聲作　歌頌功德的聲音十分興隆。㉓附親　依靠和親近。㉔外□　《漢魏叢書》本作「外入」。從外面入侵。㉕穀□　應為「穀帛」。糧食財帛。㉖四者　指上文所說的「穀、帛、人心、賢士」。

【語　譯】從前，越王句踐問范蠡先生說：「古代賢能的諸侯和聖明的天子治理國家天下，以什麼為輔佐的手段？以什麼為主要的手段？他們放鬆什麼？又抓緊什麼呢？」范蠡先生回答說：「我聽說聖明的天子治理國家把原理性的大道作為輔佐的手段，而把具體的政策措施作為主要手段。放鬆不關緊要的細微末節，而抓緊具有實質性的重大問題。」越王句踐又問：「什麼叫大道？什麼叫政策措施？什麼是細微末節？什麼是實質性的重大問題呢？」范蠡先生回答說：「大道這東西，在天地形成以前就產生了，但它永遠也不會衰老；它借助於各種變化而委婉曲折地形成萬事萬物，卻不炫耀它的工巧，所以被稱為大道。道產生元氣，元氣孳生陰氣，陰氣孳生陽氣，陽氣產生天地。天地確立起來後，才產生嚴寒、酷暑、乾燥、潮濕、太陽、月亮、星星、春天、夏天、秋天、冬天等各種自然現象，於是萬事萬物都齊備了。政策措施是體現上天意志的。盛夏的時候，萬物欣欣向榮地生長，聖人遵從上天的心意，幫助老天抒發快樂的感情，高興萬物蓬勃生長。所以虞舜彈起了五根弦的古琴，歌唱著〈南風〉的詩歌，天下就治理得井井有條，這說明虞舜的歡樂和天下百姓的感情是一致的。在那時，歌頌舜帝的美政的詩歌音樂盛極一時。我所說的『末』，就是虛名。如果虛名遠離實際情況，老百姓就不願依附您、靠近您，賢人也不願為您效力，甚至招來諸侯的入侵，聖明的君主決不會做這種蠢事。所謂實事，指的是糧食和財帛充足，得人心，信任賢士，以上四項，都是治國的珍寶。」

越王曰：「寡人躬行節儉[1]，下士[2]求賢，不使名過實，此寡人所能行也。多貯穀，富百姓，此乃天時[3]水旱，寧在一人耶？何以備之？」

范子曰：「百里之神❹，千里之君❺，湯執其中和❻，舉伊尹，收天下雄雋❼之士，練卒兵，率諸侯伐桀，為天下除殘去賊❽，萬民皆歌而歸之，是所謂執其中和者。」越王曰：「善哉！中和所致❾也！寡人雖不及賢主、聖王，欲執中和而行之。今諸侯之地，或多或少，彊弱不相當❿，兵革暴起⓫，何以應之？」范子曰：「知保人之身⓬者，可以王天下⓭。不知保人之身，失天下者也。」越王曰：「何謂保人之身？」范子曰：「天生萬物而教之而生。人得穀即不死，穀能生人，能殺人，故謂人身⓮。」

【章　旨】在本章中，范蠡向越王句踐提出「執中和」與「保人身」的問題，深刻指出發展糧食生產的重要性。

【注　釋】❶躬行節儉　親自推行節約勤儉。❷下士　對士大夫不擺架子，以禮相待。❸天時　指各節令間的氣候變化。❹百里之神　土地神。❺千里之君　指大國諸侯。❻執其中和　執行剛柔相濟、寬猛適度、和平團結的政治。❼雄雋　英雄傑出。❽除殘去賊　消除殘暴而陰險的統治者。❾所致　所取得的效果。❿相當　相匹敵。指實力差不多。⓫暴起　突然興起。⓬保人之身　保護人民的生命。⓭王天下　為天下之主。⓮人身　人命所繫。

【語　譯】越王句踐說：「要我帶頭過勤儉節約的日子，禮賢下士，不做名不副實的事，這些我都能夠說到做到。但是要多積糧食，使人民富裕起來，這主要取決於各節令間氣候變化的情況和老天降不降水旱天災，難道我一個人能辦得到嗎？要用什麼辦法去防備呢？」范蠡先生回答說：「管轄百里的土地神，或是管轄千里的國君，都必須做到政治上剛柔相濟、寬猛適度、心態和平。商湯王就因做到了心態和平、寬猛適度，他選拔了伊尹，收羅了天下英雄傑出的賢士，訓練士卒，率領諸侯的軍隊討伐夏桀，替天下人除掉了這個殘暴陰險的公敵，億萬百姓都為他唱起贊歌，紛紛歸順於他，這就是商湯王待百姓寬猛適度、政治清正和平的結果。」越王句踐高興地說：「好哇！政治清正和平居然能收到這麼好的效果！我雖然比不上古代的賢主和聖王，也希望使政治清正和平。可是現在各國有的疆域廣大，有的幅員狹小，強的很強，弱的太弱，國家間的戰爭常常突然興起，應該怎樣對付呢？」范蠡先生回答說：「知道怎樣保護人民生命的諸侯可以為天下之主，不懂得怎樣保護人民生命的諸侯將要失去他的地位。」越王句踐又問：「什麼叫做保護人民生命？」范蠡先生回答說：「上天生成萬物就是要讓它們正常生長。人們只要有了糧食就不會餓死，糧食能夠救活人，也能夠殺死人，所以說它是人們生命之所繫。」

越王曰：「善哉！今寡人欲保穀，為之奈何？」范子曰：「欲保，必親於野，覩諸所❶多少為備。」越王曰：「所少❷，可得為因其貴賤❸，亦有應[4]乎？」范子曰：「夫八穀[5]貴賤之法，必察天之三表[6]，即決矣。」越王曰：「請問三表。」范子曰：「水之勢勝金[7]，陰氣[8]蓄積太盛，水據金[9]而死，故金中有水。如此者，歲大敗[10]，八穀皆貴。金之勢勝木[11]，陽氣[12]蓄積太盛，金據木[13]而死，故木中有火。如此者，歲大美[14]，八穀皆賤。金、木、水、火更相勝[15]，此天之三表者也，不可不察。能知三表，可為邦寶；不知三表之君，身死棄道[16]。千里之神，萬里之君，務執三表[17]。故天下之君，發號施令，必順於四時[18]。四時不正[19]，則陰陽不調[20]，寒暑失常[21]。如此，則歲惡，五穀不登。聖主施令，必審[22]於四時，此至禁[23]也。」越王曰：「此寡人所能行也。願欲知圖[24]穀上下貴賤。欲與他貨之內[25]以自實[26]，為之奈何？」范子曰：「夫八穀之賤也，如宿穀[27]之登，其明也。諦[28]審察陰陽消息[29]，觀市之反覆[30]，雌雄之相逐[31]，天道[32]乃畢。」

【章　旨】本章記范蠡向越王句踐提出「天之三表」問題，認為通過氣象的考察可以預測糧食生產的豐歉和糧食價格的貴賤。並特別指出國君的政令不能干擾農時，破壞農業生產。

【注　釋】❶覩諸所　親眼視察糧食產地。❷所少　若少。❸因其貴賤　通過糧價貴賤加以調節。❹應　徵兆。❺八穀　即黍、稷、稻、粱、禾、麻、菽、麥八種糧食。❻天之三表　天時氣象影響農作物生產的各種徵候。即下文的「水之勢勝金」、「火之勢勝木」。❼水之勢勝金　水代表冬，金代表秋，冬天提前到來壓倒秋天。❽陰氣　冬天陰冷之氣。❾水據金　冬天的寒氣控制著秋天的肅殺之氣。❿歲大敗　年成非常壞。⓫金之勢勝木　應為「火之勢勝木」。因火代表夏天，木代表春天，夏天提前到來便形成火勝木。秋與春是不交界的。⓬陽氣　火屬陽氣。⓭金據木　應為「火據木」，否則下文「木中有火」就不好理解。⓮歲大美　年成非常好。⓯更相勝　交互相勝。⓰身死棄道　此句原錯簡到下段末尾，今移回此處。⓱務執三表　此句原錯簡到下段，今移回原處。⓲順於四時　順應四季的農業生產。⓳四時不正　指氣溫、雨水各方面不正常。⓴陰陽不調　陰氣和陽氣不能處於正常狀態。㉑寒暑失常　指冬天不冷或夏天不熱。㉒審　認真考慮。㉓至禁　最不容許違反。㉔知圖　了解並謀劃。㉕之內　疑為「易之」。㉖自實　充實自己的庫存。㉗宿穀　陳糧。㉘諦　仔細認真。㉙陰陽消息　指天候氣象變化。㉚反覆　變來變去。㉛雌雄之相逐　比喻各種糧食一項上漲其他也跟著上漲。㉜天道　指穀物價格的自然規律。

【語　譯】越王句踐說：「好啊！我是很重視糧食生產，但應該從何著手呢？」范蠡先生說：「重視糧食生產，就必須親自到田野中去考查，了解糧食生產的豐歉情況，然後作出相應的準備。」越王句踐說：「如果產量不足，就必須通過糧價貴賤加以調節，但生產的豐歉有沒有什麼預兆呢？」范蠡先生說：「掌握糧食貴賤的方法，只要通過考查『天之三表』就可以解決。」越王句踐又問：

「請問什麼是天之三表呢？」范蠡先生解釋道：「在深秋時節，代表冬天的水的勢力壓倒了代表秋天的金的勢力，這是因為陰氣蓄積太多，所以冬的陰寒之氣控制了秋的肅殺之氣，秋天裡包含著冬天的寒氣，在這種情況下，年成必然非常糟糕，各種糧食都很昂貴。在暮春時節，代表夏天的火的勢力壓倒了代表春天的木的勢力，這是因為陽氣蓄積得太多，所以夏天的炎熱的火氣控制著春天的溫潤的木氣，春天裡包含著夏天的熱氣，在這種情況下，年成必然非常豐美，各種糧食都很便宜。金木水火交相消長的情形，這就是天時氣候的各種表象，這是不能不認真考察的。能了解掌握天象的各種徵候，可說是國家的珍寶；一個國君如果不了解天象的各種徵候，就是死在逃亡的路上，連收屍的人也不會有的。所以管轄千里的土地神和管轄萬里的大國之君一定要掌握『天之三表』。天下的諸侯發布號召，施行政令，務必順應四季的農業生產，如果干擾了四季的生產，就會造成陰氣和陽氣互不調和，寒冷和酷熱失去正常秩序，這樣就會糧食歉收。聖明的君主實施政令一定要審慎地做到不違農時，這是絕對不能違反的。」越王句踐說：「這是我完全可以做到的。但希望能夠掌握糧食價格漲落的規律，何時昂貴？何時便宜？希望和其他貨物相周轉以充實國庫。要怎樣做才好呢？」范蠡先生說：「要知道糧食價格何時最便宜也並非特別困難，像去年糧食豐收就很明顯會特別便宜。至於平時就要仔細認真觀察天候氣象是否正常，市場糧價漲落變化，大致上是：一項上漲其他也會跟著上漲，糧價漲落的規律大概就是以上幾個因素。」

越王問范子曰：「何執❶而昌？何行而亡？」范子曰：「執其中❷

則昌，行奢侈則亡。」越王曰：「寡人欲聞其說。」范子曰：「臣聞古之賢主、聖君，執中和而原其終始❸，即位安❹而萬物定矣；不執其中和，不原其終始，即尊位傾❺，萬物散❻。文武之業❼，桀紂之跡❽，可知矣。古者天子及至諸侯，自滅至亡，漸漬❾乎滋味之費❿，沒溺⓫於聲色⓬之類，牽攣⓭於珍怪貴重之器，故其邦空虛。困其士民，以為須臾之樂，百姓皆有悲心，瓦解⓮而倍畔⓯者，桀紂是也。身死邦亡，為天下笑。此謂行奢侈而亡也。」湯有七十里地。務執三表，可謂邦寶；不知三表，身死棄道⓰。

【章　旨】本章是越王句踐和范蠡談論關於執行中和之策的問題，是接續第一章「道、術、末、實」的深入討論，和第二章「執中和」、「保人身」前後相貫。按文義和文氣，它的位置應在第一和第二章之間。

【注　釋】❶何執　對問題如何處理。❷執其中　不過左，也不過右，不過嚴，也不過寬。❸原其終始　弄清楚事情的起因和後果。❹位安　君位穩定。❺尊位傾　君主的地位傾覆。❻萬物散　一切的人和事都亂無統屬。

❼文武之業　應為「湯武之業」，和下文「桀紂之跡」相對應。❽跡　事跡；教訓。❾漸漬　逐漸浸淫腐蝕。

⑩滋味之費　適口的美味之浪費消耗。⑪沒溺　沉迷。⑫聲色　淫靡的音樂歌舞。⑬牽攣　念念不忘地放在心上。⑭瓦解　破碎；離散。⑮倍畔　同「背叛」。⑯湯有七十里地五句　這五句和上文不相統屬，據錢培名《札記》考定，屬於錯簡。

【語　譯】越王句踐問范蠡先生說：「要執行什麼樣的政策國家才會昌盛？走什麼道路國家就會滅亡呢？」范蠡先生說：「執行不左不右、不寬不猛、不奢不儉的政策國家就會昌盛，大肆鋪張、奢侈、浪費，國家就會滅亡。」越王句踐說：「我很想聽聽你詳細的說明。」范蠡先生說：「我聽說古代賢能的諸侯和聖明的天子執行政策常常是不偏不倚，寬厚和平，認真研究重大事件發生發展的整個過程。這樣，君主的地位自然會穩固，而萬民萬事也隨之而安定下來了。而暴君卻不是這樣，他們執行政策常走極端，處事尖刻失度，一旦發生事故，也不調查其前因後果，往往鬧得王位傾覆，治下的萬民變成了一團散沙。在這類問題上，從商湯王和周武王的功業，以及夏桀、商紂亡國的教訓中就可以看得非常清楚。古代亡國的諸侯和天子所以自取滅亡，都是被美味適口的食物所腐蝕，被美色歌舞所迷醉，被珍奇貴重的器物所引誘，而造成國庫空虛。這些統治者常常把百姓弄得民窮財盡，以供他們片刻的淫靡享樂，百姓都痛苦失望，由四分五裂發展到背叛朝廷，夏桀和商紂就是這樣。他們落得個身死國滅的下場，被天下人所恥笑，這就是行為奢侈而亡國的例子。」

越王問范子曰：「春肅❶、夏寒❷、秋榮❸、冬泄❹，人治使然乎？

將❺道也？」范子曰：「天道三千五百歲一治一亂，終而復始，如環之無端，此天之常道也。四時易次❻，寒暑失常，治民然也❼。故天生萬物之時，聖人命❽之曰春。春不生遂❾者，故天不重為春。春者，夏之父也，故春生之，夏長之，秋成而殺之❿，冬受而藏之。春肅而不生者，王德不究⓫也。夏寒而不長者，臣下不奉⓬主命也。秋順⓭而復榮者，百官刑不斷⓮也。冬溫而泄者，發府庫賞無功也。此所謂四時者，邦之禁⓯也。」

越王曰：「寒暑不時⓰，治在於人⓱，可知也。願聞歲之美惡，穀之貴賤，何以紀⓲之。」范子曰：「夫陰陽錯繆⓳，即為惡歲；人生⓴失治，即為亂世。夫一亂一治，天道自然。八穀亦一賤一貴，極而復反㉑，言亂三千歲，必有聖王也，八穀貴賤更相勝。故死凌生㉒者，逆，大貴；生凌死㉓者，順，大賤。」越王曰：「善。」

【章　旨】本章記述越王句踐和范蠡關於氣候變異和國家政治關係的討論。范蠡把氣象變異歸之於國家政令舉措的不當，顯然是受到天人感應的傳統觀念影響。

【注　釋】❶春肅　春天蕭瑟。❷夏寒　夏天寒冷。❸秋榮　秋天百草榮茂。❹冬泄　冬天溫暖，地氣泄漏。❺將　或者。❻易次　改變次序。❼治民然也　治理百姓不當造成這個結果。❽命　命名。❾生遂　順利生長。❿成而殺之　種子成熟而作物枯槁。⓫不究　不終；有頭無尾。⓬不奉　不執行。⓭順　柔和。⓮刑不斷　執法不嚴；不斷釘截鐵。⓯邦之禁　對國政的警戒。⓰寒暑不時　冷熱不合時令。⓱治在於人　問題在於人的工作。⓲紀　認識。⓳錯繆　錯亂。⓴人生　人世。㉑極而復反　事物發展到極點必然回過頭來。㉒死淩生　死亡之氣淩駕於生氣之上。㉓生淩死　生氣淩駕在死亡之氣上面。

【語　譯】越王句踐問范蠡先生說：「有時春天反而蕭瑟，夏天反而寒冷，秋天反而百草榮茂，冬天反而地氣溫暖。這到底是國家政治管理上出了問題，還是天道反常呢？」范蠡先生說：「天道每三千五百年才有一治一亂，治世過完亂世就來了，亂世過後治世又來了。就像一個鐵圈那樣，既看不到什麼地方開頭，又看不到什麼地方收尾，這是上天的正常的變化規律。至於四季的次序紊亂，冷熱寒暑失去常規，這是政治出毛病所造成的。上天生長萬物的時候，聖人將它命名為春天。春天如果草木不孳生成長，老天絕不會再創造一個春天。夏天是春天的繼續，春天萬物開始萌芽，夏天迅速生長，秋天則結成果實而作物枯槁，冬天接受秋天的成果而將其收藏起來。春天蕭瑟而百草不生長，是君王的道德行為沒有好好講究。夏天氣候寒冷而萬物無法生長，是因為大臣沒有奉行君王的命令。秋天百草再度繁榮，是百官執法不嚴格果斷。冬天溫暖而地氣泄漏，是因為任意打開倉庫濫賞無功的親貴。這就是所謂四時不正，是老天對國政腐敗的警告。」

越王句踐說：「寒暑失去正常的準則，是基於當政者執法的毛病，這是可以看出來的。希望你能夠談談年成好壞、糧價貴賤怎樣進行測定。」范蠡先生說：「陰陽寒暑失調，就是壞年景；對世道民生不能妥善治理，就是亂世。一場大亂之後必然出現一陣太平日子，這是體現上天規律的自然之道。糧價也是一陣昂貴，一陣便宜，貴極以後便反歸於賤。天下亂了三千年以後，必然出現聖明天子，糧價貴賤也是反覆循環的。死亡之氣凌駕於生氣之上，逆乎天道，糧價必然大貴；生氣蓬勃壓抑著死亡之氣，則順乎天道，糧價必然大賤。」越王句踐說：「你說得真有道理。」

越王問於范子曰：「寡人聞人失其魂魄❶者，死；得其魂魄者，生。物皆有之，將❷人也？」范子曰：「人有之，萬物亦然。天地之間，人最為貴，物之生，穀為貴，以生人❸，與魂魄無異，可得豫知也。」越王曰：「其善惡可得聞乎？」范子曰：「欲知八穀之貴賤，上下衰極❹，必察其魂魄，視其動靜❺，觀其所舍❻，萬不失一。」問曰：「何謂魂魄？」對曰：「魂者，橐❼也，魄者，生氣之源也。故神生者，出入無門❽，上下無根，見所而功自存❾，故名之曰神。神主生氣之精，魂主死氣之舍⑩也。魄者主賤，魂者主貴，故當安靜而不動。魂者，方盛夏而行，故萬物得以自昌。神者，主氣之精，主貴而雲行⑪。故方盛夏之時不行，即神氣槁⑫而不成物矣。故死凌生者，歲大敗；生凌死者，歲大美。故觀其魂魄，即知歲之善惡矣。」

【章　旨】本章是范蠡對魂魄神的解釋。以現代人的眼光來看，魂魄本是無稽之談，說糧食的魂和神一道駕雲而行就更加荒唐了。不過這段話真實反映了先民對魂魄神的看法，自有一定的參考價值。

【注　釋】❶魂魄　古人眼中的心神主宰。附形之靈為魄，附氣之神為魂。❷將　或者；還是。❸以生人　用它來養活人。❹衰極　等差的極限。❺動靜　行為舉動。❻舍　寄居之處。❼橐　口袋。❽出入無門　出入高度自由，不受門戶限制。❾功自存　作用功能自然存在。❿死氣之舍　死氣的收藏。⓫魄者主賤九句　此九句有幾處顛倒。按文意應該是：「魄者主賤，故當安靜而不動。魂者主貴，方盛夏而行，故萬物得以自昌。神者，主氣之精，魂者，主貴而雲行。」方，當。自昌，自發地昌盛生長。⓬神氣槁　精神枯槁。

【語　譯】越王句踐問范蠡先生說：「我聽說，人如果失去魂魄就活不成，有了魂魄就可以活下去。萬物都有魂魄嗎？還是只有人才有魂魄呢？」范蠡先生說：「人有魂魄，萬物也有魂魄。天地之間，人是最高貴的。在維繫萬物的生命這點上，糧食又是最寶貴的。人靠糧食才能生存，它和人一樣有魂魄，可以通過魂魄預先了解它的生產情況。」越王句踐說：「糧食年成的好壞可以說給我聽聽嗎？」范蠡先生說：「要知道糧價的貴賤，上下漲落的等差極限，必須觀察主宰它的魂魄的情況，看它的行為舉動，看寄居在哪裡，這樣就能萬不失一。」越王句踐又問：「什麼叫魂魄呢？」范蠡回答道：「魂是積儲的口袋，魄是生氣的根源。神這東西出入不須經過門戶，不固定停留在天上地下任何一個地方，而它的功能卻自然存在，所以稱之為神。神主宰著生氣的精靈，魂主宰著死氣的儲藏。魄象徵下賤，所以應該安靜不動。魂象徵高貴，每當盛夏時都不停地運行，所以萬物能夠繁榮生長。神主宰著生氣的精靈，它和高貴的魂結伴駕雲運行各地。在盛夏的日子裡，如果神與魂停止運行，一切生物都將枯槁而死亡。所以死亡之氣若凌駕生長之氣上面，年成就會非常糟糕；生長之氣如果控制著死亡之氣，年成就非常豐美。所以只要觀察魂魄運行的情況，就可以知道年成的好壞了。」

越王問於范子曰：「寡人聞陰陽之治❶，不同力❷而功成，不同氣❸而物生。可得而知乎？願聞其說。」

范子曰：「臣聞陰陽氣不同處❹，萬物生焉。冬三月❺之時，草木既死，萬物各異藏❻，故陽氣避之下藏❼，伏壯❽於內，使陰氣得成功於外。夏三月⑨盛暑⑩之時，萬物遂長，陰氣避之下藏，伏壯於內，然而萬物親而信之，是所謂也。陽者主生⑪，萬物方夏三月之時，大熱⑫不至，則萬物不能成。陰氣主殺⑬，方冬三月之時，地不內藏⑭，則根荄⑮不成，即春無生。故一時失度⑯，即四序⑰為不行。」

越王曰：「善。寡人已聞陰陽之事，穀之貴賤，可得而知乎？」

范子曰：「陽者主貴，陰者主賤。故當寒而不寒者，穀為之暴貴⑱，當溫而溫者，穀為之暴賤，譬猶形影⑲、聲響⑳相聞，豈得不復㉑哉？故曰：秋冬貴陽氣施於陰㉒，陰極㉓而復貴，春夏賤陰氣施於陽，陽極而不復㉔。」

越王曰：「善哉！」以丹書帛㉕，置之枕中，以為國寶㉖。

【章旨】本章反映了古人對陰陽二氣與四季寒暑變化關係的認識。

【注釋】❶陰陽之治　陰陽二氣關係的協調。❷不同力　不同時出現比力氣。❸不同氣　陰氣和陽氣不同時發揮作用。❹不同處　不相處在一塊。❺冬三月　陰曆的十月、十一月、十二月。❻異藏　分頭躲藏起來。❼下

藏　藏於地底下。❽伏壯　埋伏起來積蓄力量。❾夏三月　陰曆四月、五月和六月。❿盛暑　極熱。⓫主生　主管生長。⓬大熱　酷熱。⓭主殺　主管殺戮。⓮地不內藏　地氣若不深藏。⓯根荄　根本。⓰失度　失去常規。⓱四序　春夏秋冬的時序。⓲暴貴　突然很快上漲。⓳形影　物體和它的影子。⓴聲響　大聲和回響。㉑不復　不重複；不跟隨而來。㉒陽氣施於陰　陽氣施加影響於陰氣。㉓陰極　陰氣極盛。㉔陽極而不復　陽氣達不到極盛狀態。㉕以丹書帛　用朱砂寫在綢絹上。㉖國寶　國家重要文物。

【語　譯】越王句踐問范蠡先生說：「我聽說陰陽二氣的協調關係是，二者不同時出現比力氣則事情可以辦成，不同時發揮作用則萬物順利生長。你能把這道理告訴我嗎？希望你說得詳細一些。」

范蠡先生說：「我聽說陰陽二氣不同處在一起，萬物就會順利生長。冬天十、十一、十二月的時候，百草已經枯死，蟲蛇等物各自分頭躲藏起來，這時陽氣便避開陰氣藏在地下，在地底埋伏起來積蓄力量，使陰氣在地面上完成清除穢惡的功業。在夏天四、五、六月炎熱的時候，萬物順利地生長，這時陰氣避開陽氣藏在地下，在裡面積蓄力量，但萬物對陰氣還是非常親切信賴。這就是您所說的不同時出現比氣力而取得成功。陽氣主宰萬物的生長，在夏天的三個月中如果沒有酷熱降臨，萬物就不能成長。陰氣主持清除腐惡，在冬天的三個月中，陽氣不藏在地下，則植物的根紮不下去，到了春天就不能順利生長。所以任何一個季節，寒暑失去常規，春夏秋冬的時序都不能正常運行。」

越王句踐說：「有道理。陰陽的道理我已經基本上聽明白了，你能把糧價的貴賤漲落和陰陽的關係告訴我嗎？」

范蠡先生說：「陽氣象徵尊貴，陰氣象徵卑賤，所以冬天應該冷的時候氣候卻不寒冷，糧價就會暴漲，春夏氣溫應該溫暖時果然非常溫暖，糧價就會暴跌。天氣和糧價就像形體和影子一樣緊密相隨，就像大聲和回聲一樣前後緊跟，難道能隨意分開嗎？所以說秋冬最好讓陽氣給陰氣開路，陰冷到了極點終究還會還陽，可是春夏卻不宜讓陰寒之氣影響炎熱的夏天，夏天寒氣多了，陽氣就達不到極盛的狀態。」

越王說：「說得好極了！」於是叫人用丹砂把這些談話記錄在綢布上，並將它放在枕頭裡面，當成國家文物珍藏起來。

越五日，困於吳❶，請於范子曰：「寡人守國❷無術，負於萬物，幾亡邦危社稷，為旁邦所議，無定足而立❸，欲捐軀❹出死，以報吳仇，為之奈何？」

范子曰：「臣聞聖主為不可為之行❺，不惡人謗己。為足舉❻之德，不德人之稱己。舜循❼之歷山❽，而天下從風❾。使舜釋其所循，而求天下之利，則恐不全其身。昔者神農之治天下，務利之而已矣，不望其報，不貪天下之財，而天下共富之。所以其智能自貴於人❿，而天下共尊之。

故曰富貴者，天下所置⑪，不可奪也。今王利地貪財，接兵血刃⑫，僵尸⑬流血，欲以顯於世，不亦謬乎？」

越王曰：「上不逮⑭於神農，下不及於堯舜，今子以至聖之道⑮以說寡人，誠非吾所及⑯也。且吾聞之也，父辱則子死，君辱則臣死。今寡人親⑰已辱於吳矣，欲行一切之變⑱，以復吳仇，願子更為寡人圖之。」

范子曰：「君辱則死，固其義也。立死⑲，下士人而求成邦⑳者，上聖之計也。且夫廣天下㉑，尊萬乘之主，使百姓安其居、樂其業者，唯兵。兵之要在於人，人之要在於穀。故民眾則主安，穀多則兵彊。王而㉒備此二者㉓，然後可以圖之㉔也。」

越王曰：「吾欲富邦彊兵，地狹民少，奈何為之？」

范子曰：「夫陽動於上，以成天文㉕，陰動於下，以成地理㉖。審察開置之要㉗，可以為富。凡欲先知天門開及地戶閉，其術：天高五寸，減天寸六分以成地。謹司八穀，初見出於天㉘者，是謂天門開、地戶閉，陽氣不得下入地戶，故氣轉動，而上下陰陽俱絕㉙，八穀不成㉚，大貴必應其歲而起，此天變見符㉛也。謹司八穀，初見入於地㉜者，是謂地戶閉㉝。陰陽俱會㉞，八穀大成㉟，其歲大賤，來年大饑，此地變見瑞㊱也。謹司八穀，初見半於人㊲者，糴平㊳，熟，無災害。故天倡㊴而見符，地應而見瑞。聖人上知天，下知地，中知人，此之謂天平地平㊵，以此為天圖㊶。」

【章旨】本章記述句踐和范蠡在越國面臨巨大困難時的一次談話。句踐急於報仇，而范蠡則勸其忍辱負重，富國強兵。表現了句踐的急躁、輕率和范蠡的深謀遠慮。

【注釋】❶困於吳　被吳打敗，處境困難。❷守國　料理國家。❸無定足而立　坐立不安之意。❹捐軀　獻出生命。❺不可為之行　別人不願做的非常困難而不討好的事。❻足舉　值得人稱道。❼循　修德。❽歷山　亦名舜耕山、千佛山。在山東省歷城縣南。❾從風　仰慕他的風操。❿自貴於人　自動的貢獻給人民。⓫置　安排。⓬接兵血刃　交兵打仗，刀兵沾滿鮮血。⓭僵尸　指活人變作死人。⓮不逮　比不上。⓯至聖之道　最神聖的學說。⓰所及　所能達到。⓱親　親身；自身。⓲一切之變　一切非常規手段。⓳立死　下必死之決心。⓴求成邦　謀求國家興旺。㉑廣天下　擴張天下。㉒而　如果。㉓二者　指民眾、穀多。㉔圖之　指謀劃伐吳報仇。㉕天文　指天上日月星辰。㉖地理　指山川湖海。㉗開置之要　天門地戶開閉的要點。㉘初見出於天穀苗首先從天的部分長出。㉙上下陰陽俱絕　上和下、陰和陽都相互隔絕。㉚八穀不成　各種糧食都無法成熟。㉛天變見符　天象的變化見之於符兆。㉜初見人於地　穀苗首先從地的部分長出。㉝地戶閉　應為「地戶開」。㉞陰陽俱會　陰氣和陽氣都暢行無阻。㉟大成　大豐收。㊱地變見瑞　地理的變化表現於祥瑞。㊲初見半於人　穀苗先從天地之間（代表人）出生。㊳糴平　糧價平穩。㊴天倡　天始其事。㊵天平地平　天之變異、地之變異都在眼目之內。㊶天圖　天地陰陽變化的圖籙。

【語　譯】過了五天，越國被吳國打敗，處境非常困難。越王句踐請教於范蠡先生說：「我沒有把國家管理好，辜負了天地萬民的期望，差一點亡了國家，壞了社稷神廟，被其他國家所譏笑，簡直叫人坐立不安，想把這條小命拼了，以報吳國侵略的大仇，但應該怎樣著手呢？」

范蠡先生說：「我聽說聖明的國君能做別人所不肯做的事情，卻不害怕別人毀謗自己，做出了可以使萬人稱頌的好事，卻不要求人們宣揚自己。虞舜修德於歷山，而使天下人仰慕他的風操。假如舜放棄了他所修的德行，卻去貪求天下的財利，恐怕連自己的生命也不一定能保全。遠古時代，神農氏治理天下，只圖給天下人謀利益，而不指望別人報答自己，更不貪圖天下人的財物，結果普天之下都富裕起來了。他把自己的智慧和能力無償地貢獻給人民，於是普天下的人一同擁護他。所以說：富貴這東西如果是普天下的人心甘情願給您的，誰也搶不去。現在大王占有土地以求利，貪圖不合道義的財物，同吳國刀光劍影大動干戈，讓士兵流血犧牲，希望透過戰爭顯名於天下，豈不太荒唐了嗎？」

越王句踐說：「我知道自己的德行向上比不過神農氏，對下比不過堯舜，現在你用最神聖的道理來開導我，實在不是我所能接受的。我聽人說：父親受到別人的侮辱，兒子應該效死報仇；

君王受了別人的侮辱，臣下應該效死報仇。現在我親身受了吳人的侮辱，我要不顧一切向吳國人報仇，希望你替我出主意。」

范蠡先生說：「君王受辱，臣下死節，當然是合乎道義的。然而，只有下定立死的決心，禮賢下士，把國家建設得又富又強，才是最神聖的辦法。想擴充天下，成為諸侯尊重的大國之君，使老百姓能安居樂業，只有依靠強大的軍隊。強大的軍隊建立在眾多的人民的基礎之上，眾多的人民就需要大量的糧食儲備。所以人民眾多，則君主安全，糧食充足，軍隊才能強大。大王必須具備人民眾多、軍威強大這兩個條件，然後才能考慮伐吳報仇的大業。」

越王句踐說：「我做夢都想富國強兵，但越國土地狹小，人民稀少，怎樣才能改變這種現狀呢？」

范蠡先生說：「陽氣在上面活動，構成了日月星辰；陰氣在下面活動，造就了山川湖海。只要掌握了開闔天門和地戶的要點，就可以使國家富強。如果想預先知道天門和地戶開閉的情況，您就做好一個模型：高的地方五寸代表天，傾斜著低下去減掉一寸六分代表地。您在模型各處小心撒上穀種，如果穀種先在天的部位發芽，就說明天門開、地戶閉，陽氣不能下降到地底，只能在上面轉動，因而上下陰陽互不溝通，各種糧食作物都難以成熟，當年的糧價肯定會非常昂貴，這就是天變見於符兆。您在模型各處小心撒上穀種，如果穀種先在地的部位發芽，這就說明地戶是敞開的，陰氣和陽氣都可以自由出入地戶，各種糧食一定可以豐收，當年糧價肯定很便宜，但第二年又會鬧大饑荒，這就叫地變見於符瑞。您在模型各處小心撒上穀種，如果穀苗先在天地之間發芽，當年就會糧價平穩，收成不錯，沒有天災。所以說：從天始其事就會看到不祥的符兆，由地首先作出反應就可見到祥瑞。聖人通過天圖，上知天的情況，下知地的情形，中知人的情形。這就叫做天地的變異都擺在眼前，聖人就用這製造出了解天地陰陽變化的圖籙。」

越王既已勝吳三日，反邦❶未至，息，自雄❷，問大夫種曰：「夫聖人之術，何以加於此❸乎？」大夫種曰：「不然，王德范子之所言，故天地之符應邦❹，以藏聖人之心矣。然而范子豫見之策，未肯為王言者也。」越王愀然❺而恐，面有憂色。請於范子，稱曰❻：「寡人用夫子之計，幸得勝吳，盡夫子之力也。寡人聞夫子明於陰陽進退❼，豫知未形❽，推往引前❾，後知千歲，可得聞乎？寡人虛心垂意，聽於下風。」

范子曰：「夫陰陽進退，前後幽冥❿，未見未形⓫，此持殺生之柄⓬，而王制於四海，此邦之重寶也，王而⓭無泄此事，臣請為王言之。」越王曰：「夫子幸教寡人，願與之自藏⓮，至死不敢忘。」范子曰：「陰陽進退者，固天道自然，不足怪也。夫陰入淺⓯者即歲善，陽入深⓰者則歲惡。幽幽冥冥，豫知未形。故聖人見物不疑⑰，是謂知時⑱，固聖人所不傳也。夫堯舜禹湯，皆有豫見之勞⑲，雖有凶年而民不窮。」越王曰：「善。」以丹書帛，置之枕中，以為邦寶。范子已告越王，立志入海，此謂天地之圖也。

【章旨】本章敘說越王句踐逼誘范蠡說出預見未來之策，范蠡將預見之策傳授句踐後，立志入海。本章表現了句踐之多疑與范蠡之機警。

【注釋】❶反邦　回國。❷自雄　自認為英雄無敵。❸何以加於此　還有什麼東西能超過這「天地圖籙」呢。❹應邦　「應驗」之誤。❺愀然　煩惱變色。❻稱曰　用贊揚的口氣說。❼陰陽進退　陰與陽的消長變化。❽未形　將要發生但未成熟。❾推往引前　根據以往推知當前。❿幽冥　深幽而黑暗，什麼也看不見。⓫未見未形　尚未形成無法看見。⓬殺生之柄　生殺予奪的最高權力。⓭而　如果。⓮自藏　親自收藏，不讓旁人知道。⓯陰入淺　陰氣入地淺。⓰陽入深　陽氣入地深。⓱見物不疑　看見稀有之物也不大驚小怪。說明他心中有數。⓲知時　懂得天時和時勢的發展。⓳勞　事功。

【語譯】越王句踐打敗吳國的第三天，在回國的途中休息，自覺英雄無敵，問大夫文種說：「聖人的手段到底不同一般，還有什麼東西比天地圖籙更加高明的呢？」大夫文種說：「並不完全是這樣。大王感激范蠡先生當年的談話，他關於天圖預測天地陰陽的手段一一都應驗了，這天圖的確深藏著聖人的心機。然而范蠡先生還有預見未來的手段沒有告訴大王呢。」越王聽到以後煩惱而又不安，馬上臉色都變了。便派人去請范蠡先生，越王恭維范蠡說：「我用了先生的計謀，幸而打敗了吳國，這都是先生的功勞。聽說先生非常熟悉陰陽的發展變化，能預先知道還沒有形成的事物，能根據過去推知當前，並預先見到千年以後的事情。你能把這方法說給我聽聽嗎？我一定虛心留意，在下面認真聽取先生的教誨。」

范蠡先生說：「關於陰陽消長變化的事情，那是在幽冥中發生的，它還沒有形成實體，根本無法看見。能預見就抓住了生殺予奪的權柄，大王現在威加海內，這是保護國家的重要珍寶，大王如果能不泄漏出去，我願意毫無保留的告訴您。」越王句踐說：「先生千萬把這祕密告訴我，我一定親自把它保藏好，至死也不泄漏出去。」范蠡先生說：「陰陽的消長變化，乃是出於上天自然的規律，本來是沒什麼值得奇怪的。重要的是掌握大地和陰陽二氣之間的規律：陰氣入地淺的年分是好年成，陽氣入地深的年分是壞年景。只有聖人的眼睛才能透過無比幽深的天地，預見到尚未形成的一切事物。所以聖人即使碰到了稀奇古怪的事物也絕不會驚慌失措，因為他們知道時勢發展的規律，這是聖人所不傳給後人的。堯舜禹湯都有預見的事功，所以雖然碰到災荒年景仍能帶領百姓安度凶年。」越王句踐說：「大有道理。」用丹砂把有關的話記在綢布上，藏在枕頭裡面作為傳國之寶。范蠡先生把預見之策傳給越王以後，便下決心入海。這就是關於天地陰陽變化圖籙的故事。

卷一四

越絕外傳春申君第十七

【題解】〈春申君〉是很特殊的一篇。其他作品多少總和越王句踐、吳王夫差及其他吳越君臣有著某種聯繫，而春申君黃歇是戰國末期的人物，他死後不到二十年，秦始皇就統一了六國，他活動的時代，距吳越爭霸已經兩個世紀，距楚國亡越統一江南也將近百年，《越絕書》不記句踐亡吳後越國稱霸的事跡，卻給和吳越沒有任何關係的春申君寫了這麼一個短篇，在體例上說確實有些不倫不類。不過在漢代一般寫書人的心目中恐怕還沒有按文體或按事類進行歸類的概念。在吳平和袁康看來，吳越這塊土地上從吳越爭霸到漢立國以前，只有春申君還算是一個有影響力的人物，只有春申君黃歇和李園、女環兄妹之間的故事還比較有些傳奇的味道，於是他們便把這篇故事記在自己的書中。

同樣敘說故事，在史書中最重要的是真實性，在小說中最注意的是故事性。在春申君的故事中，《越絕書》和《史記》的出入是很大的，在《史記》中整個事件的設計者是李園，而在本篇中則是其妹女環。從故事性的角度看，的確由女環作事件的策劃者更耐人尋味。不過追求故事性應該以不妨礙歷史真實為準則，本篇最大的問題在於改變了故事的結局和顛倒了楚懷王、頃襄王和考烈王之間的倫常關係。

在春申君和李園兄妹關係的結局問題上，據《史記・春申君列傳》、〈楚世家〉及〈六國年表〉的記載：考烈王死後，春申君入朝處理後事，李園派刺客把春申君殺了，還誅滅了春申君全家。春申君之死是當年楚國的一件大事，司馬遷在這個問題上是絕對不會弄錯的。而《越絕書》的說法卻是：「十年，烈王死，幽王嗣立。女環使園相春申君。相之三年，然後告園：『以吳封春申君，使備東邊。』園曰：『諾。』即封春申君於吳。」應該說這個改變實在太沒道理，它不但歪曲了歷史，而且把事件的認識價值也降低了。

對楚國最後幾代國君的倫理關係的顛倒則更為荒謬。本篇結尾中說：「幽王後懷王，使張儀詐殺之。懷王子頃襄王，秦始皇帝使王翦滅之。」事實上楚懷王是考烈王的祖父，頃襄王是考烈王的父親，被秦始皇派王翦滅亡的楚國當國者是考烈王的兒子楚王負芻。小說或雜記雖然不是歷史，但也不能隨意編造。至於隨意瞎說，以致鬧出笑話，當然就更不好了。

昔者，楚考烈王❶相春申君❷吏李園❸。園女弟女環❹謂園曰：「我聞王老無嗣❺，可見我於春申君。我欲假❻於春申君。我得見於春申君，徑❼得見於王矣。」園曰：「春申君，貴人也，千里之佐❽，吾何託❾敢言？」女環曰：「即不見我。汝求謁於春申君才人❿，告：『遠道客，請歸待之。』彼必問汝：『汝家何等遠道客者？』因對曰：『園有女弟，魯相聞之，使使者來求之園，才人使告園者。』彼必有問：『汝女弟何能？』對曰：『能鼓音⓫，讀書通一經⓬。』故彼必見我。」園曰：「諾。」

【章　旨】本章敘李園之妹李環與兄共謀設計勾引春申君，表現了李環濃烈的權勢欲望和工巧的心機。

【注　釋】❶考烈王　名熊完，頃襄王子。時楚益弱，為避強秦，遷都於壽春，在位二十五年卒。❷春申君　黃歇。戰國後期楚大臣，熊完以太子身分入質於秦，黃歇設謀使熊完脫險歸楚。完立，受任為楚相，封春申君，以吳為都邑，門下食客三千，為戰國四君之一。曾率兵救趙卻秦，使楚一度復振。考烈王死後，被李園遣人刺死。❸李園　春申君門客。與妹李環設謀通過春申君薦李環於考烈王，李環為后，李園私蓄武士，考烈王逝世，李園遣刺客謀殺春申君。❹女環　李園妹。與兄設謀引誘春申君與其私通，復勸春申君將她獻與考烈王，生子悼，立為王后，考烈王死，與兄合謀殺春申君以滅口。❺無嗣　無繼承人。❻假　借助。❼徑　容易。❽千里之佐　諸侯大國的輔佐大臣。❾託　託詞；藉口。❿才人　女官。《史記》作「舍人」。管家。⓫鼓音　演奏樂曲。⓬通一經　通曉一門經籍。

【語譯】從前，楚國考烈王的丞相春申君黃歇有個小吏名叫李園。李園的妹妹李環對哥哥說：「我聽說楚王年紀大了卻沒有兒子，你設法介紹我去見春申君，我要借助於春申君，只要能見到春申君，就有辦法見到楚王了。」李園說：「春申君可是個貴人啦！他是幅員幾千里的楚國的輔佐大臣，我能找到什麼藉口去談這個事情呢？」李環說：「當然你不能直說要他接見我。你可以去找他的管家請假，向他說：『我家來了個遠道的客人，請您准個假讓我回去接待。』他一定會問你：『你家來了個什麼遠方貴客呀？還得你親自回去接待！』你就回答他說：『我有個妹妹，魯國的宰相知道她，派使者來向我求親，希望管家行方便讓我請個假。』他必定會進一步追問：『你妹妹有什麼特長嗎？』你就回答他：『會彈奏樂曲，讀了一些書，能通曉一門經典。』你就這麼一說，他一定會接見我。」李園說：「好。」

明日，辭春申君才人：「有遠道客，請歸待之。」春申君果問：「汝家何等❶遠道客？」對曰：「園有女弟，魯相聞之，使使求之。」春申君曰：「何能？」對曰：「能鼓音，讀書通一經。」春申君曰：「可得見乎？明日，使待於離亭❷。」園曰：「諾。」既歸，告女環曰：「吾辭於春申君，許我❸明日夕❹待於離亭。」女環曰：「園宜先供待❺之。」

春申君到，園馳人❻呼女環，到黃昏，女環至。大縱酒❼，女環鼓琴❽，曲未終，春申君大悅，留宿。

明日，女環謂春申君曰：「妾聞王老無嗣，屬邦❾於君。君外淫，不顧政事，使❿王聞之，君上負於王⓫，使妾兄下負於夫人，為之奈何？無泄此口⓬。君召而戒之⓭。」春申君以告官屬：「莫有聞⓮淫女也。」皆曰：「諾。」

【章　旨】本章敘述春申君一步步陷進李環預先設置的圈套中而毫無察覺。春申君的昏聵和李環的機巧形成鮮明的對比。

【注　釋】❶何等　什麼樣的。❷離亭　送別的長亭。❸許我　約我。❹夕　黃昏。❺供待　陳設接待。❻馳人　飛速派人。❼縱酒　恣意飲酒。❽鼓琴　彈琴；奏琴。❾屬邦　交付國事。❿使　如果；假如。⓫負於王　對不起國君的信任。⓬無泄此口　莫讓人們嘴巴閒不住把事情泄漏出去。⓭戒之　告誡下面的人。⓮莫有聞　莫使有人聽到。即不要泄漏。

【語　譯】第二天，李園向春申君的管家請假，對他說：「我家來了個遠方的客人，我請假回家去接待。」春申君果然問道：「你家來的是怎樣的一個遠方貴客呀？」李園回答說：「我有一個妹妹，被魯國的相國知道了，派使者來求見我。」春申君說：「她有些什麼特長嗎？」李園回答說：「會彈奏一些音樂，還讀了些書，能通曉一部經典。」春申君說：「可以讓我見見面嗎？明天的黃昏時候，讓她在送別的離亭和我見面好嗎？」李園連忙答應：「好。」李園回家以後，告訴李環說：「我和相國春申君搭上話了。他約我們明天黃昏時候到離亭和他見面。」李環說：「哥哥！你一定要事先把接待的一切準備工作做好。」第二天下午，春申君提前到了離亭，李園急忙派人去叫李環，黃昏時分李環也到了離亭，李園大擺酒筵，李環彈起了琴，一支接一支，春申君大樂，便留下李環過夜。

第二天，李環對春申君說：「我聽說君王年老還沒有兒子，把國家的重大事務託付給您。您在外面貪歡作樂，不管政事，假若被國君知道了，人家就會說您辜負了君王的重託，說我哥哥對不起您的夫人，這可如何是好？您千萬要召集知情的部下告誡他們，無論是誰都不准泄漏這件事情。」春申君便告誡屬下的官吏們說：「你們誰也不准把李環的事泄漏出去，誰走漏了風聲，我就唯他是問。」大家都說：「好。」

與女環通❶未終月，女環謂春申君曰：「妾聞王老無嗣，今懷君子一月矣，可見妾於王，幸產子男❷，君即王公❸也，而何為佐乎？君戒念❹之。」五日而道之❺：「邦中有好女，中相❻，可屬嗣❼者。」烈王曰：「諾。」即召之。烈王悅，取之❽，十月產子男。

【章旨】本章記述李環利用春申君和楚考烈王的特殊關係以及春申君貪圖富貴的卑劣心理，打通了進入楚宮的道路，實現了她憑藉美貌和心機獵取富貴的夢想。

【注釋】❶通 私通。❷子男 男孩。❸王公 王或者公。即諸侯。❹戒念 審慎考慮。❺道之 「道之於王」的省語。❻中相 從相貌看。❼屬嗣 接續後嗣。❽取之 娶之。取，古通「娶」。

【語譯】春申君和李環私通不到一個月，李環對春申君說：「我聽說楚王年紀老了卻還沒有繼承人，我現在懷著您的孩子一個月了，您把我介紹給楚王，如果天幸生了個男孩，您將來就是諸侯了，何必硬要留戀相國的地位呢？您最好慎重地考慮一下這件事。」過了五天，春申君對考烈王說：「國中有個年輕漂亮的女孩，從相貌上看，是個可以生兒子的，您是否要看一看。」考烈王說：「好，你就帶她來看一看好啦！」於是就召見了李環。考烈王一眼就看中了，高興得很，就娶進了後宮，十月後果然生了個男孩。

十年，烈王死，幽王❶嗣立❷。女環使園相春申君。相之三年，然後告園：「以吳封春申君，使備❸東邊。」園曰：「諾。」即封春申君於吳。幽王後懷王❹，使張儀❺詐殺❻之。懷王子頃襄王❼，秦始皇帝使王翦❽滅之。

【章　旨】本章用小說家之言，改寫歷史，讓李環和春申君的關係有一個好的結局。

【注　釋】❶幽王　熊悍，考烈王之子。當時六國都在風雨飄搖之中，幽王幼弱，朝政紊亂，在位十年而亡。❷嗣立　繼承君位立為諸侯。❸備　防禦。❹懷王　考烈王祖父，名熊槐。不聽屈原聯齊抗秦的正確主張，累被秦昭王和張儀等人欺騙，後被秦拘留，死於秦國。❺張儀　戰國時縱橫家。魏人，遊說入秦，首創連橫之論，秦惠王以為相，先引誘韓魏事秦，共制齊楚，後又到楚國，施反間之計，破壞齊楚聯盟。❻詐殺　騙誘謀殺。實際上懷王是氣憤而死的。❼頃襄王　熊橫，懷王之子。荒於遊樂，信任群小，數敗於秦而不自振作，喪亡了巴蜀、黔中、江漢大片國土，只得遷都以避秦，厚顏以事秦。❽王翦　秦國名將。曾率軍平定燕趙楚諸國，在秦始皇統一六國過程中立功最大。

【語　譯】過了十年，考烈王死了，幽王繼承了諸侯的地位。李環派哥哥李園當春申君的管家。當了三年，然後告訴李園：「把吳縣封給春申君，讓他鎮守東方。」李園說：「好的。」便把春申君封於吳縣。幽王之後為懷王，秦國派張儀騙他到秦國害死了。懷王的兒子頃襄王，秦始皇派大將王翦把楚國滅了。

越絕德序外傳記第十八

【題　解】本篇的前面主要部分是從道德的角度論述越王句踐與范蠡、文種，伍子胥與吳王闔廬、夫差君臣之間的關係，後面的部分是簡括〈內傳〉、〈內經〉各篇的主要思想，它可能是吳平《越紐錄》的結尾。

在吳越爭霸時代，吳越的幾個國君只有闔廬算是個明君，比較善於和群臣相處，在他手下，伍子胥、孫武、伯嚭、王孫駱等雖忠奸不同，但都能各自發揮所長，不會互相傾軋，可惜他又短命死了。其子吳王夫差是個典型的昏君，不識賢愚，不辨忠奸，在他統治下，奸佞當權，好人受氣，奸佞貪鄙的伯嚭、逢同受到重任，忠直敢言的伍子胥、公孫聖卻不得好死。越王句踐雖不像夫差那樣昏庸，卻又過於明察，缺乏寬容的度量。在臥薪嘗膽、矢志復仇的時候，還能勉強團結群臣，一旦亡吳報仇，褊狹嫉妒的一切毛病都發作了，范蠡知其只可共患難，不可共安樂，便改姓埋名，離開了越國，文種貪戀祿位，終於慘遭屠戮。作者專門對范蠡、文種、伍子胥三人的結局寫下了〈德序〉，的確是有其深意的。

文章的後一部分說明《越絕書》的寫作是以孔子的《春秋》為標本的，並簡單介紹說明本書八篇〈內經〉、〈內傳〉(〈內經〉、〈內傳〉原有八篇，現在亡失了〈太伯〉與〈兵法〉兩篇。作〈德序〉時八篇尚存)各自的思想內容和價值，進一步總結齊桓公和越王句踐成為霸主的經驗和吳王夫差亡國的教訓。

昔者，越王句踐困於會稽，歎曰：「我其不伯乎！」欲殺妻子，角戰❶以死。蠡對曰：「殆哉❷！王失計❸也，愛其所惡❹。且吳王賢不離❺，不肖不去，若卑辭❻以地讓之，天若棄彼，彼必許。」句踐曉焉。曰：「豈然哉❼？」遂聽能❽以勝。越王句踐即得❾平吳，春祭三江，秋祭五湖。因以其時，為之立祠❿，垂之來世，傳之萬載。鄰邦樂德，以來取足⓫。范蠡內視⓬若盲，反聽⓭若聾。度天關⓮，涉天機⓯，後衽天人⓰，前帶神光⓱，當是時言之者，稱其去甚微甚密，王已失之矣，然終難復見得。於是度兵徐州，致貢⓲周室。元王⓳以之中興，號為州伯⓴，以為專句踐之功，非王室之力。是時越行伯道㉑，沛㉒歸於宋㉓，浮陵㉔以付楚，臨期㉕、開陽㉖復之於魯。中邦侵伐，因斯衰止㉗。以其誠行於內㉘，威發於外，越專其功，故曰越絕是也。故傳曰：「桓公迫於外子㉙，能以覺悟，句踐執於會稽，能因以伯。」堯舜雖聖，不能任狼致治，管仲能知人，桓公能任賢，蠡善慮患㉚，句踐能行焉，臣主若斯，其不伯，得乎？《易》㉛曰：「君臣同心，其利斷金㉜。」此之謂也。

【章　旨】本章敘說句踐和范蠡的關係。句踐在范蠡的幫助下完成了霸業，而范蠡卻不受重賞，機智地離開了越國，不但保全了自己，而且贏得句踐和越國人民的思念。

【注　釋】❶角戰　不顧生死拚命戰鬥。❷殆哉　太危險啦。❸失計　打錯算盤。❹愛其所惡　愛人之所厭惡的事。指死而沒有價值。❺離　親密。❻卑辭　低聲下氣地說好話。❼豈然哉　難道真會如此嗎。❽能　而。❾即得　既得。❿立祠　建立廟宇。⓫取足　《太平御覽》作「取之」，誤，當為「取定」。意思是通過禱告，聽取指示以作決定。⓬內視　看自己的問題。⓭反聽　聽取外面的批評議論。⓮天關　星名。《晉書・天文志》以東方角宿二星為天關。《太公金匱》以斗宿為天關。⓯天機　《吳越春秋》作「天梁」。指南斗六星。⓰天人　《吳越春秋》作「天一」。為太歲神。⓱神光　靈光；祥瑞之兆。⓲致貢　進獻貢品。⓳元王　周元王姬仁。在位二十八年。⓴州伯　九州的方伯；諸侯的領袖。㉑伯道　霸王之道。按霸主原則，公平地處理諸侯之間的爭端。伯，通作「霸」。㉒沛　今江蘇沛縣。㉓宋　周武王封紂王庶兄微子於宋，都商丘以奉殷祀，戰國後期為齊所滅。㉔浮陵　無考。㉕臨期　「臨沂」之誤。在今山東。㉖開陽　山東省臨沂縣北。㉗衰止　由減少而停止。㉘誠行於內　忠誠出自內心。㉙外子　外婦的兒子。㉚慮患　指考慮怎樣對付各種災禍。㉛易　今本《易經・繫辭上傳》作「二人同心，其利斷金」。㉜斷金　鋒利無比，無堅不摧。

【語　譯】從前，越王句踐被吳兵圍困在會稽山，嘆氣說：「我大概是無法稱霸了。」想殺死老婆孩子，拼著性命和吳人大殺一場，慷慨地死在戰場上。范蠡勸他說：「大王的想法太危險了！也太失算了，怎麼會看上眾人都不願走的死路呢？何況吳王夫差不親近賢臣，不肖之徒卻不離左右，君王不如低聲下氣去求他，割讓一些土地給他，如果老天爺不保佑吳國，吳王夫差就會答應講和。」越王句踐終於醒悟過來，說：「果真會這樣嗎？」便聽從了范蠡的主意，最後取得了勝利。越王句踐平定了吳國以後，范蠡離開了越國，句踐每年春天到三江，秋天到太湖去祭祀范蠡。又在祭祀的時候替他建立廟宇，讓他流傳於後世，一直傳到千秋萬代。鄰近各國的老百姓也仰慕范蠡的品德，有事便到廟裡來禱告，請求指示以作決定。范蠡為人對自己的事總是視而不見，對人家的批評也是聽而不聞。他走時先跨越天關，又走過南斗六星，他的身後跟著凶惡的太歲星給他斷後，身前閃著祥瑞的靈光。在當時談范蠡的故事的人傳說：他離開越國的過程奇妙而又機密，越王句踐怎麼也找不到他，離開後始終再也沒有見到他。後來越王句踐便出兵徐州，向周天子進貢。周元王得到越王句踐的幫助，王室再度復興，便封句踐為諸侯的領袖，人們普遍認為：復興周室完全是越王句踐的功勞，並不是依靠王室本身的力量。這時，越王句踐完全按照霸主的準則處理一切大小問題，他把吳王夫差侵占別國的土地一一退還人家，把沛縣交還宋國，將浮陵交給楚國，把臨沂、開陽還給魯國。由於越王句踐主持公道，中原各國互相侵伐的事件越來越少幾乎全被制止。因為越王句踐內懷一顆忠誠的心，又以威勢對付那些欺凌弱小的諸侯，使越國獨占了安定天下的大功，所以稱之為「越絕」。有的書傳上說：「齊桓公因為自己是父親的私生子，便特別覺醒而奮發向上；越王句踐在會稽挫敗，後來吸取教訓終於成為霸主。」堯舜雖然非常聖明，但還是不能依靠豺狼把天下治好，管仲能識別賢能，齊桓公又能放手任賢使能，范蠡善於發現和解除禍難，句踐能貫徹范蠡的意圖，君主和大臣能夠互相配合，怎麼會不成為天下霸主呢？《易經》上說：「聖君賢臣，同德同心，其力千鈞，可以斷金。」說的就是這個道理。

吳越之事煩而文不喻❶，聖人略焉，賢者垂意❷，深省厥辭，觀斯智愚。夫差狂惑❸，賊殺子胥；句踐至賢，種曷為誅？范蠡恐懼，逃於五湖，蓋❹有說乎？夫吳知子胥賢，猶昏然❺誅之。傳曰：「人之將死，惡聞酒肉之味，邦之將亡，惡聞忠臣之氣。」身死不為醫，邦亡不為謀。還❻自遺災。蓋木土水火，不同氣居❼，此之謂也。

種立休功❽，其後厥過自伐❾。句踐知其仁也，不知其信❿。見種為吳通越⓫，稱：「君子不危窮⓬，不滅服⓭。」以忠告，句踐非之，見乎顏色。范蠡因心知意，策問⓮其事，卜省⓯其辭，吉耶凶耶？兆言⓰其災。夫子⓱見利與害，去於五湖，蓋謂知其道貴微⓲而賤獲⓳。《易》⓴曰：「知幾㉑其神乎！」道以不害為左㉒。傳曰：「知始無終㉓，厥道必窮。」此之謂也。

【章旨】本章分別解釋了伍子胥和文種的死因。認為夫差殺害伍子胥是因他是亡國之君，惡聞忠臣之氣。而句踐殺害文種，則是因文種居功自伐，而且曾經替吳王夫差求過情，句踐懷疑他不可靠。客觀地說，作者顯然在替句踐的暴行掩飾。

【注釋】❶事煩而文不喻　事情很繁雜而有關文籍又說得不清楚。❷垂意　留意；注意。❸狂惑　狂妄而又思維紊亂。❹蓋　豈；難道。❺昏然　糊裡糊塗地。❻還　反而。❼不同氣居　氣質不同，不能住在一起。❽休功　重大的功勳。❾自伐　居功自傲。❿信　可靠。⓫為吳通越　在越王面前替吳國求情。⓬不危窮　不迫害走投無路的敵人。⓭滅服　滅亡投降服罪的敵人。⓮策問　通過蓍草占卜以了解事情的吉凶。⓯卜省　通過占卜進行考察。⓰兆言　策和卜的徵兆表明。⓱夫子　此處指范蠡。⓲貴微　可貴地掌握住並不顯眼的苗頭。⓳賤獲　不看重眼前所得的功名富貴。⓴易　指《易經．繫辭下傳》。㉑知幾　預先發現事情變化的苗頭。㉒不害為左　遠離災禍為上策。古人認為「左」屬陽，陽主生，吉利。㉓知始無終　只顧開頭，不考慮怎樣收場。

【語譯】吳越之間的爭鬥情況異常複雜而文籍的有關記述又很不清楚，大聖人孔子沒有將其記錄到《春秋》中去，可是當地的賢者卻對此十分注意，深入地考查有關文字記載，觀察分析雙方君臣的人品和賢愚。這一連串的故事的確是很令人玩味的，如果說吳王夫差殘酷殺害伍子胥是因他生性狂妄而又精神錯亂，那越王句踐可是一位賢明的君主，他為什麼也要虐殺功臣文種呢？范蠡為什麼如此害怕句踐，慌忙地從太湖逃往國外，那又當作何解釋呢？吳王夫差明知伍子胥是個賢臣，卻又糊裡糊塗地把他殺了。這就像書傳中所說的：「一個快死的人非常討厭美酒肥肉的氣味，在一個將要滅亡的國家裡，根本就不能容許忠直大臣的氣味。」對一個注定要死的人根本沒有進行醫治的必要，對一個注定要滅亡的國家根本不值得去給它進行謀劃。若想管這類閒事，只會反過來給自己添麻煩。因為木土水火彼此氣質不同，不能放在一塊，夫差容不得伍子胥就是這個道理。

越王句踐容不下文種則是由於另外的原因，文種曾給越國立下赫赫大功，但他後來有些居功自傲。句踐也明知文種是仁德的人，但又覺得他有些不大可靠。文種在越王面前替吳國求情說：「君子不應該去迫害走投無路的敵人，不應該消滅已經投降服罪的人。」文種其實是忠言勸句踐不要把事情做得太過分，但句踐卻認為文種是替吳國說話，當時聽了臉色就很難看。范蠡心知句踐的意思，便通過蓍草占卜以探問事情的吉凶，還通過占卦進行考查到底是凶是吉。蓍草和卦象都顯示出災禍的預兆，范蠡權衡利害，便從太湖離開越國。這說明范蠡懂得天道，可貴地發現了事情的不祥的苗頭，並輕易放棄已經到手的功名富貴。《易經》上說：「大概只有神人才能發現事情變化的苗頭吧！」處世之道應該是以遠離災禍為上策。書傳中說：「只圖一個好的開頭而不管怎樣收場，最後必然沒有好的結果。」說的就是這個道理。

子胥賜劍將自殺，歎曰：「嗟乎！眾曲❶矯直，一人固不能獨立。吾挾弓矢以逸❷鄭楚之間，自以為可復吾見凌❸之仇。乃先王❹之功，想得報焉，自致於此。吾先得榮，後僇❺者，非智衰也：先遇明，後遭險❻，君之易移❼也。已矣！生不遇時，復何言哉？此吾命也，亡將安之❽？

莫如早死，從吾先王於地下，蓋吾之志也。」吳王將殺子胥，使逢同徵之❾，胥見逢同，知為吳王來也。洩言❿曰：「王不親輔弼之臣⓫而親眾豕⓬之言，是吾命短也。高置吾頭，必見越人入吳也，我王親為禽⓭哉！捐我深江，則亦已矣。」

胥死之後，吳王聞，以為妖言，甚咎子胥，王使人捐於大江口。勇士執之，乃有遺響⓮，發憤馳騰⓯，氣若奔馬，威淩⓰萬物，歸神大海，彷彿之間，音兆⓱常在。後世稱述，蓋子胥水僊⓲也。

【章　旨】本章通過對伍子胥慘烈赴死的過程的描寫，凸顯出伍子胥忠直勇烈的秉性和他對吳國和先王闔廬的一片深情。

【注　釋】❶眾曲　一群歪人。指吳王夫差和伯嚭、逢同之輩。❷逸　奔逃。❸見淩　被淩辱迫害。指伍子胥父兄被殺害，本人被楚通緝。❹先王　過世的君主。指吳王闔廬。❺僇　同「戮」。❻遭險　遇上暴君。❼易移　改換。❽安之　何之；到何處去。❾徵之　監視他。❿洩言　徐徐而言。表示滿不在乎。⓫輔弼之臣　輔佐國君運籌決策的重臣。⓬眾豕　一群豬。指伯嚭、逢同之輩。⓭為禽　被擒。⓮遺響　嚇人的聲響。⓯馳騰　水流得非常急，掀起很高的浪花。⓰威淩　以威勢相逼迫。⓱音兆　聲音和形象。⓲水僊　水仙；水神。

【語　譯】伍子胥拿著夫差賜給的寶劍準備自殺，嘆著氣說：「哎！一大群不正派的傢伙包圍著我一個人，我孤立無援當然無法立足。當年我拿著弓箭從楚國逃命到鄭國，自認為可以報復我全家被害的大仇，但仇並沒有報成，是先王闔廬才幫我把仇報了，我誠心要報答先王，想不到會落得今天這個下場。我原先獲得輔佐先王完成霸業的光榮，現在卻遭到殺害，並非我才智衰竭了，是因為原先遇到明君，後來碰到昏君，國君改換了，我有什麼辦法呢。算了吧！不能遇到好時光，還有什麼好說的呢？這都怪我的時命不濟，要出走嗎？又有什麼地方可去呢？不如早些離開人世，跟隨先王到地府去，這正是我素來的心願。」吳王夫差在逼死伍子胥之前，派心腹逢同去監視他，伍子胥見到逢同，知道他是夫差派來的，便滿不在乎地對他說：「大王不親近輔佐國政的大臣，而專門聽信那些混吃混喝的豬玀們的鬼話，這就該我不得好死了。我死後，你們把我的人頭高掛到城門上，我一定會看到越國的軍隊打進城來，我們吳王本人也將成為他們的俘虜啊！把我的屍體拋進江河深處，那麼也就什麼都看不到了。」

伍子胥死後，逢同把他的話轉告吳王夫差，夫差深怨子胥出言不遜，把這些話當成是妖言惑眾，還叫人把子胥的屍體拋進大江口。勇士抬著子胥遺體拋向江心，只聽見陣陣嚇人的巨響從江中傳來，屍體隨著江波迅速地奔馳洶湧地翻騰，那氣勢像萬馬奔騰，那聲威簡直把周圍的一切都鎮住了，很久以後，屍體才順著海潮流歸大海，過了好半天，勇士們仍然心神徨彷，那聲響、那景象深深地印進他們的心坎。勇士們看到的一切不斷在後世流傳，人們傳說：伍子胥死後成了常在江河湖海中掀起滔天巨浪的水神。

子胥挾弓去楚，唯夫子獨知其道。事□世□有退[1]，至今實之[2]，實祕文[3]之事。深述厥兆，徵為其戒。齊人歸女[4]，其後亦重。各受一篇，文辭不既[5]，經傳外章[6]，輔發其類。故聖人見微知著[7]，覩始知終[8]。由此觀之，夫子不王可知也。恭承嘉惠，述暢往事。夫子作經，攬[9]史記，憤懣不泄，兼道事後，覽承傳說[10]。厥意以為周道不敝[11]，《春秋》不作。蓋夫子作《春秋》，記元[12]於魯，大義立，微言屬[13]，五經六藝[14]，為之檢式[15]，垂意於越，以觀枉直[16]，陳其本末[17]，抽其統紀[18]，章決句斷，各有終始。吳越之際，夫差弊矣，是之謂也。

故觀乎〈太伯〉[19]，能知聖賢之分；觀乎〈荊平〉，能知信勇之變[20]；觀乎〈吳越〉[21]，能知陰謀之慮[22]；觀乎〈計倪〉，能知陰陽消息之度[23]；觀乎〈請糴〉，能知□人[24]之使[25]敵邦賢不肖；觀乎〈九術〉，能知取人之真[26]，轉禍之福；觀乎〈兵法〉，能知卻敵之路；觀乎〈陳恆〉，能知古今相取之術[27]；觀乎〈德序〉，能知忠直所死，狂僭[28]通拙[29]；經百八章㉚，上下相明㉛。齊桓㉜興盛，執操㉝以同。管仲達於霸紀㉞，范蠡審乎吉凶終始。夫差不能□邦㉟之治，察乎逢同、宰嚭，能知諂臣之所移㊱。哀彼離德信不用，內痛子胥忠諫邪君，反受其咎。夫差誅子胥，自此始亡之謂也。

【章　旨】本章分別對〈太伯〉、〈荊平〉、〈吳人〉、〈計倪〉等〈內經〉〈內傳〉各篇的價值作了簡明扼要的說明，粗略地總結了越王句踐成為霸主的經驗和吳王夫差亡國的教訓。

【注　釋】❶事□世□有退　疑為「事奇世遠有遺」。意思是說事情很奇特、年代久遠而難免有遺漏。❷實之　補充起來。❸祕文　神祕難見到的文籍。❹齊人歸女　吳亡以後，齊人可能將伍氏子孫送還吳地，以慰吳人之心。❺不既　不詳盡。❻經傳外章　指本文屬於〈內傳〉、〈內經〉之外的篇章。❼見微知著　看見事件的苗頭就能預測發展後的情況。❽覩始知終　看見事件的開頭就預知其結果。❾攬　總括。❿覽承傳說　加以總結繼承記述說明。⓫周道不敝　周代政令不被敗壞。⓬記元　紀年。⓭微言屬　以精微之言加以貫串。⓮六藝　禮、樂、射、御、書、數。⓯檢式　儀表準則。⓰枉直　是非曲直。⓱本末　終始過程。⓲統紀　頭緒。⓳太伯　太伯是吳的開創者，《越絕書》本來以〈太伯〉開頭，但偏偏失去了開頭第一篇。推測其內容應該與《史記・吳太伯世家》前一部分相接近。⓴信勇之變　信義的人是怎樣變成不顧生死而決計復仇的。㉑吳越　應為「吳人」。㉒陰謀之慮　陰謀是透過怎樣勞心苦思而構造出來的。㉓陰陽消息之度　天地陰陽變化的規律。㉔□人　應為「越人」。㉕使　利用；運用。㉖取人之真　應為「取人之道」。㉗相取之術　收拾敵人的手段。㉘狂懜　思維紊亂，顛狂懵懂。㉙通拙　通向窮途末路。㉚經百八章　應為「經傳八章」。㉛相明　相互說明。㉜齊桓　根據上下文義應為「齊越」。㉝執操　執行操持的政策手段。㉞霸紀　實現霸業的行動綱領。㉟□邦　疑為「興邦」。㊱所移　指所造成的後果。

【語　譯】 伍子胥攜帶著弓箭離開楚國，只有孔夫子能理解他的處世之道。他的故事情節離奇、年代久遠，自然難免會有遺漏，現在將其補充起來，根據的是難以見到的文籍的記載。作者認真記述事件經過，是希望拿它作為歷史教訓。子胥死後，齊人將他的兒女送回吳地，他的後人一直被吳人看重。本文是給子胥立的一個專篇，文辭很不詳盡，因為它並不屬於〈內經〉〈內傳〉，著文的目的只在給同類事件提供教訓。聖人只需看到事故的苗頭便能預知未來的情況，只要見到開端便可知其結局。根據這些情況分析，孔子生前不被封王是可想而知的。他恭敬地接受上天賦與他的使命，暢達地記述歷史的往事。孔子寫《春秋》時，總括各種歷史典籍，把對亂臣賊子的憤懣藏在心裡，把事件的前因後果全部加以總括繼承記述說明。本書的作者認為如果周代的政教不遭破壞，孔子就不會寫這部揚善懲惡的《春秋》了。孔子寫《春秋》用魯國的年號紀年，樹立起堂堂正正的原則，用精微的言論將前後重大歷史事件貫串起來，處處以五經六藝為它的準則。本書作者以孔子為榜樣，非常注意吳越的史實，認真考察它們之間的是非曲直，整理出事件的頭緒，陳述事件發展的經過，連一章一句的確定都很仔細，使每件事、每句話都有頭有尾。在吳越的爭霸中，吳王夫差無疑是個悲劇人物。

本書雖只記述吳越爭霸的故事，它所給人的教益卻是多方面的：人們讀了〈太伯內傳〉，就能了解聖賢的職分；讀了〈荊平王內傳〉，就能知道忠信的人是怎樣變成勇敢無畏的；讀了〈吳人內傳〉，就能知道各種陰謀手段是怎樣構思出來的；讀了〈計倪內經〉，就能知道陰陽消長變化的規律；讀了〈請糴內傳〉，就能知道越國君臣怎樣利用吳國內部君子小人間的矛盾；讀了〈內經九術〉，就能知道計算敵人的方法，怎樣使自己從災難中轉移到福澤中去；讀熟了〈兵法〉，就能知道怎樣打敗敵人的進攻；讀了〈內傳陳成恆〉，就能了解古往今來算計敵人的手段；讀了〈德序外傳〉，就能了解忠直之士遭難的緣由，顛狂懵懂的人怎樣自食惡果，八章〈內經〉〈內傳〉上下前後互相說明。齊越所以興盛，是由於執行了大致相同的正確政策。管仲通達實現霸業的政治綱要，范蠡明白事物的吉凶及其轉化的過程。而吳王夫差卻不能治好自己的國家，不知道審察逢同、伯嚭之流的行為，不懂得他們阿諛逢迎會造成怎樣嚴重的政治後果。作者哀怨夫差不重用賢德忠信的伍子胥，痛心伍子胥用忠言勸諫君王反遭殺身之禍。夫差殺了忠直的伍子胥，吳國滅亡的日子就不遠了。

卷一五

越絕篇敘外傳記第十九

【題解】這是全書最後一篇，也是最怪異的一篇。從寫作上看，本篇一頭一尾用的是通常的夾敘夾議的寫法，而中間幾段則用少見的問答形式，其餘各篇，除〈本事第一〉專用問答形式以外，十七篇都是用夾敘夾議的寫法，像本篇的寫法實為書中所僅見。從內容安排看也較反常，一頭一尾都是談作者問題，中間問答部分則談篇次的排定和幾個主要人物的評價。按常情說，人們通常總喜歡把同類問題放在一起，可是本文談到作者問題，前面一段先放出一通煙幕，說是「賜見《春秋》改文尚質，譏二名，興素王，亦發憤記吳越」，「賜傳吳越，□指於秦。……故題其文，謂之《越絕》」。到了最後一段卻又把第一段的把戲拆穿，說是：「記陳厥說，略有其人。」但也不肯直接說出其人是誰，偏要用一段文字遊戲把袁康、吳平兩個名字暗示給讀者。這樣做文章實在有悖於常情，如果僅將其看作一種故弄玄虛的愛好，恐怕還是一種表相，應該說袁康這樣做是作偽者病態心理的表現。

關於篇次排定的解釋也有幾分牽強，《越絕》全書原有二十五篇，本篇提到的只是其中的〈內傳〉六篇、〈內經〉二篇，十七篇〈外傳〉則隻字未提。既然是談論篇章次序，怎能只談〈內傳〉〈內經〉，不談〈外傳〉呢？

本篇比較成功的部分是對於伍子胥、范蠡和越王句踐的評價。這部分雖然行文有些雜亂，經常出現東扯西拉的毛病，但所談的問題都能言之成理，有的地方還確有見地。譬如他對句踐的「伯德」的解釋，把句踐的行為放在春秋末年這個特定的歷史環境進行分析，就顯得很有說服力。又如用「微子去，比干死，孔子並稱仁」來解釋伍子胥以死報答先王，范蠡去越全身都是賢者的行為，也是非常恰當的。但為什麼在同一篇文章中，評價人物部分明顯高於其他部分呢？主要是作者在其他部分故弄玄虛，以致弄巧反拙，而對於這三個人物則確有見解。因為這三人是吳越的名人，他們的品德行為和功業必然是當地知識分子經常談論的話題，很可能篇中的有關部分正是袁康和朋友們討論的成果。

維❶先古九頭之世❷，蒙水❸之際，興敗有數，承三繼五❹。故曰眾者傳目❺，多者信德。自此之時，天下大服。三皇❻以後，以一❼治人。至於三王❽，爭心生，兵革越❾，作肉刑五❿，胥⓫因悉挾方氣⓬，歷天漢⑬，孔子感精⑭，知後有彊秦喪其世⑮，而漢興也。賜⑯權⑰齊、晉、越入吳。孔子推類⑱，知後有蘇秦⑲也。權衡⑳相動，衡五相發㉑，道獲麟㉒，周盡證也，故作《春秋》以繼周㉓也。此時天地暴清㉔，日月一明㉕，弟子欣然，相與太平。孔子懷聖承敝㉖，無尺土所有，一民所子㉗，睹麟垂涕，傷民不得其所，非聖人孰能痛世若此？萬代不滅，無能復述。故聖人沒而微言㉘絕。賜見《春秋》改文尚質㉙，譏二名㉚，興素王㉛，亦發憤記吳越，章句其篇，以喻㉜後賢。賜之說也，魯安，吳敗，晉彊，越霸，世春秋二百餘年，垂象㉝後王。賜傳吳越，□指於秦。聖人發㉞一隅，辯士㉟宣其辭，聖文㊱絕於彼，辯士絕於此。故題其文㊲，謂之《越絕》。

【章旨】本章繼〈本事〉之後，再次提出《越絕書》是孔子弟子子貢所作，示意《越絕書》與孔子的《春秋》在思想上有某種繼承關係。

【注釋】❶維　發語詞。❷九頭之世　傳說人皇氏有九兄弟，分掌天下九州，開始了人類歷史。❸蒙水　應為「蒙昧」之誤。❹承三繼五　承繼三皇五帝。❺傳目　以目所親見的事跡向其他人作宣傳。❻三皇　《史記・三皇本紀》以天皇、地皇、人皇為三皇。孔安國〈尚書序〉以伏羲、神農、黃帝為三皇。❼一　即道。❽三王　指夏禹、商湯、周文王。❾越　「起」之誤。❿肉刑五　五種殘酷的肉刑。即墨、劓、剕、宮、刖。⓫胥　都。⓬方氣　暴戾之氣。⓭天漢　天河。⓮感精　神靈感應。⓯喪其世　喪失其天子繼承權。⓰賜　孔子弟子子貢。姓端木，名賜。⓱權　通「謀」。⓲推類　以類相推。⓳蘇秦　疑為「暴秦」之誤。⓴權衡　二星名。權為軒轅星，衡為太微星。㉑五相發　第五次運行。㉒獲麟　麟為仁獸，聖王之嘉瑞。魯哀公打獵獲麟，孔子見而泣曰：「吾道窮矣！」㉓繼周　繼承周室的輿論宣傳。㉔暴清　突然非常清明。㉕一明　同樣明亮。㉖懷聖承敝　懷著聖人之才德而出身寒微的家世。㉗無尺土所有二句　無尺寸為他所有的土地，無一個為他所有的老百姓。因為土地、人民都是屬於天子和諸侯所有。㉘微言　精微奧妙的言論。㉙尚質　崇尚質樸而不追求文彩。㉚二名　古人有名有字，名只能有一個，二名屬於非禮。㉛素王　空王。指有王之德而無其位。後人稱孔子為素王。㉜喻　告知。㉝垂象　垂示形象。㉞發　發出指示。㉟辯士　能言善辯的人。指子貢。㊱聖文　聖人的文章。指《春秋》。㊲題其文　給其文章題書名。

【語　譯】在遠古人皇九兄弟統治中國九州的時代，先民處於草莽蒙昧之中，王朝的興廢有一定運數，大致說來先有三皇，後有五帝。聖王身邊的群眾宣傳親眼見到的事跡，更多的人聽信聖王的恩德。在那些時候，天下都信服天子的權威。三皇到五帝都是以道治理天下，到了夏商周三代，諸侯野心大起來了，相互爭奪，戰爭就多起來了。於是就制定了五種殘酷的肉刑，戰爭和刑罰的暴戾之氣直沖天漢。孔子通過神靈的感應，知道未來在暴秦被推翻以後，漢朝興起，他的學說將大行於世。他派子貢與齊、晉、越通謀以後，再到吳國。孔子通過推算知道以後必將產生一個強暴的秦國。軒轅星和太微星互相轉動，在太微星第五次轉向軒轅星時，魯哀公打獵捉到了一隻麒麟，孔子意識到周朝的氣數已經盡了，所以寫下了一部《春秋》記載著周的史實，這時天空突然異常清朗，月亮居然像太陽一樣明亮，弟子們都高興極了，相互慶祝太平。孔子懷抱聖人的仁德卻繼承著沒落的家世，沒有尺寸的領地和私家的臣僕，他看見仁獸麒麟被捕而傷心流淚，為廣大民眾不得其所而哀傷，如果不是聖人誰會對世事如此痛切呢？這種感情萬代千秋也不會消滅，簡直無法重述。所以聖人死後，人們再也寫不出精微奧妙的言論了。子貢看見《春秋》改掉了《詩經》、《尚書》文彩披紛的作風而崇尚質樸，諷刺那些不斷改換名號的行為，推崇孔子的學說主張，也就發憤記述吳越之間的故事，通過一章一節一字一句，組成一篇篇洋洋大文，把大段史實告訴後世的賢者。子貢的外交活動，安定了魯國，敗亡了吳國，增強了晉國，使越國當上了霸主，結束了春秋二百多年的歷史，他的活動給後代的王者提供了榜樣。他記述吳越的故事，□卻指向日後的暴秦。孔夫子在魯國向子貢發出行動的指示，子貢便展開了他的外交宣傳，孔子的《春秋》是中原絕頂的鴻文，子貢關於吳越的著作是吳越的絕妙鴻文。所以他就給自己的著作題名為《越絕書》。

問曰：「《越絕》始於〈太伯〉，終於〈陳恆〉，何？」「《論語》❶曰：『雖小道❷，必有可觀者焉。』乃太伯審於始，知去上賢❸；太伯特不恨，讓之至也。始於〈太伯〉，仁賢❹，明大吳❺也。仁能生勇，故次以

〈荊平〉❻也，勇子胥忠、正、信、智以明❼也。智能生詐，故次以〈吳人〉也，善其務救蔡❽，勇其伐荊。其范蠡行為持危救傾❾也，莫如循道順天❿，富邦安民，故次〈計倪〉。富邦安民，故於自守易以取⓫，故次〈請糴〉也。一其愚⓬，故乖其政⓭也。請粟者求其福祿，必可獲，故次以〈九術〉。順天心，終和親，即知其情。策於廊廟⓮，以知彊弱。時至⓯，伐必可克，故次〈兵法〉。兵，凶器⓰也。動作⓱不當，天與其殃。知此上事⓲，乃可用兵。《易》之卜將⓳，春秋無將⓴。子謀父，臣殺主，天地所不容載㉑。惡之甚深，故終於〈陳恆〉也。」

【章　旨】本章是作者對八篇〈內傳〉〈內經〉次序編排的解釋。認為將〈太伯〉擺在首篇是推崇吳太伯主動讓出君位的崇高人格，而將〈陳恆〉墊底是對他弒君篡國表示深惡痛絕，表現某種道德說教的意味。

【注　釋】❶論語　孔子死後，門人對孔子與其弟子或時人相互問答的語言輯錄。是研究孔子思想學說的重要著作。❷小道　諸子百家中的異端學派。❸知去上賢　理智地離開，讓賢德的人上來。❹仁賢　尊重賢者。❺大吳　尊崇吳國。❻次以荊平　以〈荊平〉接在〈太伯〉之後。❼明　明曉事理。❽務救蔡　從事於救蔡。❾持

危救傾　支撐危局，拯救傾亡。⑩循道順天　遵從正道，順從天命。⑪易以取　容易用來攻取敵人。⑫一其愚　應為「以其愚」。利用夫差的愚妄自大。⑬乖其政　敗壞其政治。⑭廊廟　朝廷。⑮時至　機會來了；時機成熟了。⑯凶器　不吉利的事物。⑰動作　舉動。⑱上事　重要之事。⑲卜將　通過占卜以選用將帥。⑳春秋無將　指春秋時沒有仁、明、智、勇兼備的將軍。㉑天地所不容載　天所不願包容，地所不願承載。說明壞到極點。

【語譯】有人問：「《越絕書》為什麼起始於〈太伯〉，結束於〈陳恆〉呢？」回答道：「《論語》說：『即使是異端的作品，也一定有可作借鏡的地方。』從前，太伯開國於句吳就是非常明智的，他理智地離開故國，讓賢德的弟弟和姪兒繼承祖宗的基業，一點也不抱怨，真是禮讓到了極點。這部書從〈太伯〉開始，是為了尊重賢者，表示尊崇吳國。仁德必能產生勇氣，所以用〈荊平〉緊接在〈太伯〉之後，因作者欽佩伍子胥的忠誠、正直、信義、智慧而又明於事理。智慧往往產生欺詐，所以將〈吳人〉銜接在〈荊平〉之後，表揚他執行援救蔡國的任務，不畏強暴，討伐楚國。范蠡支撐越國的危險局面，把越國從危亡的邊緣拯救出來當然是很可貴的，但畢竟不如計倪開導句踐使他遵循正道，順從天命，安定百姓，增強國力來得重要，所以將〈計倪〉接在〈吳人〉之後。國富民安便於自守，更容易攻取敵人，所以將〈請糴〉接在〈計倪〉之後。利用夫差的愚妄自大，以敗壞吳國的政權內部的團結，通過請求糧食支援把對方的福祿奪過來，為了更有把握，所以接著採用〈九術〉。越國君臣的行為正好符合天意，終於與吳王夫差和睦相親，及時準確地掌握了吳國的內部情況，於是根據彼此強弱消長的情況，在朝廷內部祕密策劃，一旦時機成熟，興兵討伐一定可以成功，所以接著選用〈兵法〉。戰爭是一種不吉祥的事物，如果舉動不妥當，老天就會給他降下災難。一定要充分了解它的重要性，有充分的把握才可發動戰爭。《易經》講究通過占卦選用將帥，在春秋時代簡直沒有仁、明、智、勇兼備的將帥。兒子謀害父親，臣子殺害君主，是上天所不能包容，大地所不肯承載的惡行，因為對這類事情憎惡到了極點，所以用弒君的〈陳恆〉作為全書的終結。」

問曰：「《易》之卜將，春秋無將。今〈荊平〉何善乎？君無道❶，臣仇主，以次〈太伯〉，何？」曰：「非善荊平也，乃勇子胥也。臣不討賊，子不復仇，非臣子也。故賢其冤於無道之楚，困❷不死也。善其以匹夫❸得一邦之眾，並義❹復仇，傾❺諸侯也。非義不為，非義不死也。」

問曰：「子胥妻楚王母❻，無罪而死於吳，其行如是，何義乎？」曰：「孔子固貶之矣。賢其復仇，惡其妻楚王母也。然《春秋》之義❼，量功掩過❽也。賢之，親親❾也。」「子胥與吳何親乎？」曰：「子胥以困干❿闔廬，闔廬勇之甚，將為復仇，名譽甚著。《詩》云：『投我以桃，報之以李⓫。』夫差下愚不移⓬，終不可奈何，言不用，策不從，昭然知吳將亡也。受闔廬厚恩，不忍去而自存⑬，欲著其諫之功也，故先吳敗而殺也。死人⑭且不負，而況面在⑮乎？昔者管仲生，伯業興；子胥死，伯名成。周公貴一概⑯，不求備⑰於一人，及外篇各有差敘⑱，師不說⑲。」

問曰：「子胥未賢耳！賢者所過化⑳，子胥賜劍，欲無死，得乎？」「盲者不可示以文繡㉑，聾者不可語以調聲㉒，瞽瞍㉓不移，商均㉔不化，湯繫夏臺㉕，文王拘㉖於殷。時人謂舜不孝㉗，堯不慈㉘，聖人不悅㉙下愚，而況乎子胥？當困於楚，劇於吳，信不去耳，何拘之有？」「孔子貶之奈何？」「其報楚也。稱子胥妻楚王母，及乎夷狄㉚，貶之，言㉛吳人也。」

【章　旨】本章通過問答的形式，對伍子胥歷盡艱辛為父報仇的孝行和感恩圖報不顧生死的信義給予極高的評價，對其報仇過程中過火的行為，進行極有分寸的批評，表現了鮮明的愛憎感情和公正的是非觀念。

【注　釋】❶無道　胡作非為，不講道義。❷困　經受磨難。❸匹夫　沒有高貴身分的普通人。❹竝義　共同仗義。❺傾　顛覆。❻楚王母　楚昭王的母親。原聘與楚平王太子建為妻，平王見其美貌出群，乃自取之。並因此趕走了太子建，殺害了太子建的師傅伍奢。❼春秋之義　《春秋》評論人物的原則。❽量功掩過　計量其功勞而原諒他的過錯。❾親親　對親屬以最親密友好的態度。這是儒家維護血緣關係的道德要求。❿干　求見。⓫投我以桃二句　語出《詩經・大雅・抑》。意為人以友善待我，我必以友善報之。⓬下愚不移　語出《論語・陽貨》。意思是最聰明和最愚蠢的永遠無法改變。⓭自存　保全自己。⓮死人　指闔廬。⓯面在　現在當面的。⓰一概　一端；一方面。⓱求備　要求全面完備。⓲差敘　長短詳略不同的記載。⓳師不說　疑為「斯不說」。這裡不作解釋。⓴所過化　所接觸的人都能受感化。㉑文繡　繡有各種花紋圖案的絲織品。㉒調聲　調指聲調高低抑揚，聲指金石絲竹各種樂聲。㉓瞽瞍　舜父。愛後妻及其子象，常欲殺舜，不識好惡，有目如瞽。㉔商均　舜之子，名均。封於虞城，不能繼父之業。㉕夏臺　獄名。又名均臺，在陽翟。㉖拘　囚禁。㉗舜不孝　指其不能與父親和後母建立良好關係。㉘堯不慈　指其不將王位傳給兒子丹朱。㉙不悅　不取悅；不討其喜歡。㉚及乎夷狄　下降到夷狄的道德水準。㉛言　稱為。

【語　譯】有人問道：「《易經》通過占卜選擇將帥，春秋時代根本沒有仁、明、智、勇兼備的將帥，現在〈荊平〉有什麼值得稱道的事呢？荊平王是一個荒淫無道的暴君，伍子胥仇恨自己的君主，拿這篇文章來承接〈太伯〉，到底是為什麼呢？」回答說：「作者並非肯定荊平王，乃是稱贊伍子胥勇於為父兄報仇雪恨。作為臣子不討伐危害國家的奸臣，作為兒子不給父親報仇，就不是忠臣孝子。作者稱贊伍子胥在政治黑暗的楚國蒙受冤屈，歷盡千難萬險堅強地活下來。贊揚他以一個普通人能獲得整個吳國的人心，大家一同仗義為他報仇，終於打敗了強大的楚國。贊揚他不做不合乎大義的事情，不為無意義的事情而犧牲。」

又有人問道：「伍子胥曾姦占了楚昭王的母親，後來又以非罪死在吳國，他的這些行為還談得上仁義嗎？」回答說：「孔子早就嚴厲地批評過他了。我們稱贊他給父兄報仇，厭惡他姦污楚昭王的母親。然而《春秋》的原則是計量他的功德而寬容他的過錯，稱贊他是根據他對父兄那分深厚的孝義感情。」人們又問：「伍子胥和吳國又有什麼親密關係呢？」回答說：「伍子胥在走投無路的情況下投奔吳王闔廬，闔廬非常贊賞他的孝順和勇敢，要給他報仇，給他極高的名譽。《詩經・大雅・抑》說：『人家送給我水蜜桃，我定回報人家鮮澄李。』吳王夫差愚蠢極了，不堪教誨，伍子胥始終拿他無法可想，給他進忠言，他不理會，給他獻良謀，他不採納，伍子胥非常清楚吳國將敗亡。因為從前受到先王闔廬的厚恩，不忍心離開吳國去保全自己，他存心要讓人們知道他勸諫夫差的苦心，所以在吳國還沒有敗亡之前就被殺害了。他對死去的先王闔廬尚且不肯背叛，何況對在位的夫差呢？從前管仲在世時，齊國的霸業非常興旺；伍子胥死後，他先知的名聲也非常突出。周公看重人們在重要關頭的大節，並不要求每件事都完美無缺。子胥的事情在其他外篇中有或詳或簡的記述，這裡就不一一細說了。」

有人問道：「伍子胥恐怕不算賢人吧！賢人所接觸的人都會受感化，夫差不但沒受感化，反而賜他寶劍，逼他自殺，他想免死，能辦得到嗎？」回答說：「人們向瞎子講說某幅刺繡如何華美是徒然的，不能叫聾子明白音調的高低抑揚和金石絲竹各種樂聲的區別。瞽瞍不肯改變對舜的態度，商均不能接受開導，商湯曾被夏桀關在夏臺，文王曾被關進商紂的監獄。當時卻還有人說舜不孝順父母，堯不心疼兒子。聖人絕不去取悅那些非常愚蠢的人們，更何況伍子胥不是聖人呢？他在楚國被逼得走投無路的時候，比在吳王夫差統治下處境要艱難得多，在楚國還逃跑了，在吳國還會跑不了嗎？他不離開吳國乃是出於信義罷了，哪有夫差將他囚禁的事呢？」有人又問：「那麼孔夫子為什麼要批評他呢？」回答道：「那是批評他報復楚國時的不義行為。他姦污了楚昭王的母親，簡直下降到了野蠻人的道德水準。孔子因此批評他，稱他們是一群野蠻的吳國人。」

問曰：「句踐何德也？」曰：「伯德❶，賢君也。」「傳曰：『危人❷自安，君子弗為，奪人自與❸，伯夷不多❹。』行偽以勝，滅人以伯，其賢奈何？」曰：「是固伯道也。祺道厭駮❺，一善一惡。當時無天子，彊者為右❻，使句踐無權❼，滅邦久矣。子胥信而得眾道，范蠡善偽以勝。當明王天下太平，諸侯和親，四夷樂德❽，款塞❾貢珍，屈膝請臣❿，子胥何由乃困於楚？范蠡不久乃為狂者？句踐何當屬莝⓫養馬？遭逢變亂，權以自存⓬，不亦賢乎？行伯非賢，晉文之能因時順宜⓭，隨而可之。故空社⓮易為福，危民⓯易為德，是之謂也。」

【章旨】在本章中作者出色地解釋了越王句踐的所謂「霸王之德」。指出他在弱肉強食的春秋時代，面臨亡國的危險，能自強圖存，轉禍為福，雖然採用了權謀手段，還是很可貴的。

【注釋】❶伯德　霸主的道德。❷危人　危害他人。❸自與　自取。❹不多　不以為然。❺祺道厭駁　吉祥和平之世討厭雜亂無章。駁，通「駮」。雜亂。❻為右　為尊。❼無權　不講權變。❽四夷樂德　四方的少數民族都悅服於天子的恩德。❾款塞　敲開邊防的大門。❿請臣　請求歸順。⓫屬莝　切草。⓬自存　自保。⓭因時順宜　依順著天時與人和。⓮空社　沒人理會的土地廟。⓯危民　不安定的老百姓。

【語　譯】有人問：「越王句踐談得上有什麼美德呢？」回答說：「他有霸主之德，是一個賢明的君主。」人們又問：「書傳上說：『危害他人以安定自己，正人君子是不屑於做的，奪取過別人的東西據為己有，伯夷對此肯定是不以為然的。』越國君臣用欺詐的手段戰勝敵人，消滅別人以取得霸主的地位，還怎麼談得上賢德呢？」回答說：「這就是霸王之道啊。在祥和的太平盛世，人們討厭歪門邪道，善就是善，惡就是惡。在當時上面沒有天子的權威，武力強的就是老大，越王句踐如果不用權謀，國家早就滅亡了。伍子胥以信義贏得廣大吳國人民的尊敬，范蠡以善於偽裝取得勝利。如果在天子聖明、天下太平的時代，諸侯間親密和睦，四方少數民族感懷天子的恩德，敲開邊塞的大門進獻珍寶，跪地叩頭要求歸順，在那種情況下，伍子胥怎麼會在楚國被整得走投無路呢？范蠡又何必偽裝成顛狂的人物呢？越王句踐何至會弄得給吳王夫差切草餵馬呢？人們在遇到變亂時，用權變的手段保全自己，豈不非常聰明嗎？奉行霸道的人都不是普通的賢人，晉文公就因能順應天時與人和，隨著就取得了成功。所以在一個無人燒香的土地廟裡容易求取幸福，一群流離無靠的百姓容易感受恩德，就是這個道理。」

問曰：「子胥、范蠡何人也？」「子胥勇而智，正而信；范蠡智而明，皆賢人。」問曰：「子胥死，范蠡去，二人行違❶，皆稱賢，何？」「《論語》曰：『陳力就列，不能者止❷。』事君以道言耳。范蠡單身入越，主於伯❸，有所不合❹，故去也。」問曰：「不合何不死？」曰：「去止❺，事君之義也。義無死。胥死者，受恩深也。今蠡猶重❻也，不明甚矣。」問曰：「受恩死，死之善也。臣事君，猶妻事夫，何以去？」「《論語》曰：『三日不朝❼，孔子行。』行者，去也。傳曰：『孔子去魯，燔俎❽無肉；曾子去妻，藜蒸不熟。』微子❾去，比干❿死，孔子並稱仁⓫。行雖有異，其義同。」「死與生，敗與成，其同奈何？」「《論語》曰：『有殺身以成仁⓬。』子胥重其信，范蠡貴其義，信從中出⓭，義從外出⓮。微子去者，痛殷道也；比干死者，忠於紂也；箕子⓯亡者，正其紀⓰也。皆忠信之至，相為表裡⓱耳。」問曰：「二子孰愈乎？」曰：「以為同耳。然子胥無為能自免⓲於無道之楚，不忘舊功⓳，滅身為主。合，即能以霸；不合，可去則去，可死則死。范蠡遭世不明，被髮佯狂⑳，無正不行，無主不止，色斯㉑而舉㉒，不害於道。億則屢中㉓，貨財殖聚㉔。作詐成伯㉕，不合乃去。三遷避位㉖，名聞海內。去越入齊，老身西陶㉗。仲子由楚㉘，傷中㉙而死。二子行有始終㉚，子胥可謂兼人㉛乎？」

問曰：「子胥伐楚宮，射其子，不殺㉜，何也？」「弗及耳。楚世子奔逃雲夢㉝之山。子胥兵笞卒主㉞之墓，昭王遣申包胥㉟入秦請救，于斧漁子㊱進諫子胥，子胥適會㊲秦救至，因引兵還。越見其榮㊳於無道之楚，興兵伐吳。子胥不得已，迎之就李。」問曰：「笞墓何名㊴乎？」「子之復仇，臣之討賊，至誠感天，矯枉過直。乳狗㊵哺虎，不計禍福；大道㊶不誅，誅首惡㊷，子胥笞墓不究也。」

【章旨】本章採用對比的方法評論伍子胥和范蠡的人品和性格，正確指出：「子胥勇而智，正而信；范蠡智而明，皆賢人。」在結局上子胥不忘舊恩，滅身為主，而范蠡明哲保身，不合而去。雖然表現不同，但都屬於行有始終的人物，評論公正而又深刻中肯。

【注釋】❶行違　行走的道路不同。❷陳力就列二句　語出《論語・季氏》。意為按其才力高下，放在不同的位置上，才不勝任就離開崗位。❸主於伯　把國君扶持到霸主的位置上。❹不合　意見有分歧。❺去止　或是離開，或是留下。❻猶重　應為「猶缶」。仍受指責。缶，人們可以任意敲擊的樂器。❼不朝　國君不上朝理事。❽燔俎　盛烤肉的宗廟祭器。❾微子　名啟，為商紂庶兄。屢以愛民納諫勸紂王，紂不納，遂憤而出走。周興，封微子於宋以承商祀。❿比干　商紂之叔。官少師，見紂荒淫暴虐，以死諫，紂殺而視其心。⓫並稱仁　同樣稱他們是仁人。⓬有殺身以成仁　語出《論語・衛靈公》。意為不惜犧牲生命以保全正義。⓭信從中出　信產生於忠誠之心。⓮義從外出　義用於人和人之間的交往。⓯箕子　商紂之叔。官太師，比干被殺後，佯狂為奴，被紂囚禁。武王滅商，將其釋放，並諮以國事，後避居朝鮮。⓰正其紀　端正殷商的綱紀。⓱相為表裡　互相呼應，互為補充。⓲自免　自動脫身。⓳舊功　應為「舊恩」。⓴被髮佯狂　將頭髮弄散，裝成狂人。㉑色斯　擺出一副難看的臉色。㉒舉　遠遠避開。㉓億則屢中　猜測某事常常很準。㉔殖聚　增殖積聚。㉕作詐成伯　運用欺詐手段以實現霸業。㉖三遷避位　范蠡為了尋求發展多次搬家，曾治產於齊，致富數十萬，齊王聘以為相，久之，范歸相印，散其家財，間行出走。㉗西陶　定陶。㉘仲子由楚　范蠡次子在楚殺人犯法下獄。㉙傷中　「億中」之誤。范蠡派幼子攜錢入楚救兄，長子爭著要去，范蠡不便阻止，結果因捨不得花錢，持弟之喪以歸。㉚行有始終　一生行為自始至終都能禁得住道德檢驗。㉛兼人　超乎常人。㉜不殺　不射死。㉝雲夢　楚國大沼澤。南接洞庭，北面占有今湖北荊州、孝感、咸寧、武漢諸地的大部分。㉞卒主　亦作「平王」。㉟中包胥　楚公族，亦作王孫包胥。子胥之友。子胥破楚後，奉命入秦求救，於秦廷痛哭七晝夜，終於感動秦王，派兵車五百乘救楚，擊退吳軍。㊱于斧漁子　于斧地方為救伍子胥而自殺的漁夫的兒子。㊲適會　正好碰上。㊳榮　「勞」之誤。㊴何名　什麼說法。㊵乳狗　育子之犬。㊶大道　合乎天理人情的行為。㊷首惡　首先作惡者。

【語　譯】有人問：「伍子胥和范蠡是什麼樣的人呢？」回答道：「伍子胥勇敢而多智謀，守正道，講信任；范蠡有智慧而見解高明，都是賢德之人。」人又問：「伍子胥慷慨赴死，范蠡機智脫身，兩人的作法完全不同，怎麼都是賢德之人呢？」回答道：「《論語》說：『擺出各人的才力，安置在適當的位置上，不勝任的就加以撤換。』這是正常的事奉國君的原則，范蠡單身來到越國，輔佐句踐成為霸主，後來意見有些分歧，就離開了。」人又問：「意見分歧為什麼不去死呢？」回答說：「或者離開，或者留下，這是臣子事奉國君的原則，原則中並沒有非死不可的說法。伍子胥自殺是感激先王闔廬的深恩。如果要對范蠡無端提出責難，就太不明事理了。」有人又問：「受恩而死，是死得很光彩的。臣子事奉君主，就像妻子事奉丈夫一樣，怎麼好輕易離開呢？」回答道：「《論語》記載：『魯定公和季桓子三日不上朝，孔子就走了。』走了就是離開魯國政壇。書傳上說：『孔子離開魯國是因為宗廟的祭器中沒有烤肉，曾子休妻是因為她沒把梨子蒸熟。』再拿古人的行事來說，微子見商紂不接受意見就遠遠地走開了，比干卻因苦諫而被殺，孔子把兩人都稱為仁德的人。二人的作法雖然不同，但都是為商的社稷著想。」有人又問：「一個死了，一個活著，一個失敗，一個成功，他們怎麼會有共同點呢？」回答道：「《論語》說：『寧可犧牲生命也要成全正義。』伍子胥令人看重的是他的信義忠誠，范蠡之可貴在於他處事得宜。忠誠是發自內心，處事得宜出自學習和歷練。拿商末三位仁人來說，微子離開紂王是痛心商朝走向衰亡，比干拼死進諫是出於對紂王的忠心，箕子逃亡異地是用他的氣節匡正綱常倫紀。三人的行為都體現出極度的忠誠和信義，三者是互相呼應，互相補充的。」又有人問：「伍子胥和范蠡哪一個更出色一些呢？」回答道：「他們都是很出色的。伍子胥在政治黑暗的楚國雖不能有所作為，但能在極端困難的情況下自免於難。在吳國他不忘先王舊恩，為了報答先王不惜獻出生命。遇到相投合的君主可以幫助他完成霸業，遇到不投合的君主應該離開便馬上離開，應該犧牲就勇於犧牲。范蠡遇到昏暗不明的世道就裝瘋賣傻，披頭散髮，沒碰到時機乾脆什麼也不做，不遇明主乾脆出國碰機會，君王若要擺出一副難看的臉色，就遠走高飛，免得損傷君臣間的道義。在貿易生產時，對生產門路、貿易行情，每猜必準。他用欺騙的手段幫助句踐建成霸業，與句踐意見分歧，他見機就走。三番幾次搬家，一再拋棄高官厚祿，聲名傳播於四海。離開越國跑到齊國，最後在定陶安度晚年。他的次子遊楚時殺人犯法，竟在他的預料中死去。伍、范二人一生行事始終無愧於心，伍子胥的行為更是遠遠高出常人之上的嗎？」

有人問道：「伍子胥攻打到楚國的宮城，射楚昭王的兒子，為什麼不射死他呢？」回答道：「只是沒有射中罷了。楚太子逃進雲夢大澤的深山中，吳兵抓不著他。伍子胥率兵士挖開楚平王的墳墓鞭打他的屍體，楚昭王派大夫申包胥到秦國求救兵，于斧那位捨身救子胥的漁夫的兒子請子胥退兵，正好秦國的救兵來了，因而引兵回到吳國。越國看見吳兵在楚國打得很疲勞，便興兵伐吳，伍子胥在不得已的情況下在邊境就李迎擊越兵。」又有人問：「對伍子胥挖墳鞭屍又作何解釋呢？」回答說：「兒子為父親報仇，臣子討伐叛臣，那種至誠的精神是感天動地的，難免會發生矯枉過正的事情。有時母狗以乳汁餵養小老虎，根本就不考慮日後的禍福。凡是符合忠孝大節的舉動都不屬於應該懲罰的行為，應該受指斥的是那些製造禍端的首惡分子。所以對子胥鞭屍報仇不應予以追究。」

維子胥之述吳越也，因事類❶，以曉❷後世，著善為誠❸，譏惡為誡❹。句踐以來，至乎更始之元❺，五百餘年，吳越相攻復見於今。百歲一賢❻，猶為比肩❼。記陳厥說，略有其人。以去為姓，得衣乃成❽；厥名有米，覆之以庚❾。禹來東征，死葬其疆❿。不直自斥⓫，託類⓬自明。寫精露愚⓭，略以事類，俟告後人。文屬辭定，自於邦賢⓮，邦賢以口為姓，丞之以天⓯；楚相屈原，與之同名⓰。明於古今，德配顏淵。時莫能與⓱，伏竄⓲自容。年加申酉⓳，懷道而終。友臣不施⓴，猶夫子得麟，覽覩厥意，嗟歎其文。於乎哀哉㉑，溫故知新㉒。述暢子胥，以喻來今㉓。經世歷覽㉔，論者不得，莫能達焉。猶《春秋》銳精㉕堯舜，垂意周文。配之天地，著於㉖五經；齊德日月，比智陰陽。《詩》之〈伐柯〉㉗，以己喻人。後生可畏，蓋不在年。以口為姓，萬事道㉘也；丞之以天，德高明㉙也。屈原同名，意相應㉚也。百歲一賢，賢復生也。明於古今，知識宏也。德比顏淵，不可量也。籥口鍵精㉛，深自誠也㉜，猶子得麟，丘道窮也。其姓有去㉝，不能容也。得衣乃成，賢人衣之，乃能章也㉞。其名有米㉟，八政寶㊱也，覆之以庚，兵絕之也㊲。於乎哀哉，莫肯與也。屈原隔界，放於南楚㊳，自沉湘水，蠡㊴所有也。

【章旨】本章用隱語自陳作者姓名，並述兩人才高不遇，懷道伏竄的不幸身世。

【注釋】❶因事類　通過同類的事物。❷曉　告知。❸著善為誠　宣揚好人好事以培養誠實風氣。❹為誠「為誠」之誤。❺更始之元　更始為王莽末年起義軍領袖劉玄所立年號。劉玄後來被赤眉軍推翻，遇害。❻一賢　應為「兩賢」。因為一賢不存在「比肩」問題。❼比肩　時間相近。❽以去為姓二句　隱語。說明此人之姓乃「去」加「衣」，即「袁」字。❾厥名有米二句　隱語。說其名乃「庚」字之下一個「米」字，即「康」字。❿禹來東征二句　隱語。說明作者袁康的籍貫是夏禹所埋葬的會稽郡。⓫不直自斥　應為「不甘自斥」。即不願無端自棄。⓬託類　依託於同類。⓭寫精露愚　或摹寫英雄的精靈，或表露昏昧者的愚蠢。⓮邦賢　同鄉邦的賢士。⓯以口為姓二句　隱語。說明其姓為「口」下一「天」字，即今人所說的「口天吳」。⓰楚相屈原二句　隱語。《史記・屈原賈生列傳》云：「屈原名平。」⓱能與　肯和他相交好。⓲伏竄　隱匿於山林。⓳年加申

西　在申、酉中的某年。⑳不施　猶言「不棄」。㉑於乎哀哉　即「嗚呼哀哉」。㉒溫故知新　語出《論語・為政》。指因複習舊聞，而能新有所得。㉓來今　今日和未來。㉔經世歷覽　經過累世流傳和觀察。㉕銳精　銳意專精。㉖著於　依附於。㉗伐柯　《詩經・豳風》中的一篇。㉘萬事道　能解說萬事萬物。㉙德高明　其德如天之高、如日之明。㉚意相應　心意互相感通呼應。㉛籥口鍵精　閉上嘴巴，把智慧精神深藏起來。㉜深自誠也　應作「深自誠也」。㉝其姓有去　本無「其」字，依文意增補。㉞乃能章也　本無「乃」字，依文意增補。㉟其名有米　本無「其」字，依文意增補。㊱八政寶　《尚書・洪範》以食、貨、祀、司空、司徒、司寇、賓、師為八政。而食為首要問題。㊲覆之以庚二句　在天干中，庚辛屬金，象徵兵戈之事。上句本無「之」字，依文意增補。㊳南楚　屈原被放逐在湖南，死於汨羅江，這一帶是楚國南部。㊴蠡　蟲蛀木。引申為斷絕。

【語譯】伍子胥關於吳越相爭的記述，按照事件的性質歸類，用以明白地告訴後人。他宣揚好人好事以培養人們的誠心，諷刺惡人的惡行以告誡後人。從句踐時代到更始年間，共經歷了五百多年，現在又出現了吳越兩地互相攻擊的事件。在百年以內再生兩個賢人，在漫長的歷史中還可看作並肩而立。記載陳述伍子胥的故事，主要還靠那麼兩個人。一個人的姓是「去」字接上「衣」字，其名是「米」字上面蓋上一個「庚」字。夏禹東征時，死後就葬在這個人的故鄉。他不甘無端自棄，便借助隱語表明自身。在書中或描寫英雄的精神，或表露愚昧者的昏庸，大致以事歸類，等機會告知後人。本書文章詞語的編寫定稿，出自同鄉的賢人之手，那賢人的姓是「口」字承接「天」字，他的大名和楚國大詩人屈原相同。他的學問淵博，熟知古今，道德高尚，可比顏淵。因不善和達官交接，便隱匿山林以求自安。在申年或酉年之間，懷抱聖賢之道寂寞死去。朋友們對他念念不忘，就像孔子悲傷那仁獸麒麟，看見他的遺著，嗟嘆其文辭精美。哀痛其人命薄，溫習這本舊作，又獲新的啟示。看了子胥的故事，很能幫助理解現在和未來。故事長期流傳以後，人們往往不得實情，以致難於理解其精神。本書就像《春秋》一樣，銳意闡述堯舜的品德，重視周文王的功業。比之於天地，依附於五經，論功德可以和日月同光，講智慧能和陰陽比美。《詩經．伐柯》，就是用自己比喻他人。後生不可限量，並不在於年歲大小。本書作者以口為姓，說明他善於解說萬事萬物；「口」之下以天相承，說明他的道德異常高明。他和屈原同名，說明他們之間心意互相感應。時隔百歲才再出現一個賢人，說明他是前賢再生。他明於古今治亂，說明他知識淵宏。德行可比顏淵，人品簡直不可估量。他閉緊嘴巴，把智慧深藏起來，說明他自覺地深懷戒心，就像孔子看見狩獵捉住麒麟，知道自己前途已經快要窮盡。另一作者，姓中包含「去」字，是因世俗不能容他，有漂亮衣服包裝才能成功，是希望賢人褒揚才能炫人眼目。名中含有「米」字，那是八政中的珍寶，「庚」字蓋在「米」字之上，是干戈把糧食斷絕。傷心可憐啊！居然沒人肯熱心幫忙，就像隔岸的楚國詩人屈原，被流放到楚國的南方，結果只好自沉湘水，把一切都消磨盡了。

古籍今注新譯叢書

書種最齊全
注譯最精當

哲學類

新譯四書讀本　謝冰瑩等編譯
新譯學庸讀本　王澤應注譯
新譯孝經讀本　賴炎元等注譯
新譯論語新編解義　胡楚生編著
新譯易經讀本　郭建勳注譯
新譯周易六十四卦經傳通釋　黃慶萱注譯
新譯乾坤經傳通釋　黃慶萱注譯
新譯易經繫辭傳解義　吳　怡著
新譯禮記讀本　姜義華注譯
新譯儀禮讀本　顧寶田等注譯
新譯孔子家語　羊春秋注譯

新譯老子讀本　余培林注譯
新譯帛書老子　趙　鋒注譯
新譯老子解義　吳　怡著
新譯莊子讀本　黃錦鋐注譯
新譯莊子讀本　張松輝注譯
新譯莊子本義　水渭松注譯
新譯莊子內篇解義　吳　怡著
新譯列子讀本　莊萬壽注譯
新譯管子讀本　湯孝純注譯
新譯墨子讀本　李生龍注譯
新譯公孫龍子　丁成泉注譯
新譯晏子春秋　陶梅生注譯
新譯鄧析子　徐忠良注譯
新譯荀子讀本　王忠林注譯

新譯尹文子　徐忠良注譯
新譯尸子讀本　水渭松注譯
新譯鶡冠子　趙鵬團注譯
新譯鬼谷子　王德華等注譯
新譯韓非子　傅武光等注譯
新譯呂氏春秋　朱永嘉等注譯
新譯韓詩外傳　孫立堯注譯
新譯淮南子　熊禮匯注譯
新譯春秋繁露　朱永嘉等注譯
新譯新書讀本　饒東原注譯
新譯新語讀本　王　毅注譯
新譯潛夫論　彭丙成注譯
新譯論衡讀本　蔡鎮楚注譯
新譯申鑒讀本　林家驪等注譯

新譯人物志　吳家駒注譯
新譯張載文選　張金泉注譯
新譯近思錄　張京華注譯
新譯傳習錄　李生龍注譯
新譯呻吟語摘　鄧子勉注譯
新譯明夷待訪錄　李廣柏注譯

【文學類】

新譯詩經讀本　滕志賢注譯
新譯楚辭讀本　林家驪注譯
新譯楚辭讀本　傅錫壬注譯
新譯文心雕龍　羅立乾注譯
新譯六朝文絜　蔣遠橋注譯
新譯世說新語　劉正浩等注譯
新譯昭明文選　周啟成等注譯
新譯古文觀止　謝冰瑩等注譯
新譯古文辭類纂　黃　鈞等注譯
新譯樂府詩選　溫洪隆注譯
新譯古詩源　馮保善注譯
新譯千家詩　邱燮友等注譯
新譯詩品讀本　成　林等注譯
新譯花間集　朱恒夫注譯
新譯南唐詞　劉慶雲注譯

新譯絕妙好詞　聶安福注譯
新譯唐詩三百首　邱燮友注譯
新譯宋詩三百首　陶文鵬注譯
新譯宋詞三百首　汪　中注譯
新譯宋詞三百首　劉慶雲注譯
新譯元曲三百首　賴橋本等注譯
新譯明詩三百首　趙伯陶注譯
新譯清詩三百首　王英志注譯
新譯清詞三百首　陳水雲等注譯
新譯唐人絕句選　卞孝萱等注譯
新譯唐才子傳　戴揚本注譯
新譯拾遺記　石　磊注譯
新譯搜神記　黃　鈞注譯
新譯唐傳奇選　束　忱等注譯
新譯宋傳奇小說選　束　忱注譯
新譯明傳奇小說選　陳美林等注譯
新譯容齋隨筆選　朱永嘉等注譯
新譯明散文選　周明初注譯
新譯明清小品文選　鄭　婷注譯
新譯人間詞話　馬自毅注譯
新譯白香詞譜　劉慶雲注譯
新譯幽夢影　馮保善注譯
新譯菜根譚　吳家駒注譯

新譯小窗幽記　馬美信注譯
新譯圍爐夜話　馬美信注譯
新譯郁離子　吳家駒注譯
新譯歷代寓言選　黃瑞雲注譯
新譯賈長沙集　林家驪注譯
新譯揚子雲集　葉幼明注譯
新譯曹子建集　曹海東注譯
新譯建安七子詩文集　韓格平注譯
新譯阮籍詩文集　林家驪注譯
新譯嵇中散集　崔富章注譯
新譯陸機詩文集　王德華注譯
新譯陶淵明集　溫洪隆注譯
新譯江淹集　羅立乾等注譯
新譯庾信詩文選　歸　青注譯
新譯初唐四傑詩集　李福標注譯
新譯駱賓王文集　黃清泉注譯
新譯王維詩文集　陳鐵民注譯
新譯孟浩然詩集　楊　軍注譯
新譯李白詩全集　郁賢皓注譯
新譯李白文集　郁賢皓注譯
新譯杜甫詩選　張忠綱等注譯
新譯杜詩菁華　林繼中注譯
新譯高適岑參詩選　孫欽善等注譯

新譯昌黎先生文集　周啟成等注譯
新譯劉禹錫詩文選　閻　琦注譯
新譯柳宗元文選　卞孝萱等注譯
新譯白居易詩文選　陶　敏等注譯
新譯元稹詩文選　郭自虎注譯
新譯李賀詩集　彭國忠注譯
新譯杜牧詩文集　張松輝注譯
新譯李商隱詩選　朱恒夫等注譯
新譯范文正公選集　王興華等注譯
新譯蘇洵文選　羅立剛注譯
新譯蘇軾文選　滕志賢注譯
新譯蘇軾詞選　鄧子勉注譯
新譯蘇轍文選　朱　剛注譯
新譯曾鞏文選　高克勤注譯
新譯王安石文選　沈松勤注譯
新譯唐宋八大家文選　鄧子勉注譯
新譯柳永詞集　侯孝瓊注譯
新譯李清照集　姜漢椿等注譯
新譯陸游詩文集　韓立平注譯
新譯辛棄疾詞選　聶安福注譯
新譯歸有光文選　鄔國平注譯
新譯唐順之詩文選　馬美信注譯
新譯徐渭詩文選　周　群等注譯
新譯薑齋文集　平慧善注譯
新譯顧亭林文集　劉九洲注譯
新譯納蘭性德詞　馮　乾注譯
新譯方苞文選　鄔國平等注譯
新譯鄭板橋集　朱崇才注譯
新譯袁枚詩文選　王英志注譯
新譯李慈銘詩文選　潘靜如注譯
新譯聊齋誌異選　任篤行等注譯
新譯閱微草堂筆記　嚴文儒注譯
新譯浮生六記　馬美信注譯
新譯弘一大師詩詞全編　徐正綸編著

歷史類

新譯史記　韓兆琦注譯
新譯漢書　吳榮曾等注譯
新譯後漢書　魏連科等注譯
新譯三國志　吳樹平等注譯
新譯資治通鑑　張大可等注譯
新譯史記—名篇精選　韓兆琦注譯
新譯尚書讀本　吳　璵注譯
新譯尚書讀本　郭建勳注譯
新譯周禮讀本　賀友齡注譯
新譯逸周書　牛鴻恩注譯
新譯左傳讀本　郁賢皓等注譯
新譯公羊傳　雪　克注譯
新譯穀梁傳　顧寶田注譯
新譯春秋穀梁傳　周　何注譯
新譯戰國策　溫洪隆注譯
新譯國語讀本　易中天注譯
新譯說苑讀本　左松超注譯
新譯說苑讀本　羅少卿注譯
新譯新序讀本　葉幼明注譯
新譯吳越春秋　黃仁生注譯
新譯西京雜記　曹海東注譯
新譯列女傳　黃清泉注譯
新譯越絕書　劉建國注譯
新譯燕丹子　曹海東注譯
新譯東萊博議　李振興等注譯
新譯唐六典　朱永嘉等注譯
新譯唐摭言　姜漢椿注譯

宗教類

新譯金剛經　徐興無注譯
新譯高僧傳　朱恒夫等注譯
新譯碧巖集　吳　平注譯
新譯百喻經　顧寶田注譯

新譯楞嚴經　賴永海等注譯
新譯梵網經　王建光注譯
新譯圓覺經　商海鋒注譯
新譯法句經　劉學軍注譯
新譯六祖壇經　李中華注譯
新譯禪林寶訓　李中華注譯
新譯維摩詰經　陳引馳等注譯
新譯經律異相　顏洽茂注譯
新譯阿彌陀經　蘇樹華注譯
新譯無量壽經　邱高興注譯
新譯無量壽經　蘇樹華注譯
新譯妙法蓮華經　張松輝注譯
新譯景德傳燈錄　顧宏義注譯
新譯大乘起信論　韓廷傑注譯
新譯釋禪波羅蜜　蘇樹華注譯
新譯八識規矩頌　倪梁康注譯
新譯永嘉大師證道歌　蔣九愚注譯
新譯華嚴經入法界品　楊維中注譯
新譯地藏菩薩本願經　李承貴注譯
新譯悟真篇　劉國樑等注譯
新譯无能子　張松輝注譯
新譯坐忘論　張松輝注譯
新譯列仙傳　張金嶺注譯

新譯抱朴子　李中華注譯
新譯神仙傳　周啟成注譯
新譯性命圭旨　傅鳳英注譯
新譯老子想爾注　顧寶田等注譯
新譯周易參同契　劉國樑注譯
新譯道門觀心經　王　卡注譯
新譯養性延命錄　曾召南注譯
新譯樂育堂語錄　戈國龍注譯
新譯冲虛至德真經　張松輝注譯
新譯長春真人西遊記　顧寶田等注譯
新譯黃庭經‧陰符經　劉連朋等注譯

【軍事類】

新譯司馬法　王雲路注譯
新譯尉繚子　張金泉注譯
新譯三略讀本　傅　傑注譯
新譯六韜讀本　鄔錫非注譯
新譯吳子讀本　王雲路注譯
新譯孫子讀本　吳仁傑注譯
新譯李衛公問對　鄔錫非注譯

【教育類】

新譯爾雅讀本　陳建初等注譯

新譯顏氏家訓　李振興等注譯
新譯聰訓齋語　馮保善注譯
新譯曾文正公家書　湯孝純注譯
新譯三字經　黃沛榮注譯
新譯百家姓　馬自毅等注譯
新譯幼學瓊林　馬自毅注譯
新譯增廣賢文‧千字文　馬自毅注譯
新譯格言聯璧　馬自毅注譯

【政事類】

新譯商君書　貝遠辰注譯
新譯鹽鐵論　盧烈紅注譯
新譯貞觀政要　許道勳注譯

【地志類】

新譯山海經　楊錫彭注譯
新譯水經注　陳橋驛等注譯
新譯佛國記　楊維中注譯
新譯大唐西域記　陳　飛等注譯
新譯洛陽伽藍記　劉九洲注譯
新譯徐霞客遊記　黃　珅注譯
新譯東京夢華錄　嚴文儒注譯

國家圖書館出版品預行編目資料

新譯越絕書／劉建國注譯;黃俊郎校閱.——二版一刷.——臺北市：三民，2021
面；　公分.——(古籍今注新譯叢書)

ISBN 978-957-14-5669-0 （平裝）
1. 越絕書 2. 注釋

621.659　　101007156

古籍今注新譯叢書

新譯越絕書

注譯者	劉建國
校閱者	黃俊郎
發行人	劉振強
出版者	三民書局股份有限公司
地址	臺北市復興北路 386 號 (復北門市) 臺北市重慶南路一段 61 號 (重南門市)
電話	(02)25006600
網址	三民網路書店 https://www.sanmin.com.tw
出版日期	初版一刷 1997 年 6 月 二版一刷 2021 年 11 月
書籍編號	S031360
ISBN	978-957-14-5669-0